教育部人文社会科学研究青年项目
"上海合作组织框架下的区域警务合作研究"（编号：12YJC820026）资助出版

上海合作组织框架下的
区域警务合作研究

付凤 著

WUHAN UNIVERSITY PRESS
武汉大学出版社

图书在版编目(CIP)数据

上海合作组织框架下的区域警务合作研究/付凤著.—武汉：武汉大学出版社,2022.9

ISBN 978-7-307-23278-5

Ⅰ.上…　Ⅱ.付…　Ⅲ.上海合作组织—警察—工作—国际合作—研究　Ⅳ.D631

中国版本图书馆 CIP 数据核字(2022)第 154438 号

责任编辑:龚英姿　　　责任校对:李孟潇　　　版式设计:马　佳

出版发行:**武汉大学出版社**　　(430072　武昌　珞珈山)

（电子邮箱：cbs22@ whu.edu.cn　网址：www.wdp.com.cn）

印刷:武汉邮科印务有限公司

开本:720×1000　1/16　印张:16.75　字数:270 千字　插页:1

版次:2022 年 9 月第 1 版　　2022 年 9 月第 1 次印刷

ISBN 978-7-307-23278-5　　定价:58.00 元

教育部人文社会科学研究青年项目
"上海合作组织框架下的区域警务合作研究"（编号：12YJC820026）资助出版

上海合作组织框架下的
区域警务合作研究

付凤 著

WUHAN UNIVERSITY PRESS
武汉大学出版社

图书在版编目(CIP)数据

上海合作组织框架下的区域警务合作研究/付凤著.—武汉：武汉大学出版社,2022.9

ISBN 978-7-307-23278-5

Ⅰ.上… Ⅱ.付… Ⅲ.上海合作组织—警察—工作—国际合作—研究 Ⅳ.D631

中国版本图书馆 CIP 数据核字(2022)第 154438 号

责任编辑:龚英姿 责任校对:李孟潇 版式设计:马 佳

出版发行:**武汉大学出版社** （430072 武昌 珞珈山）

（电子邮箱：cbs22@ whu.edu.cn 网址：www.wdp.com.cn）

印刷:武汉邮科印务有限公司

开本:720×1000 1/16 印张:16.75 字数:270 千字 插页:1

版次:2022 年 9 月第 1 版 2022 年 9 月第 1 次印刷

ISBN 978-7-307-23278-5 定价:58.00 元

前　言

全球化时代来临，世界各国之间人员和经济交往日益密切，使得当今世界日益成为一个相互联系紧密的地球村。国家之间有国界，但是犯罪却无疆界，打击和预防犯罪已经不再是一个国家的内部事务，而且单靠一个国家来打击和预防犯罪也是力有未逮。国际警务合作也就相应地得到了前所未有的重视。其中空间相邻、文化相近、政治制度相似或至少在某个特定时期有共同的目标或者存在共同问题的国家间的区域警务合作，在这种背景下得到了飞速发展：欧盟国家以欧盟第三大支柱"刑事领域警务和司法合作"（PJCC）为平台，广泛针对毒品犯罪和武装走私、恐怖主义、拐卖人口、有组织犯罪、贿赂和欺诈犯罪开展警务和司法合作；申根国家在《申根协定》的法律框架内积极开展区域警务和司法合作，特别是申根国家建立的申根情报网络系统（SIS 和 SIS II）更是其中的亮点；北欧国家基于共同的文化和历史传统，警务合作非常紧密；东盟国家在 2007 年年初签署了《东盟反恐公约》后，开始了区域性警务合作之旅。

21 世纪伊始，中国开始积极参与国际和地区性警务合作，特别是 2001 年 6 月 15 日与俄罗斯联邦、哈萨克斯坦共和国、吉尔吉斯共和国、塔吉克斯坦共和国和乌兹别克斯坦共和国等六国一起发表了《上海合作组织成立宣言》，并签署了《打击恐怖主义、分裂主义和极端主义上海公约》（以下简称《上海公约》），创建了上海合作组织。2002 年 6 月 7 日，在圣彼得堡峰会上，上海合作组织（以下简称上合组织）六成员国元首签署了《上海合作组织宪章》和建立上海合作组织地区性反恐机构的文件《上海合作组织成员国关于地区反恐怖机构的协定》；2004 年 6 月 17 日，上海合作组织在塔什干设立了上海合作组织地区常设机构，该常设机构的主要任务是负责协助、协调成员国主管机关打击《上海公约》中确认的恐怖主义、分裂主义和极端主义活动，维护地区安全。这一机制在协调地区国家打击恐怖主义、安全情报共享等方面正发挥重要作用。随着《上海合作组织成员国合作打击恐怖主义、分裂主义和极端主义构想》《上海合作组织反恐怖主义公约》《上海合作组织成员国关于合作打击非法贩运麻醉药品、精神药物及其前体的协议》《关于在上海合作组织成员国境内组织和举行联合反恐行动的程序协定》和《上海合作组织反极端主义公约》等一系列文件相继获得签署和实施，上合地区区域安全事务法律性文件趋于完备，其运作程序日益完善，进一步加强了这一地区的反恐合作和协作打击能力。联合军事演习与一系列警务行动顺利进行。上合组织多次举行"和平使命"多边和双边反恐军事演习，内容涉及打击暴力恐怖活动、走私、贩毒等领域。面对来自中亚南亚的毒品犯罪活动猖獗情况，上合组织与阿富汗成立长效联系小组，有效协调涉及双方的有关案件。同时，上合组织与阿富汗在塔什干签署打击毒品犯罪协议，进一步加强了在打击毒品犯罪方面的合作。①

取得上述成就的同时，我们也应当看到上海合作组织框架下的国际警务合作尚处于完善法律制度建设阶段，目前依然是通过成员国协商一致的方法开展警务合作：上合组织成员国元首会议决定上合组织警务合作的方向，地区常设机构上海合作组织反恐机构制定组织和法律框架、指导原则和合作理事会，举办联合反恐演习以消除各种恐怖主义威胁和恐怖行为。上海合作组织常设反恐机构成立后，该地区的大型恐怖主义事件并没有平息，反恐工作任重而道远，如吉尔吉斯斯坦首都比什凯克2010年4月6日发生骚乱等。2022年4月27日，在上合组织成员国巴基斯坦卡拉奇大学孔子学院发生一起恐怖袭击事件，造成三名汉语教师死亡，另一人受伤。② 实践需要理论指导，区域性警务合作更需要法律规范，需要有充分的可操作的法律依据。本书将通过研究分析和学习借鉴国际先进经验特别是欧洲刑事警察组织的相关经验，为中国在上海合作组织、东盟等区域性警务合作机构中开展警务合作提供理论与实践方面的参考意见。

从国内外现有的文献资料来看，国内外有关跨国犯罪和刑事司法合作的研究较多，有关国际警务合作特别是区域警务合作的研究较少；有关警务合作的实务

---

① 安选选、朱玫：《"一带一路"战略下的国际警务执法合作实践及其创新》，载《广西警官高等专科学校学报》2015年第3期。

② 关于上合地区发生的恐怖袭击事件，在上合组织的常设机构上海合作组织反恐机构官网上有详细的记载，参见 https：//ecrats.org/zh/2320-2/，访问日期：2022年5月10日。

宣传介绍较多，相关理论的深入分析较少。由于区域警务合作是国际警务合作中的新形式，国内外学者们对国际层面和国家间层面的警务合作研究得比较深入，对区域警务合作的研究多限于一般理论探讨，具体研究成果也主要集中于欧盟区域警务合作方面，其内容很少涉及以上海合作组织为框架的区域警务合作。以上海合作组织为框架的国际警务合作目前还处在实践探索阶段，未形成成熟的理论体系。

为此，本书一方面通过对国内外相关理论知识的搜集、整理、归纳，通过对世界各国警务合作实践的观察、分析、提炼，形成一个基本的区域警务合作的理论框架，为上海合作组织开展反恐实践提供理论依据和法律根据，为丰富和发展国际层面、国家间层面，特别是区域层面的国际警务合作理论提出建议。另一方面，本书将主要从区域层面和区域国家间警察联合执法、共同打击分裂主义犯罪、恐怖主义犯罪和极端主义犯罪的角度出发，研究上海合作组织框架下的区域警务合作机制，揭示上合组织区域警务合作的现状，分析合作中存在的问题及其障碍，并提出建构上合组织区域警务合作的长效机制。

尽管我国所参与的区域性警务合作有与上海合作组织和东盟之间的警务合作，但后者相对来说只具有政治意义。故本书主要选取上海合作组织为研究样本，结合这个具体的区域性组织的实际情况，进行警务合作方面有针对性的研究。在研究重点的把握上，本书以上海合作组织框架内的国际警务合作为研究对象，重点研究上海合作组织反恐机构与各成员国之间在打击和预防极端主义、分裂主义和恐怖主义犯罪方面的警务合作问题。其内容大致可分为三篇：上篇是较为抽象性的理论研究，包括成员国之间和成员国与上海合作组织之间开展警务合作的原则和法律依据，以及上海合作组织在区域性警务合作方面的发展前瞻等内容；中篇主要剖析上海合作组织区域内最突出的"三股势力"犯罪产生的根源及其发展样态等问题，因为打击"三股势力"犯罪既是上海合作组织成立的原动力，也是当前开展刑事司法和执法合作的重中之重。下篇是在上海合作组织框架内开展区域警务合作的具体程序和操作实务的研究，包括了警务合作的四个主要方面，即侦查取证合作、正在积极拓展的追逃追缴合作、决定警务合作效率和质量的情报信息合作，以及上海合作组织区域内警务培训和技术交流合作。侦查取证合作既涵盖了传统的情报搜集和传递、物证返还、缉捕犯罪嫌疑人、传唤证人、物品鉴定人，也包括了联合侦查的开展、控制下交付等侦查措施的使用等。当然，本部分的研究也少不了与欧盟模式、申根协定模式、北欧模式和东盟模式为参考的区域警务合作模式的具体比较研究。

由于目前区域警务合作尚未独立于国际警务合作和刑事司法合作研究视阈之外，国内外学者很少将其作为一个专门领域来研究，而本书尝试将研究对象集中在区域警务合作上，通过对各种区域警务合作模式（特别是中国正积极参加的上海合作组织这一区域性合作组织）实践的观察、分析、提炼，形成一个基本的区域警务合作理论体系。此外，笔者认为现行法律框架内的上海合作组织反恐机构的法律依据主要是各成员国的内国法律，而上海合作组织的《上海合作组织宪章》和《上海合作组织成员国关于地区反恐怖机构的协定》仅具有政治象征意义，而不具有实质的法律意义。因此，本书首次对上海合作组织反恐机构的法律依据进行界定，并对上海合作组织框架内的警务合作程序进行深入探讨。上海合作组织反恐机构设立后，本地区的重大恐怖活动时有发生，这与上海合作组织反恐机构的法律依据不明确、具体操作程序阙失有很大关系。本书的研究也希望能为上海合作组织及其成员国在上海合作组织框架内进行警务合作提供可操作的具体法律程序。

目　　录

上篇　区域警务合作基础理论研究

上篇　区域警务合作基础理论研究

　　21世纪经济飞速发展，国际人员流动频繁，犯罪分子犯罪后外逃的现象日益严重。国家有疆界，而犯罪无国界：犯罪分子往往利用便捷的交通工具和各国出入境制度的差异，作案后潜逃出境，国界的存在反而为犯罪分子逃避刑事责任提供了条件。全球化时代，预防和打击犯罪活动已经不再属于一国内部事务，鲜有国家能独自完成预防、打击和侦查犯罪的全部工作。建立和加强国际警务合作，特别是区域层面和区域国家间的刑事警务合作，不仅是国际社会共同打击犯罪的需要，也是新时期维护我国国内安全和社会秩序稳定的必然选择。

第一章 区域警务合作概述

第一节 区域警务合作的概念和性质

一、区域警务合作的概念

警务合作是两个或多个警察实体（包括私人和公共警察机构）之间出于共享情报、开展调查活动或抓捕犯罪嫌疑人等共同目的而开展的有意识或无意识的互动活动。① 作为警务合作主要类型之一的区域警务合作，是指地理相近、文化背景相同或相似的多个国家在本区域内通过共同缔结区域性条约（公约或盟约），设立区域性警务合作中心机构并协调各成员国警方开展的警务合作。② 区域警务合作具体又可分为区域和次区域两个层级。③ 欧盟、东盟、非洲国家组织、美洲国家组织、阿拉伯国家联盟及本书重点研讨的上海合作组织框架下的警务合作都属于区域警务合作。相对于区域警务合作，次区域警务合作具有更大的灵活性，一个国家可以同时在几个次区域框架内开展合作，且次区域警务合作规模不断扩大和长期稳定后，也可能形成区域警务合作。较为典型和成功的次区域警务合作模式如中国与泰国、缅甸、联合国禁毒署三国四方于 1991 年 5 月确定的次湄公河区域警务合作。

需要说明的是，基于对"区域"概念的不同理解，当前警务实践和理论研究

---

① Frederic Lemieux, *International Police Cooperation: Emerging Lissues, Heory and Practice*, (UK) Devon Willan Publishing, 2010.

② 赵永琛：《论区域性警务合作》，载《政法学刊》1999 第 2 期。

③ 荆长岭、易志华、吴兴民：《全球化时代的国际刑事警务合作》，中国人民公安大学出版社 2014 年版。

往往在多个层面上使用"区域警务合作"这一概念。除本书所指国际社会某一区域内国与国之间警察事务的合作与交流融通被称为区域警务合作外,有不少研究者将一国省内跨不同地区的警务合作也称为区域警务合作;① 还有研究者将内地与中国港澳地区、大陆与中国台湾地区的警务合作也称为区域警务合作;② 也还有研究者将所有跨区域的警务合作统称为区域警务合作,并将其分为省内警务合作、跨省警务合作、两岸四地警务合作以及国际警务合作。③

对区域范围界定的差异,体现了不同作者的观点。笔者的理解是,内地与中国港澳地区、大陆与中国台湾地区进行的刑事司法合作,在我国学界已基本形成一致意见,将其定义为"区际刑事司法合作或协作",相应地,两岸四地警方部门进行的合作也应称为"区际警务合作",使之与国家间的"区域警务合作"相区别;对于一国省内不同地区间的警务合作,笔者更赞同魏永忠教授"跨区域警务合作"的提法,以区别于具有国际警务合作属性的"区域警务合作";笔者并不赞同将所有跨行政区域的警务合作统称为区域警务合作,顾名思义,跨行政区域的警务合作,并不一定是相邻区域的行政区域的警务合作,还包括同一国家内地理位置相去甚远的行政区域的警务合作;将一国内部不同行政区域之间的警务合作统称为区域警务合作是不合适的:一国内跨省进行的警务合作、一国内不同法域间进行的区际警务合作和不同国家间进行的区域警务合作,三者无论是合作的法律渊源还是合作的程序方法,都有根本性的差异。将其统称为区域警务合作,过于笼统含糊,有只看现象不看本质之嫌,反而不利于区域警务合作研究的深入性和专业化。

---

① 魏永忠:《跨区域警务合作论——环首都地区社会安全防控警务合作体系研究》,中国人民公安大学出版社 2009 年版。魏永忠:《关于西部跨区域警务协作机制的初步研究》,载《中国人民公安大学学报(社会科学版)》2004 年第 6 期。王轩:《区域合作模式创新的地方经验——以粤澳区域警务合作模式为对象的研究》,载《行政法学研究》2017 年第 1 期。

② 汪勇:《中国区域警务合作研究》,载《中国人民公安大学学报(社会科学版)》2013 年第 5 期。马耀权、张强主编:《区域警务合作的实践与探索》,中国人民公安大学出版社 2016 年版。

③ 转引自刘为军:《打击犯罪新机制背景下的区域警务合作》,载《中国人民公安大学学报(社会科学版)》2015 年第 6 期。

二、区域警务合作的性质

本书所指的区域警务合作仅指多个国家在一定区域内进行的警务合作，也有学者将其细称为"区域性国际组织或公约内的多边警务合作"，①作为国际警务合作的基本形式之一，其当然具备国际警务合作②的基本内涵与特质。

区域警务合作具有下列性质：

（1）区域警务合作以存在区域警务合作的多边条约或国际条约为前提。并非所有的国家间的警务合作都属于区域警务合作。只有地理位置相邻的国家间，在国际条约或多边条约的框架下开展的警务合作，才属于真正的区域警务合作。其他的相邻或不相邻的国家间开展的警务合作仅仅属于国家间警务合作。因此，区域警务合作的前提是存在区域性警务合作的国际条约或多边条约。

（2）区域警务合作的内容是警务合作。国家间法律事务合作内容广泛，有涉及司法事务合作的，也有涉及警务合作的。而司法合作或司法协助并不属于警务合作。因此，区域警务合作内容仅包括区域国家间的警务合作。

三、区域警务合作与其他国际警务合作类型的比较

为更全面地理解区域警务合作，我们还有必要将其与其他类型的国际警务合作加以比较。当前，国际警务合作主要包括以下三种类型。

1. 全球性警务合作③

全球性警务合作是国家或地区在全球性国际组织或全球性公约框架内开展的警务合作，是主体最多、地域涉及最广的国际警务合作类型。即各国可通过加入

---

① 参见荆长岭、易志华、吴兴民：《全球化时代的国际刑事警务合作》，中国人民公安大学出版社 2014 年版。

② 广义的国际刑事警务合作包括狭义的国际刑事警务合作和国际刑事警务协助，即一国警务主管机关依法请求其他国家主管机关或者向其他国家主管机关依法在预防、打击和侦查犯罪方面提供便利和支持，或者互相提供帮助的工作制度。狭义的国际刑事警务合作，指主权国家之间为了打击和预防犯罪而互相帮助和支持，互相配合的工作制度。国际刑事警务协助，指一方主管机关在打击和侦查犯罪方面向另一方国家主管机关提出协助请求而依法提供的便利。本书采用的是广义国际刑事警务合作的概念。参见付凤：《全球化条件下的国际刑事警务合作》，载安庆师范学院学报（社会科学版）2007 年第 3 期。

③ 有学者将其称为"全球性国际组织和公约内的集体合作"，参见荆长岭、易志华、吴兴民：《全球化时代的国际刑事警务合作》，中国人民公安大学出版社 2014 年版。

国际组织开展警务合作。目前，与警务合作关系密切的国际组织主要包括联合国、国际刑警组织和国际刑事法院。通过缔结国际刑事法律公约，各国在全球范围内开展警务合作。例如联合国大会第 3047 号决议通过的《关于侦查、逮捕、引渡和惩治战争罪犯和危害人类罪犯的国际合作原则》中阐述了侦查的国际合作问题；2000 年第 55 届联合国大会通过《联合国打击跨国有组织犯罪公约》，确立了通过促进国际合作，更加有效地预防和打击跨国有组织犯罪的宗旨，为各国开展打击跨国有组织犯罪的警务合作提供了法律基础。各国依此进行的合作即属于全球性警务合作。

2. 区域警务合作

所谓区域警务合作，是指地理位置相邻或相近的多个国家共同缔结区域性条约，设立区域性警务合作中心机构，协调各成员国警察机关之间的警务合作。例如根据《执行申根协议公约》第 39 条规定，为了开展申根协议成员之间的警务合作，成员国应设立主管机关，为了预防和侦查犯罪向对方警察主管机关提供协助行为。根据《执行申根协议公约》第 48 条的规定，在申根协议成员国执行1959 年 4 月 20 日《刑事事务进行多边协助欧洲公约》，申根协议成员国可以与比荷卢经济联盟成员国开展《比荷卢经济联盟公约》就引渡和刑事事务进行多边协助。北欧五国之间的警务合作，即丹麦、挪威、瑞典、芬兰和冰岛五国于 1962年 3 月 23 日签订了《赫尔辛基条约》，同年 7 月 1 日生效。该条约第 5 条规定北欧五国在可能的情况下允许其他成员国侦查和起诉犯罪。①

3. 国家间警务合作

国家间警务合作包括有条约义务的和仅根据互惠原则开展没有条约义务的警务合作。对此，也有学者将其分别称为"双边条约内的经常性双边合作"和"平等互惠原则指引下的临时性双边合作"。② 对于国家间存在警务合作条约（协议）的，按照条约（协议）规定履行义务；对于不存在条约（协议）的，只能根据各自国家的有关刑事警务合作的法律（例如刑法、刑事诉讼法、警察法和刑事法律协助法等）开展国家间刑事警务合作。相比全球性和区域性警务合作，双

---

① "Treaty of Cooperation between Denmark, Finland, Iceland, Nor-way and Sweden", www. norden. org。

② 参见荆长岭、易志华、吴兴民：《全球化时代的国际刑事警务合作》，中国人民公安大学出版社 2014 年版。

边国家间进行警务合作的途径最为灵活多样，既可开展中央主管机关层面的警务合作，也可进行相邻地方机关层面的警务合作，例如，1993 年我国黑龙江省公安厅与俄罗斯联邦的两个地区内务局分别签订了《中国黑龙江省公安厅与俄罗斯联邦滨海边疆地区内务局合作协定》和《关于建立中国黑龙江省公安厅与俄罗斯联邦哈巴罗夫斯克边疆地区内务局工作联系的协议》，① 从而建立了两国地方警察机关工作会晤机制，使其信息的传递和情报的共享更为直接和便捷。

比较三种不同的国际警务合作类型，我们不难发现，区域警务合作无论是合作主体、合作范围还是合作的复杂程度而言，都介于全球性警务合作和国家间警务合作之间。就合作的法律效果而言，区域警务合作会产生多层次的权利义务关系。②

第二节 区域警务合作的构成要素

一定区域内、不同国家间的警务执法合作是否能够顺利开展，取决于其是否满足基本的合作意愿，这些合作意愿可以看成同心圆，相互包围并互补影响。③

一、区域国防安全和军事互信是基础

在地理位置上，中国与俄罗斯、哈萨克斯坦、吉尔吉斯斯坦和塔吉克斯坦相邻。而且从 1962 年开始，中国和苏联边境谈判一直持续近 30 年。1991 年苏联解体后，原来仅中苏两方的边境划界谈判就变成了中国与俄罗斯、哈萨克斯坦、吉尔吉斯斯坦和塔吉克斯坦的"1+4"边境谈判。1996 年 4 月 26 日，中、俄、哈、吉、塔五国在上海会晤并签署了《关于在边境地区加强军事领域信任的协定》（以下简称《上海协定》），奠定了"上海"五国合作的基础。《上海协定》规定，各方部署在边境地区的军事力量不用于进攻另一方，不举行针对另一方的军

---

① 付凤：《全球化条件下的国际刑事警务合作》，载《安庆师范学院学报（社会科学版）》2007 年第 3 期。

② 王莉、赵宇主编：《国际警务合作理论研究综述》，中国人民公安大学出版社 2014 年版。

③ ［加］弗里德里克·勒米厄编著：《国际警务合作的理论与实践》，曾范敬译，中国人民公安大学出版社 2016 年版。

事活动，限制实兵演习的规模、地理范围和次数，相互通报边界线各自一侧 100 千米地理区域内的军事活动，相互邀请观察员观看边境地区实兵演习，在边境地区采取措施预防危险军事活动，促进边境地区军事力量和边防部队友好交往。1997 年 4 月，"上海五国"元首在莫斯科签署了《关于在边境地区相互裁减军事力量的协定》（以下简称《莫斯科协定》）。根据该协定，双方裁减驻扎在边境地区包括陆军、空军、防空军航空兵和边防部队在内的军事力量，将主要武器装备和军事技术装备数量削减到与防御性质相适应的最低水平。双方有义务互不使用武力或以武力相威胁，不谋求单方面的军事优势，双方还建立机制，定期交换边境地区军事资料。①

为落实《上海协定》和《莫斯科协定》，双方于 1999 年成立"联合监督小组"机制，每年除举行两次例行会议外，还对《莫斯科协定》规定的地理范围内的军事设施和边防部队进行相互视察。实践证明，"联合监督小组"这种独一无二的模式经受住了时间的考验，符合五国落实"两个协定"的实际需要。

2001 年 1 月，乌兹别克斯坦提出作为正式成员国加入"上海五国"。2001 年 6 月 15 日，中华人民共和国、俄罗斯联邦、哈萨克斯坦共和国、吉尔吉斯共和国、塔吉克斯坦共和国和乌兹别克斯坦共和国等六个国家元首在中国上海签署了《上海合作组织成立宣言》和《打击恐怖主义、分裂主义和极端主义上海公约》。如同《上海合作组织二十周年杜尚别宣言》所指出的，上合组织在哈萨克斯坦共和国、中华人民共和国、吉尔吉斯共和国、俄罗斯联邦和塔吉克斯坦共和国于 1996 年和 1997 年分别在上海和莫斯科签署的关于在边境地区加强军事领域信任和关于在边境地区相互裁减军事力量的两个协定基础上建立。

在边境划线谈判过程中，"上海五国"就边防安全进行了深入合作，建立了区域国家间的军事互信，为了巩固这种军事互信、维护区域安全和社会秩序，上海合作组织的创建也就水到渠成。

---

① 《关于在边境地区加强军事领域信任和相互裁减军事力量的〈上海协定〉和〈莫斯科协定〉签署 20 周年纪念》，http://world.people.com.cn/n1/2017/0424/c1002-29231574.html，访问日期：2022 年 2 月 9 日。

二、地缘政治需求使合作具有紧迫性

区域组织或区域国家间共同的合作意愿是开展区际警务合作的重要条件。而维护区域公共安全和社会秩序的客观需求，正是区域国家间开展警务执法合作的共同利益所在。仅仅存在军事互信，尚没有开展区域警务合作的紧迫性。上海合作组织区域警务合作动因，就源于地缘政治产生的打击"三股势力"犯罪的共同需求。

中亚①地理位置十分特殊：亚欧分界线穿过俄罗斯和哈萨克斯坦，据此说上海合作组织所在的中亚地区是亚欧结合部十分恰当，因此中亚战略地位非常重要。而苏联解体后，独立的中亚五国由于遇到政治、经济、军事等诸多问题，使得苏联时期掩盖着的民族矛盾、社会问题、宗教纷争集中爆发，导致这一地区恐怖主义犯罪、毒品犯罪、经济犯罪等犯罪频发，并且这些犯罪还具有跨国、有组织性等显著特点。"9·11"事件之后，美国取代俄罗斯成为中亚地区"主要的经济捐助者和安全管理人"，在中亚的影响力大幅度提升。外部势力在中亚的竞争、角逐，加剧了中亚国家政局的不稳定，使中亚各国出现政局动荡、引发内部冲突的概率增大。② 如同乌兹别克斯坦前总统卡里莫夫所指出的，中亚"地区冲突日益成为恐怖主义和暴力、贩毒和非法武器交易……的固定根源。这些现象丝毫不受国界的限制"。③

中亚地区关系关系到我国西北部国土安全和西部大开发战略的实施。④ 我国与俄罗斯（中俄西北边境线 54 千米）、哈萨克斯坦（中哈边境线 1700 多千米）、吉尔吉斯斯坦（中吉边境线约 1000 千米）、塔吉克斯坦（中塔边境线 400 多千

---

① 狭义的"中亚"通常是指以阿姆河、锡尔河为中心的哈萨克斯坦、吉尔吉斯斯坦、塔吉克斯坦、土库曼斯坦和乌兹别克斯坦中亚五国。广义的"中亚"是指包括我国新疆地区在内的广大西部地区，苏联解体之后亚洲腹地出现的五个独立国家，以及与其有着政治、经济、军事、安全、民族和文化利益关系的周边地区。本书从狭义角度使用"中亚"一词。

② 巴哈提：《中亚地缘政治的现状与未来》，载《新疆社会科学》2004 年第 6 期。

③ 转引自赵常庆：《论中亚形式与非传统安全问题的相互作用》，载《俄罗斯中亚东欧研究》2006 年第 2 期。

④ 任双平：《浅析中亚的地缘态势及对中国的影响》，载《新疆大学学报》（哲学·人文社会科学版）2008 年第 6 期第 36 卷。

米）有着长达数千千米的共同边界，并居住着与中亚国家同宗同源的9个跨界民族，在民族、语言和宗教信仰方面与中亚地区有着千丝万缕的联系。中亚五国一旦内部发生暴力骚乱或引发难民潮，会影响我国边境安全、西部能源安全和边境地区社会秩序。而民族主义、泛突厥主义和泛伊斯兰主义在中亚地区沉渣泛起，并迅速向中国西北边疆蔓延，严重影响着我国西北边疆的安全与稳定。分裂主义、恐怖主义和极端主义"三股势力"的滋生和活跃，不仅严重恶化了中亚地区的治安环境，而且由于其跨国民族和宗教的原因，对中国尤其对中国西部边疆安全产生了重大影响。

因此，开展与中亚国家间的警务合作，乃至与中亚国家间在本区域开展警务合作，共同打击"三股势力"，是维护我国边疆稳定、民族团结乃至国家主权与领土完整的必然选择。此外，上海合作组织各个成员国也需要从根本上遏制中亚地区日益严重的犯罪形势，维护这一区域社会稳定和发展的大局。因此，强烈的共同需求也推动上合组织各成员国积极开展警务合作。需要特别指出的是，打击"三股势力"犯罪的共同需求不仅是区域警务合作的目的，而且也从根本上决定了上合组织各成员国警务合作的优先领域、合作的进度和程度，以及合作的成效。

三、开展区域警务合作的途径是建立区域协调机构

开展区域警务合作的途径有：组建区域统一的决策机构和执法机构，共同打击和预防侵犯区域共同利益和根本秩序的犯罪。例如，国际刑事法院成员国缔结了打击和预防核心国际犯罪的实体法、程序法和组织法合一的《国际刑事法院规约》，并组建了常设的国际刑事法院，从成员国遴选国际刑事法院法官、检察官和书记官长。但是，从区域合作角度来说，在主权国家之上建立统一的立法、司法和执行机构，不是一件简单的事。但区域国家通过元首会议机制协商，并建立区域性协调机构来统筹安排区域警务合作是一个切实可行的途径。

因此，上合组织通过元首会议机制签署了《上海合作组织宪章》《打击恐怖主义、分裂主义和极端主义上海公约》《上海合作组织成员国关于地区反恐怖机构的协定》《上海合作组织反恐怖主义公约》和《上海合作组织反极端主义公

约》；成员国之间签署打击恐怖主义、分裂主义和极端主义的协定。由元首会议确定合作框架范围，通过国际条约方式确认各成员国所承担警务合作的职责和履行义务，由地区常设性反恐机构协调各成员国反恐信息交流。

第二章 区域警务合作的原则

在全球化时代，一个国家想仅仅依靠本国力量打击和预防犯罪，是一件不可想象的事。① 犯罪无国界，而国家有疆界,② 因此需要国家间开展刑事司法协助来共同打击和预防犯罪。而我国作为上合组织的原始会员国，更应该利用上合组织这个区域性的国际组织平台，大力开展警务合作，为保障我国国家和社会安全服务。

第一节 上合组织框架下区域警务合作的层次

上合组织框架下区域警务合作的层次，是指我国以上合组织现行法律框架为基础所进行的警务合作的层次。具体包括以下方面。

一、上合组织层面的警务合作

所谓上合组织层面的警务合作，是指以上海合作组织为警务合作的一方主体，与其他国际组织或区域性国际组织所进行的警务合作。具体包括以下层面。

1. 上合组织与联合国之间的合作

上海合作组织秘书处与联合国安理会秘书处所签署的《上海合作组织秘书处同联合国秘书处合作的联合声明》中指出：双方同意进一步开展合作是为了大力协助应对国际社会面临的新的挑战和威胁。必须根据《联合国宪章》第八章，在

---

① See Task Force Report, American Bar Association, Section of International Law and Practice, Section of Criminal Justice, "Report of the ABA Task Force on Teaching International Criminal Law", at *The International Lawyer*, Summer, 1994.

② Siehe Schwaighofer, Klaus, "Auslieferung und Internationales Strafrecht", *Manzsche Verlag*, Wien 1988, Seit 27.

涉及国际和平与安全的问题上在不同的级别开展合作。这包括防止和消除冲突；与恐怖主义作斗争；防止大规模毁灭性武器及其运载工具的扩散；打击跨国犯罪，包括打击非法贩运毒品和非法军火贸易；处理环境退化问题；减少灾害风险和防备与应对紧急情况；促进可持续经济、社会、人道主义和文化发展等领域。

2. 上合组织与集体安全条约组织之间的合作

2007年10月5日在杜尚别签订了《上海合作组织秘书处与集体安全条约组织秘书处谅解备忘录》（以下简称《谅解备忘录》）。根据《谅解备忘录》的规定，上合组织秘书处和集体安全条约组织秘书处将在其职责范围内，在以下共同感兴趣的领域开展合作：维护地区和国际安全与稳定、打击恐怖主义、打击非法贩运毒品、打击非法贩运武器、打击跨国有组织犯罪，以及其他共同感兴趣的方面。

3. 上合组织与阿富汗伊斯兰共和国之间的合作

为了就上合组织与阿富汗伊斯兰共和国在共同感兴趣的问题上开展合作提出建议，上合组织成员国常驻上合组织秘书处代表、秘书处官员和阿富汗驻中华人民共和国大使馆高级外交官组成了上合组织-阿富汗联络小组。联络小组于2005年11月4日在北京签署了《上海合作组织与阿富汗伊斯兰共和国关于建立上海合作组织-阿富汗联络小组的议定书》，决定以磋商的方式开展工作。2009年3月27日颁布了《上海合作组织成员国和阿富汗伊斯兰共和国打击恐怖主义、毒品走私和有组织犯罪行动计划》，发表了《上海合作组织成员国和阿富汗伊斯兰共和国关于打击恐怖主义、毒品走私和有组织犯罪的声明》。

上合-阿富汗联络小组是上合组织与阿富汗伊斯兰共和国开展警务合作的专门联络机构；而《上海合作组织与阿富汗伊斯兰共和国关于建立上海合作组织-阿富汗联络小组的议定书》和《上海合作组织成员国和阿富汗伊斯兰共和国打击恐怖主义、毒品走私和有组织犯罪行动计划》是开展上合组织和阿富汗伊斯兰共和国警务合作的法律基础。

二、上合组织与上合组织成员国之间的合作

上海合作组织秘书处和地区反恐怖机构是两个常设的机构。其中地区反恐怖机构负责上合组织与上合组织成员国之间警务合作的协调与相互协作。《上海合作组织成员国关于地区反恐怖机构的协定》第 6 条规定了地区反恐怖机构的基本任务和职能。其基本任务和职能包括：

（1）为本组织有关机构，以及根据各方请求准备有关加强合作打击恐怖主义、分裂主义和极端主义的建议和意见；

（2）根据一方请求，包括根据公约规定协助各方主管机关打击恐怖主义、分裂主义和极端主义；

（3）收集和分析各方向地区反恐怖机构提供的有关打击恐怖主义、分裂主义和极端主义的信息；

（4）建立地区反恐怖机构资料库，包括：

①国际恐怖、分裂和其他极端组织，其结构、头目和成员、参与上述组织活动的其他人员，以及资金来源和渠道的信息；

②涉及各方利益的有关恐怖主义、分裂主义和极端主义的现状、动态和蔓延趋势的信息；

③向恐怖主义、分裂主义和极端主义提供支持的非政府组织和人员的情况信息；

（5）根据各方主管机关的请求提供信息；

（6）根据有关方请求，协助准备和举行反恐指挥司令部演习及战役战术演习；

（7）应各方请求，协助准备和进行打击恐怖主义、分裂主义和极端主义的侦查等活动；

（8）协助对公约第 1 条第 1 款所述行为的嫌疑犯进行国际侦查以追究其刑事责任；

（9）参与准备有关打击恐怖主义、分裂主义和极端主义问题的国际法律文件；

（10）协助为反恐部队培训专家和教官；

（11）参与筹备及举行科学实践会议、研讨会，协助就打击恐怖主义、分裂主义和极端主义问题进行经验交流；

（12）与从事打击恐怖主义、分裂主义和极端主义的国际组织建立联系并保持工作接触。

从上述规定可以看出，上合组织地区反恐怖机构具有向成员国提供合作打击"三股势力"的建议和意见；协助缔约国主管机关打击"三股势力"；收集和分析打击"三股势力"的信息；建立地区反恐怖机构资料库；为缔约国沟通信息、协助准备和举行反恐指挥司令部演习及战役战术演习；协助准备和进行打击"三股势力"的侦查活动；协助对《上海公约》所规定的恐怖主义、分裂主义和极端主义犯罪嫌疑犯进行国际侦查以追究其刑事责任；参与准备有关打击"三股势力"问题的国际法律文件；协助为反恐部队培训专家和教官；参与筹备及举行科学实践会议、研讨会；协助就打击恐怖主义、分裂主义和极端主义问题进行经验交流；与从事打击恐怖主义、分裂主义和极端主义的国际组织建立联系并保持工作接触等职能。

上述职能主要是在上合组织地区反恐怖机构与上合组织成员国之间进行的警务合作。因此，将上合组织作为警务合作的一方，成员国作为警务合作的另一方，这种划分方法是恰如其分的。

三、上合组织各成员国之间进行的警务合作

上合组织是一个区域性国际组织，作为一个区域性国际组织，成员国一方面与所加入的区域性国际组织之间进行合作；另一方面，更主要的是区域性国际组织的各成员国之间在区域性国际组织框架和双边国家法律框架内进行多边或双边的合作。

按照《上海合作组织宪章》第 4 条关于"机构"的规定，落实《上海合作组织宪章》宗旨和任务的组织框架机构包括：国家元首会议、政府首脑（总理）会议、外交部长会议、各部门领导会议、国家协调员理事会、地区反恐机构和秘书处。因此，合作的内容包括上述上合组织框架内的机构发表、发布的宣言、联合声明、公报中涉及警务合作的内容。

上合组织各成员国还根据《上海合作组织宪章》《上海公约》等上合组织所发布的国际性条约的规定，各自缔结了双边的合作协定。以我国为例，我国分别与吉尔吉斯共和国签订了《中华人民共和国和吉尔吉斯共和国关于打击恐怖主义、分裂主义和极端主义的合作协定》；与哈萨克斯坦共和国签署了《中华人民共和国和哈萨克斯坦共和国关于打击恐怖主义、分裂主义和极端主义的合作协

定》；与塔吉克斯坦签署了《中华人民共和国和塔吉克斯坦共和国关于打击恐怖主义、分裂主义和极端主义的合作协定》；与乌兹别克斯坦签署了《中华人民共和国和乌兹别克斯坦共和国关于打击恐怖主义、分裂主义和极端主义的合作协定》；与俄罗斯签署了《中华人民共和国和俄罗斯联邦关于打击恐怖主义、分裂主义和极端主义的合作协定》；与巴基斯坦签署了《中华人民共和国政府和巴基斯坦伊斯兰共和国政府关于打击恐怖主义、分裂主义和极端主义的合作协定》。目前为止，尚未与我国签署双边打击恐怖主义、分裂主义和极端主义双边条约的国家仅印度一国。

第二节　上合组织警务合作的基本原则

上合组织的前身是上海五国会晤机制。1996 年 4 月 26 日我国和俄罗斯联邦、哈萨克斯坦共和国、吉尔吉斯共和国、塔吉克斯坦共和国签订的《关于在边境地区加强军事领域信任的协定》和 1997 年 4 月 24 日我国和俄罗斯联邦、哈萨克斯坦共和国、吉尔吉斯共和国、塔吉克斯坦共和国签署的《关于在边境地区相互裁减军事力量的协定》所培育的军事互信、边境和平、稳定与安宁奠定了上海五国合作的基础。在此基础上，1999 年 8 月 24 日，五国元首在吉尔吉斯共和国首都比什凯克举行的第四次会晤所发表的联合声明中，提出应该坚决反对民族分裂主义和宗教极端主义，共同打击国际恐怖主义、走私贩毒及其他跨国犯罪行为。五国元首们在这次会议上表示了决不允许利用本国领土从事损害五国中任何一国主权、安全和社会秩序的行为，并强调了在平等互利原则基础上开展经贸合作，寻求在五国合作机制的基础上开展多边合作的途径。2001 年 1 月，乌兹别克斯坦提出作为正式成员加入"上海五国"。2001 年 6 月 14 日—6 月 15 日，上海合作组织国家元首在上海举行第六次会谈，乌兹别克斯坦正式加入上海合作组织，并签署《上海合作组织成立宣言》，上海合作组织正式成立。此次会议，上海合作组织国家元首还签署了《打击恐怖主义、分裂主义和极端主义上海公约》。2002 年 6 月 7 日上海合作组织成员国第二次元首会晤在俄罗斯圣彼得堡举行，会上签署了《上海合作组织宪章》《上海合作组织成员国关于地区反恐怖机构的协定》等文件。

一、上合组织成员国应遵守的基本原则

《上海合作组织成立宣言》认为，"上海五国"进程中形成的"互信、互利、平等、协商、尊重多样文明、谋求共同发展"为基本内容的"上海精神"，是本地区国家几年来合作中积累的宝贵财富，应继续发扬光大，使之成为 21 世纪上海合作组织成员国之间的相互关系的准则。《上海合作组织成立宣言》要求各成员国严格遵循《联合国宪章》的宗旨和原则，相互尊重独立、主权和领土完整，互不干涉内政，互不使用或威胁使用武力，平等互利，通过相互协商解决所有问题，不谋求在相毗邻地区的单方面军事优势。

《上海合作组织宪章》第 2 条明确规定了各成员国必须坚持的原则。具体包括：

（1）相互尊重国家主权、独立、领土完整及国家边界不可破坏，互不侵犯，不干涉内政，在国际关系中不使用武力或以武力相威胁，不谋求在毗邻地区的单方面军事优势；

（2）所有成员国一律平等，在相互理解及尊重每一个成员国意见的基础上寻求共识；

（3）在利益一致的领域逐步采取联合行动；

（4）和平解决成员国间分歧；

（5）本组织不针对其他国家和国际组织；

（6）不采取有悖于本组织利益的任何违法行为；

（7）认真履行在本宪章及本组织框架内通过的其他文件中所承担的义务。

警务合作是上海合作组织各项合作内容中的一个方面。因此，在上海合作组织框架内开展警务合作同样应该遵循上述原则。根据《上海合作组织宪章》第 3 条的规定，上海合作组织的合作基本方向包括：维护地区和平，加强地区安全与信任；就共同关心的国际问题，包括在国际组织和国际论坛上寻求共识；研究并采取措施，共同打击恐怖主义、分裂主义和极端主义，打击非法贩卖毒品、武器和其他跨国犯罪活动，以及非法移民；就裁军和军控问题进行协调；支持和鼓励各种形式的区域经济合作，推动贸易和投资便利化，以逐步实现商品、资本、服务和技术的自由流通；有效使用交通运输领域内的现有基础设施，完善成员国的

过境潜力，发展能源体系；保障合理利用自然资源，包括利用地区水资源，实施共同保护自然的专门计划和方案；相互提供援助以预防自然和人为的紧急状态并消除其后果；为发展本组织框架内的合作，相互交换司法信息；扩大在科技、教育、卫生、文化、体育及旅游领域的相互协作；本组织成员国可通过相互协商扩大合作领域。

二、上合组织基本原则对区域警务合作的指导作用

上合组织的基本原则对区域警务合作的全局性指导意义，体现在警务信息交流、侦查取证合作、工作经验交流与培训等警务合作的方方面面。

（一）打击"三股势力"的警务合作方面

打击恐怖主义、分裂主义和极端主义犯罪过程中的警务合作，主要运用于预防、查明和惩治"三股势力"犯罪（《上海公约》第2条第1款）方面。具体包括：交流信息、执行关于进行快速侦查行动的请求；制定并采取协商一致的措施，以预防、查明和惩治"三股势力"犯罪行为，并相互通报实施上述行动的结果；采取措施预防、查明和惩治在本国领土上针对其他各方实施的恐怖主义、分裂主义和极端主义的犯罪行为；采取措施预防、查明和阻止向任何人员和组织提供用于实施恐怖主义、分裂主义和极端主义犯罪行为的资金、武器、弹药和其他协助；采取措施预防、查明、阻止、禁止并取缔训练从事恐怖主义、分裂主义和极端主义犯罪行为人员的活动；交换法律法规及其实施情况的材料；就预防、查明和惩治恐怖主义、分裂主义和极端主义犯罪行为交流经验；通过各种形式，培训、再培训各自专家并提高专业素质；经各方相互协商，就其他合作形式达成协议，包括必要时，在惩治恐怖主义、分裂主义和极端主义犯罪行为及消除其后果方面提供实际帮助。

在打击恐怖主义、分裂主义和极端主义犯罪过程中主管机关应该交换共同关心的情报。情报包括：

（1）准备实施及已经实施恐怖主义、分裂主义或极端主义行为的情报，已经查明及破获的企图实施上述行为的情报；

（2）对国家元首及其他国家领导人，外交代表机构、领事机构和国际组织的

工作人员，其他受国际保护人员以及国事访问，国际和国家政治、体育等其他活动的参加者准备实施本公约第 1 条第 1 款所指行为的情报；

（3）准备、实施及以其他方式参与恐怖主义、分裂主义或极端主义行为的组织、团体和个人的情报，包括其目的、任务、联络和其他信息；

（4）为实施恐怖主义、分裂主义或极端主义行为，非法制造、获取、储存、转让、运输、贩卖和使用烈性有毒和爆炸物质、放射性材料、武器、引爆装置、枪支、弹药、核武器、化学武器、生物武器和其他大规模杀伤性武器，可用于制造上述武器的原料和设备的情报；

（5）已查明涉及或可能涉及恐怖主义、分裂主义或极端主义行为的资金来源的情报；

（6）实施恐怖主义、分裂主义或极端主义行为的形式、方法和手段的情报。

（二）上合组织成员国边防警务合作方面

上合组织成员国出于共同利益考虑，根据公认的国际法原则、准则和各成员国的法律规定开展边防合作，其目的是确保各成员国边境地区安全、提升各成员国边境安全主管机关保卫国界领域的能力、协调各方主管机关努力在边境地区预防、发现和制止违法行为；打击边境地区恐怖主义、极端主义和分裂主义，非法贩运武器、弹药、爆炸物和有毒物品及放射性材料，走私麻醉药品、精神药物及前体，以及非法移民和其他跨国犯罪活动和加强各方边防合作条约法律基础。具体合作形式如下：

（1）各方主管机关在本国边境地区采取经各方商定的行为；

（2）交流边境地区形势，包括准备或者已实施的破坏国界管理制度以及边境地区其他违法犯罪活动的情报信息；交流有关维护国界管理制度、边境地区管理制度以及口岸管理制度的经验；交流各方法律法规、出入各方国境的证件式样以及应对边境地区威胁的方法；举行会见、会议、研讨会以及其他工作会晤。

（三）上合组织成员国政府间海关方面的合作与协助方面

根据《上海合作组织成员国政府海关合作与互助协定》的规定，上合组织成员国为促进消除非法贩运麻醉药品、精神药物及其易制毒化学品行动的开展，海关当局未经预先请求应在最短的时间内相互通报信息：已经或涉嫌参与非法贩运麻醉药品、精神药物及其易制毒化学品活动的人；已知或涉嫌被用于非法贩运麻醉药品和精神药物的运输工具（包括集装箱）和邮件。

海关当局未经预先请求应相互提供麻醉药品、精神药物及其易制毒化学品非法贩运的方法和新的监管办法的情报。根据各自国家的法律并经协商一致，各方海关当局必要时可对麻醉药品、精神药物和易制毒化学品采取控制下交付的方式。

各缔约国海关可以主动提供警务合作：包括未经预先请求，海关当局在尽可能短的时间内相互告知对方重点打击的在海关事务方面可能存在的违法行为的信息。海关当局主动或应请求在最短时间内相互通报策划中或实施的与下列货物、物品进出境有关的、违法一方国家海关法行为的一切必要的情报：对自然环境或居民健康有害的货物或物品；武器、弹药、炸药、有毒物质、爆炸装置和核材料；带有恐怖主义和（或）极端主义倾向，或煽动种族间和（或）宗教间矛盾和仇恨的书籍、视听资料；麻醉药品、精神药物和其易制毒化学物品，以及对自然环境和居民健康有危险的物质。

各成员国海关当局应交流各自的工作经验、海关事务方面新的违法手段和方法的信息，以及共同感兴趣的其他问题；相互通报海关当局使用技术辅助手段的情况。为此，各成员国海关当局可以交流海关使用科技手段的情况；开展培训，提供帮助，提高各自工作人员的专业技能和交流海关事务专家；交换与海关事务有关的专业和科技信息。

（四）上合组织成员国政府间合作打击犯罪的警务合作方面

《上海合作组织成员国政府间合作打击犯罪协定》将上合组织成员国间合作打击犯罪的范围限定为：（1）侵犯个人生命、健康、自由、荣誉和尊严的犯罪；（2）恐怖主义、分裂主义、极端主义活动；（3）侵财犯罪；（4）腐败犯罪；（5）经济犯罪，包括洗钱和恐怖融资；（6）制造和销售假币、文件、有价证券以及贷记卡、信用卡和其他支付凭证；（7）侵犯知识产权犯罪；（8）贩卖人口，特别是妇女和儿童；（9）非法制造、贩运和销售武器、弹药、爆炸物、爆炸装置、毒害性和放射性物质以及核材料等危险物质；（10）非法制造和贩运麻醉药品、精神药物及易制毒化学品；（11）走私；（12）交通工具上的犯罪；（13）信息技术领域犯罪；（14）非法移民犯罪；（15）其他领域犯罪。

《上海合作组织成员国政府间合作打击犯罪协定》规定，各方主管机关通过以下方式开展合作：（1）交换有关本协定第1条所列举的犯罪活动及其参与人员的情报信息，包括交换各方国家公民在其他各方国家境内犯罪或受到非法侵害的情报信息；（2）查找犯罪嫌疑人、逃犯及失踪人员；（3）执行有关采取侦查措施的请求；（4）确认无名尸体及因健康或年龄原因无法说清自己身份的人员的身份；（5）交换法律、法规文本；（6）交流工作经验，包括举行会议和研讨会；（7）在执法官员培训和进修方面提供协助；（8）交换科技书籍和信息；（9）为履行本协定，各方根据各自国内法律在协商一致基础上可开展控制下交付行动。各方主管机关可在符合本协议宗旨的前提下开展其他形式的合作。

第三节　上合组织警务合作的具体原则

上合组织区域警务合作，是国际刑事司法协助的重要组成部分，因此，其警务合作过程中，除应遵守上合组织的基本原则外，还应更有针对性地遵守刑事司法协助的相关原则，如尊重国家主权原则、法制原则、双重犯罪原则和公共秩序保留原则。

一、尊重国家主权原则

一般而言，尊重国家主权原则，仅指对国家主权的尊重，包括本国国家主权不容受到侵犯，也包括不得侵犯其他国家主权。为确保本国国家主权不受到侵犯的同时，也不侵犯他国国家主权，应必须遵循以下方法：

首先，尊重其他国家的国家主权，不用武力或以武力相威胁解决国家间争端。领土完整与安全是国家独立行使主权的一个基本前提。用武力或武力威胁方法解决国家间争端，争端国家间的主权不会受到尊重。因此，尊重国家主权就要求上合组织成员国之间不用武力或以武力解决国家间争端。此外，不以武力或武力威胁解决国家间争端，而是用平等、理性对话方式解决国家间争端，也有利于促进相邻国家间边境地区的安全与稳定、培养国家之间的军事互信和政治互信。

而政治互信是开展警务合作的前提。

其次，坚持国家无论大小皆一律平等。只有坚持国家无论大小一律平等，国家间才能平等、理性地对话，并通过对话圆满地解决纠纷。

再次，国家主权不容侵犯。警务合作的内容比较广泛，既包括了警务信息交流、工作技能培训与交流，还包括了侦查合作。作为一个主权国家，拥有独立的决定权决定是否与其他国家开展相关协作；有权维护本国司法权、行政权和立法权的完整。对于属于本国独立行使行政权、司法权或立法权的事务，不容他国置喙；对于独立属于他国的事务，不予干涉。这两个方面是国家主权不容侵犯的基本内容。

主权是一个国家在其统辖范围内所拥有的至高无上的权力，是国家的最基本属性，表现为对内与对外两个方面，即对其领域内的一切人和事物享有的排他性的管辖权和不受干涉、独立自主地处理对外关系的权力。各国主权平等，各主权国家应和平相处，因此各国都有义务互相尊重对方的主权，每一国均有权根据本国人民的意志自由地选择其政治、社会、经济和文化制度，国家的政治独立和领土完整不受侵犯。国家主权原则是国际法的基本原则。警务合作是国家间处理对外司法事务的一种手段。因此，尊重国家主权原则已成为警务合作的基本原则。这一点已为上合组织的法律文件所确认。按照《上海合作组织宪章》第2条的规定，上合组织成员国必须相互尊重国家主权、独立、领土完整及国家边界不可破坏，互不侵犯，不干涉内政，在国际关系中不使用武力或以武力相威胁，不谋求在毗邻地区的单方面军事优势；上合组织所有成员国一律平等，在相互理解及尊重每一个成员国意见的基础上寻求共识；和平解决成员国间分歧。

《上海合作组织成员国政府间合作打击犯罪协定》第6条第7款明确规定，如被请求方主管机关认为，执行请求可能有损本国的主权、安全、社会秩序或其他根本利益，或违背其国内法或所承担的国际义务，则可推迟，或全部或部分拒绝执行请求。

我国在开展警务合作时，也应毫不例外地恪守这一原则。具体而言，当我国作为请求国时，首先应确立哪些警务行为属于我国独立开展的事务，不属于警务合作的范围。这些事务不与他国进行警务合作；同样道理，也不对其他成员国内部的警务工作提出合作请求。在向外国提出司法协助请求时，不能以牺牲国家主权为代价，不能无原则地拱手放弃我国的刑事管辖权。同时，我国亦应尊重对方国家的主权，不以任何方式损害他国的主权，不强迫他国采取或不采取某种法律措施，努力防止因警务合作问题而引发国家间的外交冲突。

此外，当我国作为被请求国时，应旗帜鲜明地拒绝任何有损于我国国家主权、安全和公共秩序的警务合作请求。法律应明确规定各种应该或可以拒绝给予对外警务合作请求的条件，并把不得损害我国国家主权作为给予警务合作的首要条件，决不允许任何形式的治外法权或变相治外法权在我国死灰复燃，对于任何外国企图通过警务合作形式来干涉我国内政的行为，都应严加抵制。总之，无论是何种形式的警务合作，都必须严守尊重国家主权原则。

二、法治原则

警务合作是一个国家法律制度的组成部分，必须建立在本国宪法和其他基本法律的基础之上，这意味着任何警务合作活动都只能在法律允许的范围内进行。警务合作的目的是为了打击和预防犯罪，确保国家安宁和安全。因此，在遵守上合组织各种多边性条约的基础上，在遵守相关国家国内法律的前提下开展警务合作才是正确的警务合作方式。

对于跨国犯罪，特别是跨国有组织犯罪，其惯于在一国领土上发展组织成员、进行培训，但是在另一国领土上实施犯罪；犯罪实施完毕之后撤回。在这种情况下，受到犯罪侵害的国家如果没有能在犯罪发生之时将作案人缉拿归案，在作案人离开犯罪发生地国之后，犯罪发生地国独立缉拿作案人，将是难以完成的任务。即使在犯罪时将作案人缉拿归案，也无法彻底摧毁该犯罪组织，只能一味防范，而不能"毕其功于一役"。因此，一国独立打击和预防犯罪将是一个难以完成的任务。更何况，在警务合作过程中也充满了坎坷。例如，国际社会对恐怖主义犯罪的定义和性质都充满了争议。中国等国家坚持认为，恐怖主义、分裂主义和极端主义犯罪都应该属于普通犯罪，不属于政治犯、宗教犯罪，即使在实施恐怖主义、分裂主义和极端主义犯罪过程中其犯罪目的或动机涉及政治、宗教因素，都不能视为政治犯或宗教犯，而且属于可引渡、可提供刑事司法协助包括警务合作的犯罪。但是国际社会对此并没有定论，而是将特定的恐怖主义犯罪视为可引渡、可提供刑事司法协助的普通犯罪。例如，1973 年 12 月 14 日，第 28 届联合国大会第 2202 次全体会议通过的《关于防止和惩处侵害应受国际保护人员包括外交代表的罪行的公约》，将针对国家元首、政府首脑、外交人员和其他应受国际保护的人员实施暴力或暴力威胁的行为，作为可引渡的犯罪，不再将其视为政治犯罪而拒绝引渡。但其他的恐怖犯罪却因为掺杂了政治、种族、民族或宗教因素而被视为政治犯罪或宗教犯罪，犯罪分子因此而逍遥法外。

上海合作组织第一次将恐怖主义、分裂主义和极端主义作为成员国合作打击的对象，并明确规定为可提供刑事司法协助、可引渡的犯罪。《打击恐怖主义、分裂主义和极端主义上海公约》第 2 条规定，各成员国根据《上海公约》及其所承担的其他国际义务，以及考虑到各成员国国内法律规定，在预防、查明和惩治恐怖主义、分裂主义和极端主义犯罪行为方面进行合作。《上海公约》要求各成员国将该公约第 1 条第 1 款所指的恐怖主义、分裂主义和极端主义犯罪行为视为可互相引渡的犯罪行为。《上海公约》第 3 条则明确指出，各成员国必须采取必要措施，包括适当时制定国内立法，以使该公约所指的恐怖主义、分裂主义和极端主义行为在任何情况下不得仅由于政治、思想、意识形态、人种、民族、宗教及其他相似性质的原因而被开脱罪责，并使其受到与其性质相符合的处罚。

因此，上合组织是第一个将恐怖主义、分裂主义和极端主义犯罪作为可提供刑事司法合作、可引渡的犯罪行为的区域性国际组织。上合组织旗帜鲜明地在反恐怖主义、分裂主义和极端主义领域进行合作，意义深远。但是上合组织同样要求各成员国在开展打击"三股势力"犯罪的合作过程中，应遵循相关国家的国内法律，进一步说明上合组织在开展警务合作过程中奉行法制原则。

由于警务合作不像纯粹的对外援助那样是一国能够独立开展的，需要相关国家之间彼此紧密合作，因而当事国除了要遵守本国法律外，还要依照对方国家的法律。而且，警务合作同时涉及实体法和程序法，所以，在实施各种相关活动过程中要求既要遵守实体法，也要遵守程序法。比如，一个上合组织成员国向我国提出联合侦查时，首先要按照我国刑法确认犯罪嫌疑人所实施的行为是否构成犯罪，是否属于可提供警务合作的罪行，是否应受刑事处罚等。然后按照我国刑事诉讼法的程序提供警务合作，诸如发布逮捕令、进行调查取证。每一个环节都必须严格依法办事。特别是我国已经建成了具有中国特色的社会主义法律体系，彻底改变了以往那种无法可依按政策办事的局面，同时党的十八届四次全会也将全面推进依法治国提高国家治理体系和治理能力的现代化确定为我国的根本治国方略，因此我国开展警务合作也应适应新的形势要求，明确将法制原则列为警务合作的基本原则。

当然，按照法制原则的要求，除了相关的实体法和程序法外，开展警务合作也要遵守有关国际条约。条约义务必须遵守，这是国际法的重要原则，也是法制原则的应有之义。① 警务合作在许多情况下往往是当事国根据各国之间的双边条约的规定进行的。在这种情况下，就必须严格按照条约所规定的条款来进行合作。我国一贯遵守我国缔结或加入的条约，认真履行自己所应承担的义务，对于涉及国际刑事司法协助方面的条约当然也不能例外。

在法制原则中，还应该提到一个特定的规则，即在涉及犯罪的侦查过程中应该坚持双重犯罪原则。所谓双重犯罪指的是某个行为依请求国法律和被请求国法律都被认为是犯罪行为。② 双重犯罪原则是国际刑事司法合作特有的基本原则，当然也是侦查犯罪过程中所必须坚持的指导原则。在一国管辖范围内，该国对犯罪的认定是完全以本国法律为准绳的，无须考虑他国的法律。这是最起码的司法原则。

《上海合作组织反恐怖主义公约》第 11 条第 5 款明确规定，当涉及引渡和提供司法协助时，应当遵守双重犯罪原则。由于警务合作中的侦查行为属于刑事司法协助的范围，所以上海合作组织框架下的警务合作必须遵守双重犯罪原则。因为刑事司法协助所要办理的事务是刑事事务，对被指控人的行为性质的确认便成为合作成败的关键。所以，只有双方都认为正在办理的事务属于刑事事务，被指控的行为是犯罪行为，才能保证双方顺利地进行合作。只要任何一方认为被指控人的行为不属于符合本国刑法认定的犯罪行为，那么该国就不可能愿意以违反本国法律为代价进行这种活动。必须指出，并不是所有的警务合作行为都必须遵守双重犯罪原则。在警务信息交流、警务技能交流、培训过程中不必遵守双重犯罪原则。因此，双重犯罪原则并不是警务合作的基本指导原则，而仅仅适用于犯罪

---

① 但国际公约的规定能否直接在我国适用存在争议。而德国《刑事事务国际法律合作法》第 1 条第 3 款明确规定：已经直接可适用的内国法的国际公约的规定，优先于本法（IRG）适用。

② Vgl. Internationale Rechtshilfe in Strafachen, § 3, 5 Auflage, Verlag C. H. Beck München 2012.

侦查过程中,因此,双重犯罪原则属于法制原则的一个下位原则。

三、友好原则

友好原则,是指在警务合作过程中,各成员国在上合组织框架和本国法律框架范围内尽可能提供警务合作。正如《上海合作组织成立宣言》所指出的,上海合作组织的宗旨是加强各成员国之间的互相信任与睦邻友好,鼓励各成员国在政治、经贸、科技、文化、教育、能源、交通、环保及其他领域的有效合作,共同致力于维护和保障地区的和平、安全与稳定,建立民主、公正、合理的国际政治经济秩序。因此,在警务合作中各成员国应该恪守友好原则。友好原则具体表现为以下方面。

(一)采取一切必要措施保证尽可能迅速全部地执行请求

根据《上海合作组织成员国政府间合作打击犯罪协定》第 1 条和第 3 条第 1款第 1 项的规定,各方在预防、制止、发现、侦破下列犯罪,包括有组织犯罪方面开展合作:(1)侵犯个人生命、健康、自由、荣誉和尊严的犯罪;(2)恐怖主义、分裂主义、极端主义活动;(3)侵财犯罪;(4)腐败犯罪;(5)经济犯罪,包括洗钱和恐怖融资;(6)制造和销售假币、文件、有价证券以及贷记卡、信用卡和其他支付凭证犯罪;(7)侵犯知识产权犯罪;(8)贩卖人口,特别是妇女和儿童;(9)非法制造、贩运和销售武器、弹药、爆炸物、爆炸装置、毒害性和放射性物质以及核材料等危险物质;(10)非法制造和贩运麻醉药品、精神药物及易制毒化学品;(11)走私;(12)交通工具上的犯罪;(13)信息技术领域犯罪;(14)非法移民犯罪;(15)其他领域犯罪。包括交换各方国家公民在其他各方国家境内犯罪或受到非法侵害的情报信息。

根据《上海合作组织成员国政府间合作打击犯罪协定》第 6 条第 1 款的规定,被请求方主管机关采取一切必要措施保证尽可能迅速、全部地执行请求,请求一般应在送达之日起 30 日内执行。第 6 条第 3 款还规定:如执行请求不属于被请求方主管机关的职权范围,被请求方主管机关应将请求转给本国有权执行此请求的机关,并立即书面通知请求方主管机关。即当请求书送达错误,没有送达给有权执行机关,收到请求书的机关应将请求书转送给本国有权执行该请求的机关，而不是以请求书送达错误为由而将请求书退回给请求国。

（二）将"三股势力"犯罪作为可引渡或可提供刑事司法协助的犯罪

如前所述，上合组织旗帜鲜明地在反恐怖主义、分裂主义和极端主义领域进行合作。规定成员国无论动机如何，都不得将恐怖主义、分裂主义和极端主义犯罪视为政治犯罪、宗教犯罪或军事犯罪，为其开脱责任，而应将恐怖主义、分裂主义和极端主义犯罪视为可引渡或可提供刑事司法协助的犯罪。

毋庸讳言，由于政治、① 军事、宗教性质②的问题大多极为复杂敏感，而且往往涉及国家的统治根基，司法协助不能解决也不应该介入这类敏感复杂的问题。所以，在开展引渡和刑事司法合作活动时，应把政治、军事、宗教事务除外原则列为其基本原则。当今世界存在着各种不同意识形态和不同社会制度的国家，而各国出于维护本国利益的考虑，在考虑是否进行司法协助时优先考虑的问题是如何确保本国主权、安全不受侵犯，核心价值观不受挑战，公共秩序不受破坏，然后才会考虑其他相关的司法问题。所以，规范刑事司法协助的国际公约及国内法律大多规定刑事司法协助不涉及政治、军事、宗教方面的事务。例如《欧洲引渡公约》第 3 条规定了政治犯和涉及宗教因素的犯罪不引渡，其第 4 条规定军事犯不引渡。《东盟刑事事务多边协助条约》第 3 条第 1 款中分别规定禁止就涉嫌政治因素的犯罪、军事犯罪和涉宗教因素的犯罪提供协助。我国 2000 年 12 月 28 日修订通过的《中华人民共和国引渡法》第 8 条第 3、4、5 项也分别规定了因政治犯罪而请求引渡或者我国已经给予被请求被引渡人受庇护权利的，被请求引渡人可能因其种族、宗教、国籍、性别、政治见解或者身份等方面的原因而

---

① 政治犯可以分为纯正的政治犯和涉政治因素的犯罪。Siehe Stein, Torsten, *Die Auslieferungsausnahme bei politischen Delikten*, Springer Verlag, Berlin 1983, Seite 62ff. 但在部分国际公约中将个别涉政治因素的犯罪排除在政治犯领域之外，视其为可以提供刑事司法协助的普通犯罪行为。例如，《关于防止和惩处侵害应受国际保护人员包括外交代表的罪行的公约》（1973 年）将侵害应受国际保护人员的行为规定为可提供刑事司法协助的恐怖犯罪。

② 宗教极端主义犯罪究竟属于宗教犯罪还是披着宗教外衣的非宗教犯罪值得进一步研究。正如美国总统杰斐逊 1802 年所指出的："宗教完全是一个人和他的神之间的一件事宜。" The Writings of Thomas Jefferson, ed. H. Washington, 9 Vols.（1853—1854，8：113）。因此，我们倾向于认为宗教极端主义犯罪属于披着宗教外衣的非宗教犯罪。

被提起刑事诉讼或者执行刑罚，或者被请求引渡人在司法程序中可能由于上述原因受到不公正待遇的，以及根据中华人民共和国或者请求国法律，引渡请求所指的犯罪纯属军事犯罪的，应当拒绝引渡。而这一原则的确立，对于保障国家间排除非司法因素的干扰，顺利开展刑事司法协助无疑具有重要的意义。

而上海合作组织第一个将恐怖主义、分裂主义和极端主义犯罪视为可提供引渡和刑事司法协助的犯罪，而且《上海公约》"序言"明确规定，《上海公约》确定的恐怖主义、分裂主义和极端主义，无论其动机如何，在任何情况下不得为其开脱罪责，从事此类行为的人员应被绳之以法。《上海公约》第3条更是明确规定，各方应采取必要措施，包括适当时制定国内立法，以使《上海公约》所指行为在任何情况下不得仅由于政治、思想、意识形态、人种、民族、宗教及其他相似性质的原因而被开脱罪责，并使其受到与其性质相符的处罚。

(三) 以"上海精神"为核心的新安全观和新合作观

所谓"上海精神"，是指上海合作组织六国元首在2001年上海会晤期间所确认的"互信、互利、平等、协商、尊重多样文明、谋求共同发展"的精神，它不仅是"上海五国机制"的基础，也是"上海合作组织"的灵魂。警务合作过程中，基于"上海精神"协商或谈判方式解决争议问题，具体体现在以下方面。

1. 确立优先适用原则解决管辖权冲突

打击恐怖主义、分裂主义和极端主义犯罪过程中，各成员国皆有刑事管辖权时，就会出现法律适用冲突，即各个成员国都会按照主权不可侵犯原则，而主张本国行使刑事管辖权，因而拒绝其他成员国所提出的警务合作请求。本书建议，上合组织在现行法律框架范围内无法找到具体的法律适用冲突的法律规范时，可以通过协商或谈判方式，确认法律适用冲突时的解决原则。各成员国可以采用实行优先适用原则确认刑事管辖国，而犯罪涉及的其他国家采用诉讼移管的方式让渡本国的刑事管辖权。优先适用原则是指当多个国家对同一犯罪案件都具有刑事管辖权时发生刑法适用冲突，应按照一定的顺序确定刑事管辖权的原则。为了解决这个问题，最理想的状态是由上合组织对适用刑事管辖权顺序作出明确规定，以便当两个以上国家同时主张对同一跨国犯罪的适用本国刑法时确定哪个国家刑法具有优先适用权利。享有优先适用权的国家，当罪犯在其实际控制之下时，可以径直对其进行起诉；被指控的罪犯不在其实际控制之下时，可以请求罪犯所在地国将其引渡给本国以便起诉，被请求国应当根据上合组织的有关规定首先考虑将被指控的罪犯引渡给享有优先效力权的国家。只有当享有优先效力权的国家放弃管辖时，其他国家才可以依次提出引渡罪犯的请求，对其进行起诉和审判。

确立优先适用原则对于解决国际犯罪刑事管辖权的冲突，及时有效地制裁国际犯罪，是非常必要的。然而，令人遗憾的是，上合组织现行规范中并没有对之作出明确的规定。但是从同跨国恐怖主义、分裂主义和极端主义犯罪作斗争的需要来讲，确立优先适用原则的必要性和紧迫性是存在的。按照优先适用原则，处在同一管辖序列的国家，如果在同一国际犯罪案件中不止一个，就会出现并行管辖的情况。在并行管辖的情况下，由哪个国家实际进行管辖，有关国际公约也应当予以明确规定。这种规定应当以最有利于起诉和审判的顺利进行为出发点。在属地管辖序列中，罪犯国籍国的犯罪地国应当优于其他犯罪地国实行管辖，主要犯罪地国应当优于次要犯罪地国实行管辖。在属人管辖序列中，罪犯的国籍国应当优于其永久居地国；当共同犯罪中罪犯不属同一国家时，主犯的国籍国应当优于从犯的国籍国。

综上所述，我们认为，上合组织各成员国在协商或谈判解决刑事管辖权冲突时，应当按照下则顺序来解决刑事管辖权冲突问题：第一，犯罪全部或局部发生在其领土上的缔约国；第二，刑事被告人为其国民的缔约国；第三，受害人为其国民的缔约国；第四，在其领土上发现刑事被告的任何其他缔约国。

2. 践行一事不再理原则，防止管辖权冲突

基于友好原则，建议各成员国之间普遍承认其他成员国刑事判决的效力，以便实行被判刑人移管和适用一事不再理原则。

众所周知，对犯罪人判处刑罚的目的不是惩罚犯罪分子，而是通过刑罚惩罚的方式对犯罪分子进行教育改造，以利于其刑满释放之后能顺利回归社会。因此，为了避免被判刑人在语言不通、文化迥异的异国陌生环境里服刑而影响刑罚的改造效果，将被判刑人移交给被判刑人所熟悉的环境服刑，尤其是其服刑完毕之后的生活环境和服刑环境大体相似时，有利于被判刑人顺利重返社会化进程。更为重要的是，有利于保障被判刑人的权利，特别是有利于保障被判刑人避免因

为一次犯罪行为而受到多次刑事追诉。这一点与一事不再理原则的旨趣是相同的。一事不再理原则强调同一犯罪不受二次惩罚。这一原则在许多国家国内法中得到肯定，有的学者主张可适用于解决刑事管辖权冲突。但有些国家不承认这一原则的国际适用。1966 年签订的《公民及政治权利国际盟约》第 14 条第 7 款规定，任何人依一国法律及刑事程序经终局判决判定有罪或无罪开释者，不得就同一罪名再予审判或科刑。1987 年 5 月 25 日，欧洲理事会成员国缔结了关于适用一事不再理规则的协定，以解决理事会成员国间存在的一罪二罚问题。我们认为一事不再理原则可以作为一种防止刑事管辖权冲突的途径，但对这一原则的适用，应通过国际协定加以明确，以统一认识，地域性协定只能在地域范围之内适用。

3. 尊重被请求国的自由裁量权

按照友好原则，各成员国应尊重被请求国的自由裁量权。数个成员国就同一犯罪案件提出刑事管辖权或警务合作请求时，除条约明文规定的以外，通常是由被请求国行使自由裁量权加以决定。例如 1990 年联合国预防犯罪和罪犯待遇大会通过的引渡模式协定规定，当几个国家就同一罪犯提出引渡请求时，除条约明确规定外，由被请求国自由裁量决定。因此，在上合组织各成员国之间进行警务合作，涉及数个刑事管辖权的竞合或冲突时，各成员国应该尊重警务合作被请求国的自由裁量权。

四、公共秩序保留原则

公共秩序保留（reservation of public order）是我国法律上的称谓，在法国被称为"公共秩序"（order public），在德国被称为"保留条款"（Vorbehaltsklausel），而英美法国家则惯用"公共政策"（public policy）。公共秩序保留原则是国际私法上一个具有安全阀作用的原则，为缓和冲突规范的僵化弊端，也频繁地突破其原初面貌，承担原不具有的功能，成为追求最佳准据法的一种工具。① 《中华人民共和国涉外民事关系法律适用法》第 5 条明确规定：外国法律的适用将损害中华人民共和国社会公共利益的，适用中华人民共和国法律。该规定包含有公共秩

① 彭奕：《我国公共秩序保留的立法得失与展望》，载《南京大学法律评论》2012 年第 2 期。

序保留原则的部分内容。

上合组织很多法律文件中都有公共秩序保留原则的规定。《打击恐怖主义、分裂主义和极端主义上海公约》第 9 条第 6 款规定，如被请求的中央主管机关认为，执行请求可能有损其国家主权、安全、公共秩序或其他根本利益，或违背其国内法或国际义务，则可推迟或全部或部分拒绝执行请求。《上海合作组织成员国政府间合作打击犯罪协定》第 6 条第 7 款亦作上述同样规定。

在刑事事务法律合作领域，包括警务合作领域，公共秩序保留原则的核心就是在条约或法律明文规定的禁止提供刑事事务法律合作的条款之外，基于保护被请求国的公共秩序或其他根本利益，而不予提供刑事事务法律合作。例如，《中华人民共和国引渡法》第 8 条明确列决了拒绝引渡的 8 种法定事由，第 9 条第 2 项又规定"由于被请求引渡人的年龄、健康等原因，根据人道主义原则不宜引渡的"的法外事由。①

公共秩序保留原则的具体内容尚无定论。一般认为，包括国家主权、国家安全与利益、双边外交关系、本国声誉、基本政策、基本道德观念等内容。在适用公共秩序保留原则时，是否应该有所限制也是一个疑难问题：在友好原则与公共秩序保留原则之间的平衡点如何定位在实践中操作困难：一方面，区域性国际组织成员国之间应该恪守友好原则，在上合组织和本国法律框架范围内开展警务合作；另一方面，本国国家主权完整、国家安全与利益、双边外交关系、本国声誉、基本政策、基本道德观念等内容难以具体界定。

本书认为，成员国之间基于上合组织和双边国家间的法律框架规定而开展的警务合作，本身就是一种成员国国家间友好互助的行为，是建立互信互利的行为。因此，公共秩序的内容完全可以通过平等互惠原则来进行界定：即己所不欲勿施于人。当提出警务合作请求的成员国在类似情况下不能给予对方成员国提供协助的，则不能向对方提出该项警务合作请求。如果向对方成员国提出该项警务合作请求，则类似于向对方成员国承诺：如果被请求国提供该项警务合作，则以后在类型情况下，请求国有义务向被请求国提供类型警务合作。

---

① 一般意义上讲，《中华人民共和国引渡法》规定的拒绝引渡的事由全部都属于法定事由。然而此处的"法外事由"一词，特指刑法、刑事诉讼法所规定的禁止引渡的法律因素之外的事由，而不包括引渡法本身所规定的事由。

第三章 区域警务合作的法律渊源

法学界对法律渊源（source of law）的含义有广泛的争议。① 从萨蒙德 1902 年区分法律的形式渊源（formal source）和实质渊源（material source）后，② 这种观点在大陆法系国家得到了广泛的认同。③ 本书认为，要追寻上合组织框架下警务合作的法律渊源的目的就是揭示上合组织和上合组织成员国内开展警务合作法律授权和具体指导规范。详言之，法律授权需要弄清上合组织框架下开展警务合作得到了哪些阶位法律的授权的问题；而具体指导规范则需要明确是否存在以及存在哪些可适用的法律条文的问题。从解决具体问题出发的角度，本书认为上合组织框架下警务合作的法律渊源包括一切指导或规范上合组织框架警务合作的法律规范的总称。这种法律规范的总称具体包括了上合组织本身所规定的法律规范、上合组织成员国之间开展警务合作的法律规范和上合组织成员国进行警务合作的法律规范。

第一节 上合组织框架下警务合作的法律渊源概述

一、上合组织警务合作的法律渊源

（1）《上海合作组织宪章》。《上海合作组织宪章》是上合组织建立的法律依

---

① 关于法律渊源含义界定的混乱现状，参见［美］罗科斯·庞德：《法理学》（第三卷），廖德宇译，法律出版社 2007 年版。

② 转引自彭中礼：《论法律形式与法律渊源的界分》，载《北方法学》2013 年第 1 期。

③ 但是庞德还是坚持认为将法律渊源和法律形式区分开来，认为法律渊源是指形成法律规则的内容的因素，即发展和制定那些规则的力量，作为背后由立法和执法机关赋予国家权力的某种东西，包括惯例、宗教信仰、道德和哲学的观点、判决、科学探讨和立法；而法律形式，是指法律规则的权威表述，包括立法、判例法和教科书法。参见［美］罗科斯·庞德：《法理学》（第三卷），廖德宇译，法律出版社 2007 年版。

据，因此，《上海合作组织宪章》应该是上合组织开展一切警务合作的立法授权渊源。

（2）《打击恐怖主义、分裂主义和极端主义上海公约》《上海合作组织反恐怖主义公约》《上海合作组织反极端主义公约》是上合组织开展警务合作的具体法律渊源。

（3）国家元首会议、政府首脑（总理）会议、外交部长会议、各部门领导会议、国家协调员理事会、地区反恐机构和秘书处的涉警务合作的决定。按照《上海合作组织宪章》第 4 条"机构"的规定，落实《上海合作组织宪章》宗旨和任务的组织框架机构包括：国家元首会议、政府首脑（总理）会议、外交部长会议、各部门领导会议、国家协调员理事会、地区反恐机构和秘书处。因此上述上合组织框架内的机构发表、发布的宣言、联合声明、公报中涉警务合作的内容属于上海合作组织框架内开展警务合作的法律渊源。

（4）《上海合作组织成员国关于地区反恐怖机构的协定》。2002 年 6 月 7 日上合组织成员国在俄罗斯的圣彼得堡市签订了《上海合作组织成员国关于地区反恐怖机构的协定》。该协定全面、细致地规定了地区反恐怖机构的基本任务和职能。

（5）上合组织与联合国、集体安全条约组织、阿富汗等国际性机构或国家的协议。2010 年 12 月 2 日联合国大会将题为"联合国和上海合作组织之间的合作"的分项目列入大会第 67 届会议临时议程。会议专门讨论了联合国同上海合作组织的合作。这次会议决议还提及了 2010 年 4 月 5 日联合国秘书长和上海合作组织秘书长在塔什干签署的《上海合作组织秘书处同联合国秘书长合作的联合声明》。

集体安全条约组织，是在俄罗斯、哈萨克斯坦、白俄罗斯、亚美尼亚、吉尔吉斯斯坦、塔吉克斯坦等六国签订的《集体安全条约》的基础上成立的一个区域性国际组织。集体安全组织的宗旨是建立独联体国家集体防御空间和提高联合防御能力，防止并调解独联体国家内部及独联体地区性武力争端，并且对外实行集体防御。《上海合作组织秘书处与集体安全条约组织秘书处谅解备忘录》就属于上合组织和集体安全条约组织之间进行警务合作的法律渊源。

阿富汗伊斯兰共和国是上合组织的观察员国。阿富汗伊斯兰共和国饱受战火蹂躏，深受恐怖主义和极端主义犯罪的荼毒，毒品泛滥成灾。① 2005 年 11 月 4 日上合组织与阿富汗伊斯兰共和国签署了《上海合作组织与阿富汗伊斯兰共和国关于建立上海合作组织-阿富汗联络小组的议定书》，成立了上合组织-阿富汗联络小组。2009 年 3 月 27 日，上海合作组织阿富汗问题特别国际会议在莫斯科举行，上海合作组织成员国、观察员国、阿富汗、土库曼斯坦、英国、法国、美国以及联合国、欧盟、北约、独联体等 30 多个国家和国际组织代表出席。会议发布了《上海合作组织阿富汗问题特别会议宣言》，发表了《上海合作组织成员国和阿富汗伊斯兰共和国关于打击恐怖主义、毒品走私和有组织犯罪的声明》，制定了《上海合作组织成员国和阿富汗伊斯兰共和国打击恐怖主义、毒品走私和有组织犯罪行动计划》。

（6）《关于合作查明和切断在上海合作组织成员国境内参与恐怖主义、分裂主义和极端主义活动人员渗透渠道的协定》，2006 年 6 月 15 日签署。

（7）《上海合作组织成员国边防合作协定》，2015 年 7 月 10 日在乌法签订。

（8）《上海合作组织成员国政府海关合作与互助协定》，2007 年 11 月 2 日在塔什干签署。

（9）《上海合作组织成员国政府间合作打击犯罪协定》，2010 年 6 月 11 日在塔什干签订。

二、上合组织成员国之间进行警务合作的法律渊源

鉴于本书仅仅研究在上海合作组织框架下我国与上合组织、与上合组织其他成员国之间的警务合作，因此，上合组织成员国之间进行警务合作的法律渊源就仅仅列举与我国有关的警务合作的法律渊源。上合组织其他成员国之间开展警务合作的法律渊源就不予列举。

（1）《中华人民共和国和吉尔吉斯共和国关于打击恐怖主义、分裂主义和极端主义的合作协定》。

（2）《中华人民共和国和哈萨克斯坦共和国关于打击恐怖主义、分裂主义和极端主义的合作协定》。

（3）《中华人民共和国和塔吉克斯坦共和国关于打击恐怖主义、分裂主义和

---

① 参见文丰：《阿富汗毒品及其对中亚的影响》，载《新疆社会科学》2014 年第 6 期。

极端主义的合作协定》。

（4）《中华人民共和国和乌兹别克斯坦共和国关于打击恐怖主义、分裂主义和极端主义的合作协定》。

（5）《中华人民共和国和俄罗斯联邦关于打击恐怖主义、分裂主义和极端主义的合作协定》。

（6）《中华人民共和国政府和巴基斯坦伊斯兰共和国政府关于打击恐怖主义、分裂主义和极端主义的合作协定》。

三、我国开展警务合作的国内法律渊源

即使上海合作组织与联合国、集体安全条约组织之间签署了警务合作方面的相关法律，我国与上合组织、与上合组织其他成员国之间进行警务合作也必须遵照我国国内法律规定。我国有学者认为，可以按照国际性条约作为追赃的法律渊源。有学者认为，《中华人民共和国刑事诉讼法》（以下简称《刑事诉讼法》）第18条可以作为国际性公约能直接在我国适用的法律授权。《刑事诉讼法》第18条规定：根据中华人民共和国缔结或者参加的国际条约，或者按照互惠原则，我国司法机关和外国司法机关可以相互请求刑事司法协助。但是这种理解显然是错误的。

一国适用的法律规范的效力渊源是宪法。我国宪法对国际性条约在我国的适用没有直接规定。《中华人民共和国缔结条约程序法》虽然规定了条约缔结的程序，但是对条约的国内适用方式也没有明确规定。在部分法律中有直接适用方面的规定。例如，已经失效的《中华人民共和国民法通则》第142条第2款规定：中华人民共和国缔结或者参加的国际条约同中华人民共和国的民事法律有不同规定的，适用国际条约的规定，但现行生效的《中华人民共和国民法典》则没有类似规定。据学者魏昌东和赵秉志教授所联合撰写的《〈联合国反腐败公约〉在中国刑事立法中的转化模式评析》一文称，1979—1998年的20年中，中国公布的规定有国际条约在中国直接适用的法律、法规共有69件。而在特定条约的声明中，中国明确表示对条约采用直接适用的立场的仅有《禁止酷刑和其他残忍、不人道或有辱人格的待遇或处罚公约》（以下简称《禁止酷刑公约》）。关于该公约与中国国内法的关系的问题，中国代表回答：中国缔结或参加国际公约，要经

过立法机关批准或国务院核准程序，该条约一经对中国生效，即对中国具有法律效力。《禁止酷刑和其他残忍、不人道或有辱人格的待遇或处罚公约》在我国直接生效，其所规定的犯罪在我国被视为国内法中所规定的犯罪，该公约的具体条款在我国可以得到直接适用。换言之，《禁止酷刑公约》在我国可以直接适用。按照明示排斥其他原则和公法领域的"法无授权即禁止"原则，既然没有法律对其他公约的直接适用作出规定，也不存在类似《禁止酷刑公约》的外交保证，其他公约就只能经过全国人大常委会批准之后或经国务院核准程序核准之后，方可在我国适用。《刑事诉讼法》第18条所规定的"缔结或者参加的国际条约"仅仅是能在我国直接适用的国际公约或者已经纳入我国国内法的国际公约。

（一）《中华人民共和国宪法》

《中华人民共和国宪法》是我国的根本大法。我国所有的其他法律规范的效力都源于宪法的授权。所有的一切权力的行使都必须遵守《中华人民共和国宪法》。因此，《中华人民共和国宪法》是我国在上海合作组织框架下开展警务合作的授权法律渊源。

（二）《中华人民共和国刑法》

《中华人民共和国刑法》是规定犯罪及其刑事法律责任的法律规范，也是开展警务合作的法律渊源。因为警务合作的目的是为了打击和预防犯罪，而刑法所规定的犯罪的范围和界限是准确打击和预防犯罪的前提。

（三）《中华人民共和国刑事诉讼法》

《中华人民共和国刑事诉讼法》是我国规定刑事诉讼程序的法律规范。而《刑事诉讼法》关于侦查、讯问等警务活动的法律规范则是我国开展警务合作方面的法律渊源。

（四）《中华人民共和国引渡法》

《中华人民共和国引渡法》是规定我国与其他国家或地区开展引渡活动的法律规范。在引渡过程中，也会涉及警务合作。例如，为引渡而进行的临时逮捕、逮捕以及被引渡人的移交都是警务合作的内容。

（五）《中华人民共和国国际刑事司法协助法》

《中华人民共和国国际刑事司法协助法》详细规定了我国与外国在刑事案件调查、侦查、起诉、审判和执行活动中互相提供协助，包括送达文书、调查取证、安排证人作证或协助调查、查封、扣押、冻结涉案财物；没收、返还违法所得及其他涉案财物，移管被判刑人以及其他协助。该法也是我国开展国际警务合作和区域警务合作的法律渊源。

第二节　上合组织框架下警务合作的具体法律渊源

上合组织框架下的警务合作的具体法律渊源是指以上合组织为主体与其他国际性组织、国家所签署的涉警务合作的法律规范。

一、《上海合作组织宪章》

《上海合作组织宪章》第 1 条明确规定了共同打击一切形式的恐怖主义、分裂主义和极端主义，打击非法贩卖毒品、武器和其他跨国犯罪活动，以及非法移民是上海合作组织的基本宗旨和任务之一。该宪章第 3 条规定了上海合作组织框架合作的基本方向包括研究并采取措施，共同打击恐怖主义、分裂主义和极端主义，打击非法贩卖毒品、武器和其他跨国犯罪活动，以及非法移民。第 4 条规定了上海合作组织框架内的机构包括国家元首会议、政府首脑（总理）会议、外交部长会议、各部门领导人会议、国家协调员理事会、地区反恐怖机构和秘书处。第 10 条规定吉尔吉斯共和国的比什凯克市为上合组织地区常设机构——地区反恐怖机构的所在地。①

---

① 2003 年 9 月 5 日，上海合作组织外长非例行会议在乌兹别克斯坦的塔什干举行。在这次会议上外长们签署了关于因地区反恐怖机构所在地由比什凯克迁至塔什干而修改已通过的《上海合作组织宪章》《打击恐怖主义、分裂主义和极端主义上海公约》和《上海合作组织成员国关于地区反恐怖机构的协定》的议定书。2004 年 6 月 17 日上合组织地区常设反恐怖机构在乌兹别克斯坦共和国首都塔什干正式启动。

二、《打击恐怖主义、分裂主义和极端主义上海公约》

《打击恐怖主义、分裂主义和极端主义上海公约》签订于 2001 年 6 月 15 日。

《上海公约》"序言"认为，《上海公约》确定的恐怖主义、分裂主义和极端主义，无论其动机如何，在任何情况下不得为其开脱罪责，从事此类行为的人员应被绳之以法；在《上海公约》框架内进行共同努力是打击恐怖主义、分裂主义和极端主义的有效方式。第 1 条解释了"恐怖主义""分裂主义"和"极端主义"等概念。所谓恐怖主义是指国际条约所承认的恐怖主义和其他致使平民或武装冲突情况下未积极参与军事行动的任何其他人员死亡或对其造成重大人身伤害、对物质目标造成重大损失的任何其他行为，以及组织、策划、共谋、教唆上述活动的行为，而此类行为因其性质或背景可认定为恐吓居民、破坏公共安全或强制政权机关或国际组织以实施或不实施某种行为，并且是依各方国内法应追究刑事责任的任何行为。分裂主义是指旨在破坏国家领土完整，包括把国家领土的一部分分裂出去或分解国家而使用暴力，以及策划、准备、共谋和教唆从事上述活动的行为，并且是依据各方国内法应追究刑事责任的任何行为。极端主义是指旨在使用暴力夺取政权、执掌政权或改变国家宪法体制，通过暴力手段侵犯公共安全，包括为达到上述目的组织或参加非法武装团伙，并且依各方国内法应追究刑事责任的任何行为。

第 2 条要求上合组织成员国根据《上海公约》及其所承担的其他国际义务，以及考虑到各自国内法，在预防、查明和惩治恐怖主义、分裂主义和极端主义犯罪行为上进行合作。《上海公约》要求各方应将恐怖主义、分裂主义和极端主义犯罪行为视为可相互引渡的犯罪行为。在实施本公约时，对涉及与引渡和刑事司法协助有关的事项，各方根据其参加的国际条约并考虑到各方国内法开展合作。

第 3 条要求各缔约方应采取必要措施，包括适当时制定国内立法，以使本公约所指的恐怖主义、分裂主义和极端主义犯罪行为在任何情况下不得仅由于政治、思想、意识形态、人种、民族、宗教及其他相似性质的原因而被开脱罪责，并使其受到与其性质相符的处罚。

第 5 条规定了各缔约国在打击"三股势力"犯罪中采用协商方式解决工作中的问题。

第6条明确规定了各缔约方中央主管机关根据本公约进行下列合作并相互提供协助：交流信息；执行关于进行快速侦查行动的请求；制定并采取协商一致的措施，以预防、查明和惩治《上海公约》所规定的恐怖主义、分裂主义和极端主义犯罪行为，并相互通报实施上述行动的结果；采取措施预防、查明和惩治在本国领土上针对其他各方实施的《上海公约》所规定的恐怖主义、分裂主义和极端主义犯罪行为；采取措施预防、查明和阻止向任何人员和组织提供用于实施《上海公约》所规定的恐怖主义、分裂主义和极端主义犯罪行为的资金、武器、弹药和其他协助；采取措施预防、查明、阻止、禁止并取缔训练从事《上海公约》所规定的恐怖主义、分裂主义和极端主义犯罪行为人员的活动；交换法律法规及其实施情况的材料；就预防、查明和惩治《上海公约》所规定的恐怖主义、分裂主义和极端主义犯罪行为交流经验；通过各种形式，培训、再培训各自专家并提高其专业素质；经各方相互协商，就其他合作形式达成协议，包括必要时，在惩治《上海公约》所规定的恐怖主义、分裂主义和极端主义犯罪行为及消除其后果方面提供实际帮助。如就此达成协议，缔结相应的议定书，该议定书构成本公约不可分割的一部分。

第7条规定了各成员国中央主管机关交换共同关心的情报的内容，具体包括：准备实施及已经实施《上海公约》所规定的恐怖主义、分裂主义和极端主义犯罪行为的情报，已经查明及破获的企图实施上述行为的情报；对国家元首及其他国家领导人，外交代表机构、领事机构和国际组织的工作人员，其他受国际保护人员以及国事访问，国际和国家政治、体育等其他活动的参加者准备实施《上海公约》所规定的恐怖主义、分裂主义和极端主义犯罪行为的情报；准备、实施及以其他方式参与《上海公约》所规定的恐怖主义、分裂主义和极端主义犯罪行为的组织、团体和个人的情报，包括其目的、任务、联络和其他信息；为实施《上海公约》所规定的恐怖主义、分裂主义和极端主义犯罪行为，非法制造、获取、储存、转让、运输、贩卖和使用烈性有毒和爆炸物质、放射性材料、武器、引爆装置、枪支、弹药、核武器、化学武器、生物武器和其他大规模杀伤性武器，可用于制造上述武器的原料和设备的情报；已查明涉及或可能涉及《上海公约》所规定的恐怖主义、分裂主义和极端主义犯罪行为的资金来源的情报；实施《上海公约》所规定的恐怖主义、分裂主义和极端主义犯罪行为的形式、方法和手段的情报。

第 8 条规定了开展警务合作的程序。基于提供协助的请求，或经一方中央主管机关主动提供信息，各方中央主管机关在本公约范围内，在双边和多边基础上进行相互协作。请求或信息以书面形式提出。在紧急情况下请求或信息可通过口头形式转达，但应在不晚于 72 小时内以书面形式确认，必要时，使用技术手段转交文本。如对请求或信息的真实性或内容产生疑问，可要求对其进一步确认或说明。请求内容应包括：请求和被请求的中央主管机关的名称；对请求的目的和理由的说明；对请求协助的内容的说明；有利于及时和适当执行请求的其他信息；如有必要，标明密级。以书面形式转交的请求或信息，应由提出请求的中央主管机关首长或其副职签字，或由该中央主管机关盖章确认。请求和所附文件和信息由中央主管机关用《上海公约》第 15 条所规定的一种工作语言提出。

第 9 条规定了警务合作的具体程序：

（1）被请求的中央主管机关采取一切必要的措施以保障尽快和尽可能全面地执行请求，并在尽可能短的期限内通知结果。

（2）如存在妨碍或严重延迟执行请求的情况，应立即将此通知提出请求的中央主管机关。

（3）如执行请求超出被请求的中央主管机关的职权范围，它应将请求转给本国其他负责执行此请求的中央主管机关，并立即将此通知提出请求的中央主管机关。

（4）为执行请求，被请求的中央主管机关可要求提供其认为必要的补充信息。

（5）执行请求应适用被请求方法律。在不违背被请求方法律的基本原则或国际义务的情况下，根据提出请求的中央主管机关的请求，也可适用请求方法律。

（6）如被请求的中央主管机关认为，执行请求可能有损其国家主权、安全、公共秩序或其他根本利益，或违背其国内法或国际义务，则可推迟或全部或部分拒绝执行请求。

（7）如请求所涉行为按被请求方法律不构成犯罪，也可拒绝执行请求。

（8）如根据本条第 6 款或第 7 款全部或部分拒绝执行请求或推迟其执行，应将此书面通知提出请求的中央主管机关。

第 13 条规定了各成员国对开展警务合作中获取的信息的保密义务：各方应对其得到的非公开或提供方不愿公开的信息和文件保密。这些信息和文件的密级由提供方确定。根据《上海公约》获得的执行请求的信息和结果，未经提供方书面同意，不得用于请求或提供目的以外的其他目的。一方根据《上海公约》从另一方获得的信息和文件，如事先未得到提供方的书面同意，不得转交。

第 14 条规定了开展警务合作费用承担的原则，即除非另有约定，各方自行承担与其执行本公约有关的费用。

第 15 条规定了各方中央主管机关在本公约范围内开展合作时的工作语言为中文和俄文。

第 16 条规定了《上海公约》适用的特定性，即《上海公约》不限制各方就本公约内容及与其宗旨和目标不相抵触的事项签订其他国际条约的权利，并且不涉及各方根据其参加的其他国际协定所享有的权利和承担的义务。

第 17 条规定了《上海公约》争议问题通过协商和谈判解决。

三、《上海合作组织成员国政府间合作打击犯罪协定》

2010 年 6 月 11 日在塔什干签订的《上海合作组织成员国政府间合作打击犯罪协定》（以下简称《协定》）是继《上海公约》之后另一全面规定上海合作组织成员国开展警务合作的协定，并且《协定》将上合组织原来仅局限于打击"三股势力"犯罪的合作扩展到所有的犯罪领域的警务合作。

《协定》第 1 条规定了合作范围：在预防、制止、发现、侦破下列犯罪，包括有组织犯罪方面开展合作：（1）侵犯个人生命、健康、自由、荣誉和尊严的犯罪；（2）恐怖主义、分裂主义、极端主义活动；（3）侵财犯罪；（4）腐败犯罪；（5）经济犯罪，包括洗钱和恐怖融资；（6）制造和销售假币、文件、有价证券以及贷记卡、信用卡和其他支付凭证；（7）侵犯知识产权犯罪；（8）贩卖人口，特别是妇女和儿童；（9）非法制造、贩运和销售武器、弹药、爆炸物、爆炸装置、毒害性和放射性物质以及核材料等危险物质；（10）非法制造和贩运麻醉药品、精神药物及易制毒化学品；（11）走私；（12）交通工具上的犯罪；（13）信息技术领域犯罪；（14）非法移民犯罪；（15）其他领域犯罪。根据规定，《协定》不涉及引渡和刑事司法协助问题，对涉及与引渡和刑事司法协助有关的事项，各方根据其参加的国际条约及各方国内法开展合作。

第2条规定了开展合作的主管机关。第3条规定了合作方式。《协定》规定，各方主管机关通过以下方式开展合作：（1）交换有关本协定第1条所列举的犯罪活动及其参与人员的情报信息，包括交换各方国家公民在其他各方国家境内犯罪或受到非法侵害的情报信息；（2）查找犯罪嫌疑人、逃犯及失踪人员；（3）执行有关采取侦查措施的请求；（4）确认无名尸体及因健康或年龄原因无法说清自己身份的人员的身份；（5）交换法律、法规文本；（6）交流工作经验，包括举行会议和研讨会；（7）在执法官员培训和进修方面提供协助；（8）交换科技书籍和信息。为履行本协定，各方根据各自国内法律在协商一致基础上可开展控制下交付行动。《协定》并不排斥各方主管机关可在符合本协议宗旨的前提下开展其他形式的合作。

第4条规定了争端解决方式为磋商。第5条规定了具体的程序。具体包括发出请求或通知：（1）各方开展合作可依据一方主管机关提出的协助请求或根据一方主管机关提出的倡议进行。（2）请求或通知以书面形式发出，在紧急情况下请求或通知可以口头转达，但须在72小时内以书面形式确认，必要时可通过技术手段传递文本。（3）如对请求或通知或其内容的真实性产生怀疑，可请对方补充确认或做出解释。

请求应包括以下内容：（1）请求方和被请求方国家主管机关名称；（2）请求目的和依据；（3）请求协助的内容；（4）案件详情及其他有助于及时和充分完成请求的信息；（5）如有必要，标注密级。请求或通知以书面形式转达，须由请求方主管机关负责人或其副职签发，并（或）盖有该主管机关的印章。

第6条规定了协助请求的执行：

（1）被请求方主管机关采取一切必要措施保证尽可能迅速、全部地执行请求，请求一般应在送达之日起30天内执行。

（2）有关妨碍或延迟执行请求的情况，应立即书面通报请求方主管机关。

（3）如执行请求不属于被请求方主管机关的职权范围，被请求方主管机关应将请求转给本国有权执行此请求的机关，并立即书面通知请求方主管机关。

（4）为执行请求，被请求方主管机关可要求请求方提供其认为必要的补充信息。

（5）执行请求应适用被请求方国家法律。

（6）如不违背被请求方国家法律，被请求方主管机关在自己境内执行请求时可以允许请求方主管机关代表在场。

（7）如被请求方主管机关认为，执行请求可能有损本国的主权、安全、社会秩序或其他根本利益，或违背其国内法或所承担的国际义务，则可推迟，或全部或部分拒绝执行请求。

（8）如请求所涉及行为按被请求方国家法律不构成犯罪，被请求方可拒绝执行请求。

（9）如根据本条第7款或第8款全部或部分拒绝执行请求或推迟其执行，被请求方应书面通知请求方主管机关，并说明妨碍执行请求的原因。

第7条规定了所获信息和文件的使用限制：

（1）各方应对其获得的非公开的或提供方不愿公开的情报信息和文件保密。上述情报信息和文件的密级由提供方确定。

（2）根据本《协定》获得的执行请求的情报信息或者结果，应在提供方许可的范围内使用，未经提供方书面同意，不得用于其他目的。

（3）一方根据本《协定》从另一方获得的情报信息和文件，在未事先征得提供方书面同意的情况下，不得转交第三方。

第8条规定了费用的承担：各方自行承担在本国境内执行本协定发生的费用，事先另有约定的除外。第9条规定了通过协商和谈判的方式解决本协定解释或适用时所产生的争议问题。第10条规定了《协定》所适用的特定性：《协定》不妨碍各方根据其所参加的其他国际条约所享有的权利和承担的义务。第11条规定各方在本协定框架内进行合作的工作语言为中文和俄文。

四、《上海合作组织成员国关于地区反恐怖机构的协定》

2002年6月7日，上合组织成员国国家元首在俄罗斯圣彼得堡签署了《上海合作组织成员国关于地区反恐怖机构的协定》（以下简称《关于地区反恐怖机构的协定》）。《关于地区反恐怖机构的协定》可以认为是上合组织反恐怖常设机构——地区反恐怖机构的组织法。《关于地区反恐怖机构的协定》第2条规定了地区反恐怖机构总部设在吉尔吉斯共和国比什凯克市。①

第3条规定了地区反恐怖机构的目的是促进各方主管机关在打击公约确定的恐怖主义、分裂主义和极端主义行为中进行协调与相互协作。

第6条规定了地区反恐怖机构的基本任务和职能。其基本任务和职能包括：

（1）为本组织有关机构，以及根据各方请求准备有关加强合作打击恐怖主义、分裂主义和极端主义的建议和意见；

（2）根据一方请求，包括根据公约规定协助各方主管机关打击恐怖主义、分裂主义和极端主义；

（3）收集和分析各方向地区反恐怖机构提供的有关打击恐怖主义、分裂主义和极端主义的信息；

（4）建立地区反恐怖机构资料库，包括：

①国际恐怖、分裂和其他极端组织，其结构、头目和成员、参与上述组织活动的其他人员，以及资金来源和渠道的信息；

②涉及各方利益的有关恐怖主义、分裂主义和极端主义的现状、动态和蔓延趋势的信息；

③向恐怖主义、分裂主义和极端主义提供支持的非政府组织和人员的情况信息；

（5）根据各方主管机关的请求提供信息；

（6）根据有关方请求，协助准备和举行反恐指挥司令部演习及战役战术演习；

（7）应各方请求，协助准备和进行打击恐怖主义、分裂主义和极端主义的侦查等活动；

（8）协助对公约第1条第1款所述行为的嫌疑犯进行国际侦查以追究其刑事责任；

（9）参与准备有关打击恐怖主义、分裂主义和极端主义问题的国际法律

---

① 2003年9月5日，上海合作组织外长非例行会议在乌兹别克斯坦的塔什干举行。在这次会议上外长们签署了关于因地区反恐怖机构所在地由比什凯克迁至塔什干而修改已通过的《上海合作组织宪章》《打击恐怖主义、分裂主义和极端主义上海公约》和《上海合作组织成员国关于地区反恐怖机构的协定》的议定书。2004年6月17日上合组织地区常设反恐怖机构在乌兹别克斯坦共和国首都塔什干正式启动。

文件；

（10）协助为反恐部队培训专家和教官；

（11）参与筹备及举行科学实践会议、研讨会，协助就打击恐怖主义、分裂主义和极端主义问题进行经验交流；

（12）与从事打击恐怖主义、分裂主义和极端主义的国际组织建立联系并保持工作接触。

第7条规定地区反恐怖机构在活动中遵循本组织框架内通过的有关打击恐怖主义、分裂主义和极端主义的文件和决定。地区反恐怖机构同各方主管机关相互协作，包括交换情报，并根据本组织其他机构的请求准备相关材料。地区反恐怖机构资料库的建立和运作制度，以及有关提供、交换、使用和保护相关信息的问题由单独协定规定。

五、《上海合作组织成员国边防合作协定》

2015 年 7 月 10 日在乌法市成员国签署了《上海合作组织成员国边防合作协定》（以下简称《边防合作协定》）。该协定第 3 条规定了成员国出于利益考虑，根据公认的国际法原则、准则和本国法律法规开展合作，目的是：

（1）确保各方边境地区安全；

（2）提升各方主管机关在保卫国界领域的能力；

（3）协调各方主管机关努力在边境地区预防、发现和制止违法行为；

（4）打击边境地区恐怖主义、极端主义和分裂主义，非法贩运武器、弹药、爆炸物和有毒物品及放射性材料，走私麻醉药品、精神药物及前体，以及非法移民和其他跨国犯罪活动；

（5）加强各方边防合作条约法律基础。

第4条规定了《边防合作协定》框架内各方合作方向如下：

（1）计划和实施联合边防行动；

（2）情报交流；

（3）根据国际协定开展主管机关干部专业培训和进修；

（4）各方主管机关共同感兴趣且与各方国内法不抵触的其他活动。

第5条规定了《边防合作协定》框架内的各方合作形式如下：

（1）各方主管机关在本国边境地区采取经各方商定的行动；

（2）交流边境地区形势，包括准备或者已实施的破坏国界管理制度以及边境地区其他违法犯罪活动的情报信息；

（3）交流有关维护国界管理制度、边境地区管理制度以及口岸管理制度的经验；

（4）交流各方法律法规、出入各方国境的证件式样以及应对边境地区威胁的方法；

（5）举行会见、会议、研讨会及其他工作会晤。

六、《上海合作组织成员国政府海关合作与互助协定》

2007 年 11 月 2 日在塔什干签署《上海合作组织成员国政府海关合作与互助协定》（以下简称《海关合作与互助协定》）。《海关合作与互助协定》指明了成员国海关合作与互助的目的，提出各海关当局根据本协定的规定，依照各自国家的法律并在其职权范围内进行合作，以便于防止、消除和调查在海关事务方面的违法行为。

第 4 条规定，为促进消除非法贩运麻醉药品、精神药物及其易制毒化学品行动的开展，海关当局未经预先请求应在最短的时间内相互通报信息：

（1）已经或涉嫌参与非法贩运麻醉药品、精神药物及其易制毒化学品活动的人；（2）已知或涉嫌被用于非法贩运麻醉药品和精神药物的运输工具（包括集装箱）和邮件。海关当局未经预先请求应相互提供麻醉药品、精神药物及其易制毒化学品非法贩运的方法和新的监管办法的情报……（4）根据各自国家的法律并经协商一致，各方海关当局必要时可对麻醉药品、精神药物和易制毒化学品采取控制下交付的方式。

第 5 条规定各缔约国海关可以主动提供警务合作：

（1）包括未经预先请求，海关当局在尽可能短的时间内相互告知对方重点打击的在海关事务方面可能存在的违法行为的信息。

（2）海关当局主动或应请求在最短时间内相互通报策划中或已实施的与下列货物、物品进出境有关的、违法一方国家海关法行为的一切必要的情报：

①对自然环境或居民健康有害的货物或物品；

②武器、弹药、炸药、有毒物质、爆炸装置和核材料；

③带有恐怖主义和（或）极端主义倾向，或煽动种族间和（或）宗教间矛盾和仇恨的书籍、视听资料；

......

⑧麻醉药品、精神药物和其易制毒化学物品，以及对自然环境和居民健康有危险的物质；

⑨各种濒危动植物及其衍生物。

七、《上海合作组织秘书处同联合国秘书处合作的联合声明》

根据 2005 年世界首脑会议作出的决定和大会 2009 年 12 月 18 日题为"联合国同上合组织的合作"的第 64/183 号决议的精神在两组织秘书处之间建立与发展关系的意向，2010 年 4 月 5 日联合国秘书长和上合组织秘书长穆拉特别克·伊马纳利耶夫签署并发表了《上海合作组织秘书处同联合国秘书处合作的联合声明》（以下简称《声明》）。《声明》认为：

（1）联合国秘书处和上海合作组织秘书处团结一致的前提是：根据《联合国宪章》，为维护国际和平与安全担负首要责任的是联合国安全理事会。

（2）进一步开展合作是为了大力协助应对国际社会面临的新的挑战和威胁……必须根据《联合国宪章》第八章，在涉及国际和平与安全的问题上，在不同的级别开展合作。这包括防止和消除冲突；与恐怖主义作斗争；防止大规模毁灭性武器及其运载工具的扩散；打击跨国犯罪，包括打击非法贩运毒品和非法军火贸易；处理环境退化问题；减少灾害风险和防备与应对紧急情况；促进可持续经济、社会、人道主义和文化发展等领域。

（3）在表示我们支持就共同关心的问题不断在我们组织之间开展实际可行合作的同时，我们商定酌情在交流沟通和分享信息及能力建设方面进一步开展合作。

（4）我们的合作将考虑到每个组织的具体授权、权限、程序和能力，以利于进行国际协调，应对全球性挑战和威胁。我们知道，我们合作的框架可随着时间并因新的需要而变。

八、上合组织与集体安全条约组织签订的谅解备忘录

2007 年 10 月 5 日在杜尚别签订了《上海合作组织秘书处与集体安全条约组织秘书处谅解备忘录》（以下简称《谅解备忘录》）。《谅解备忘录》第 1 条"合作领域"规定，上合组织秘书处和集安条约组织秘书处将在其职责范围内，在以下共同感兴趣的领域开展合作：

（1）维护地区和国际安全与稳定；

（2）打击恐怖主义；

（3）打击非法贩运毒品；

（4）打击非法贩运武器；

（5）打击跨国有组织犯罪；

（6）其他共同感兴趣的方面。

九、上海合作组织与阿富汗伊斯兰共和国关于警务合作的法律渊源

为了就上合组织与阿富汗伊斯兰共和国在共同感兴趣的问题上开展合作提出建议，上合组织成员国常驻上合组织秘书处代表、秘书处官员和阿富汗驻中华人民共和国大使馆高级外交官组成了上合组织-阿富汗联络小组。联络小组于 2005 年 11 月 4 日在北京签署了《上海合作组织与阿富汗伊斯兰共和国关于建立上海合作组织-阿富汗联络小组的议定书》，决定以磋商的方式开展工作。

2009 年 3 月 27 日颁布了《上海合作组织成员国和阿富汗伊斯兰共和国打击恐怖主义、毒品走私和有组织犯罪行动计划》（以下简称《上合-阿富汗行动计划》）。上合组织成员国和阿富汗伊斯兰共和国，为落实《上海合作组织成员国和阿富汗伊斯兰共和国关于打击恐怖主义、毒品走私和有组织犯罪的声明》所确定的共识，通过下列行动计划。

1. 禁毒领域

在筹备中的上海合作组织成员国禁毒部门领导人会议机制框架下，根据 2004 年 6 月 17 日签署的《上海合作组织关于合作打击非法贩运麻醉药品、精神药物及其前体的协议》，经笔者归纳，各成员国在以下方面开展务实合作：对成员国相关法律法规进行对比分析，完善打击非法贩运毒品及易制毒化学品合作的法律

基础；开展部门间情报交流；实施联合行动；对麻醉药品、精神药物及易制毒化学品进行监管；打击麻醉药品、精神药物及易制毒化学品非法交易收入的洗钱活动；为禁毒部门人员进行培训；预防吸毒，包括采取措施减少毒品需求，研究和运用对吸毒成瘾者进行治疗以及社会和医学康复的新方法；在成员国禁毒部门领导人会议与阿富汗主管机关间开展定期交流和有效合作；成员国研究建立地区禁毒中心以及专门负责培训上合组织成员国、观察员国和阿富汗打击非法贩运麻醉药品、精神药物及易制毒化学品的主管机关人员的进修中心的可能性；成员国将采取措施，通过利用"中亚地区禁毒信息协调中心"的潜力，并吸收本组织观察员国、阿富汗和土库曼斯坦参与禁毒合作，包括建立"禁毒和金融安全带"，重点解决以下问题：完善上合组织成员国和阿富汗相关部门打击跨境团伙的合作机制，在禁毒方面为上合组织成员国和阿富汗主管机关提供物质技术和人员培训支持；将继续推动扩大驻阿国际安全援助部队在打击毒品生产和走私方面的作用；上合组织成员国和阿富汗将加大对制毒化学品的监管力度，愿采取必要措施遏制易制毒化学品非法流入阿富汗，并在该领域同有关国家及国际组织进行合作。

2. 反恐领域

为有效遏制恐怖主义威胁，上合组织成员国和阿富汗认为有必要加强反恐合作，运用综合措施共同应对恐怖主义威胁。重点合作方向包括：边防监管；对涉嫌恐怖活动人员进行检查；采取联合行动以应对恐怖威胁；逐步吸收阿富汗参与上合组织框架内的地区反恐合作；建立防范和取缔恐怖活动的有效机制；相互协作获取关于威胁成员国和阿富汗安全的恐怖组织的情报；在上合组织地区反恐怖机构与阿富汗有关部门间建立专家磋商机制；开展关于恐怖分子及其组织活动的情报交流以及反恐经验交流；上合组织成员国和阿富汗相互提供涉恐人员名单；相互协助缉捕和移送恐怖分子；查明并切断恐怖组织的融资来源和渠道；邀请阿富汗相关部门参加成员国执法部门联合演习、研讨会、培训班以及本组织其他反恐活动。

3. 打击有组织犯罪

上海合作组织成员国将以筹建中的公安内务部长会议机制为依托开展下列工作：同阿富汗主管部门合作打击非法贩卖武器、弹药、爆炸物以及其他各类跨境有组织犯罪；就有组织犯罪及时进行情报和经验交流；在刑侦、证据搜集和转交方面相互协助；研究开展打击跨境有组织犯罪的联合行动及其机制化，以及必要时相互派遣执法人员协助案件侦破的可能性；利用现有条件落实完善阿富汗执法部门人员职业培训和提高其业务水平的各类项目。

为完善和提高合作机制效率，上合组织成员国和阿富汗商定研究将"上合组织-阿富汗"联络组代表级别提高至外交部司局级问题，将采取措施制订联络组与集安条约组织外长理事会阿富汗工作组的合作计划，以便采取包括举行联席会议在内的旨在打击恐怖主义、毒品走私和有组织犯罪的联合行动。

上合组织成员国将继续与阿富汗开展双边经贸合作，参与推动阿富汗经济重建的国际行动，并研究实施利于该国社会经济重建的共同项目的可能性。上合组织成员国将继续就利用现有以及恢复以往阿富汗问题有效国际合作机制的问题交换意见。

2009 年 3 月 27 日上合组织成员国和阿富汗发表了《上海合作组织成员国和阿富汗伊斯兰共和国关于打击恐怖主义、毒品走私和有组织犯罪的声明》（以下简称《上合-阿富汗声明》）。《上合-阿富汗声明》确认了上合组织和阿富汗伊斯兰共和国在打击毒品走私、国际恐怖主义和跨国有组织犯罪领域开展合作。

十、《上海合作组织反恐怖主义公约》

《上海合作组织反恐怖主义公约》（以下简称《反恐公约》）2009 年 6 月 16 日签订于俄罗斯的叶卡捷琳堡。《反恐公约》全面界定了恐怖主义、恐怖主义行为和恐怖主义组织。并明确指示，查明、防范和侦查本公约所涵盖的犯罪涉及至少两方司法管辖权时，适用该公约。

《反恐公约》第 15 条扩展了警务合作的范围。第 15 条规定：各方主管机关可执行下列请求：

（1）为追究刑事责任或为执行法院判决的引渡；

（2）立案审查；

（3）采取如下诉讼行为：①鉴定；②审讯犯罪嫌疑人、被告，询问证人、被害人和其他人；③搜查、扣押；④移交物证；⑤查封财产；⑥送达文书；⑦职责内的其他行动；

（4）保全证据；

（5）对法人采取处罚措施；

（6）确定涉嫌实施本公约涵盖犯罪的自然人的所在地；

（7）确定被没收财产的所在地；

（8）本公约适用范围内所包括的其他情形。

十一、《上海合作组织反极端主义公约》

2017年6月9日，上海合作组织成员国元首在哈萨克斯坦首都阿斯塔纳签署了《上海合作组织反极端主义公约》。

《上海合作组织反极端主义公约》第17条规定，经被请求方主管机关同意，可派人进入被请求方境内参加对涉嫌或者被指控实施犯罪人的侦查。《上海合作组织反极端主义公约》第20条规定，根据本公约提交的文书应免除各种形式的认证手续；在一方境内按照规定格式出具的，或者经主管机关或者授权人员在其职责范围内确认，并盖有带国徽印章的文书，其他各方在本国境内应予接受，无须任何专门的证明文件。

十二、上合组织成员国之间开展警务合作的法律渊源

按照《上海合作组织宪章》第4条"机构"的规定，落实《上海合作组织宪章》宗旨和任务的组织框架机构包括：国家元首会议、政府首脑（总理）会议、外交部长会议、各部门领导会议、国家协调员理事会、地区反恐机构、秘书处。因此，上述上合组织框架内的机构发表、发布的宣言、联合声明、公报中涉警务合作的内容都属于上海合作组织框架内开展警务合作的法律渊源。

（1）《上海合作组织成立宣言》（2001年6月15日）认为，上合组织尤其重视并尽一切必要努力保障地区安全。各成员国将为落实《打击恐怖主义、分裂主义和极端主义上海公约》而紧密协作……此外，为遏制非法贩运武器、毒品、非法移民和其他犯罪活动，将制定相应的多边合作文件。

（2）2002年6月7日，上合组织成员国元首们发表了《上海合作组织成员国元首宣言》。该宣言指出，成员国决心积极合作，打击恐怖主义、分裂主义、极端主义、有组织犯罪、非法走私毒品、麻醉品和贩卖武器，视其为跨国危害，

国际社会只有共同努力，才能有效应对。成员国坚决反对一切恐怖主义行为、方法和活动。打击恐怖主义应在国际法准则和原则基础上进行，不能混同于反对某种宗教、个别国家和民族，不能有倾向性，不能搞"双重标准"。上合组织成员国认为，有必要在联合国和安理会的核心协调作用下建立应对新威胁和挑战的全球体系，包括建立早期预报、防止可能的威胁并对其作出坚决一致反应的有关多边协作机制。

2002 年 11 月 23 日上合组织外长们在莫斯科举行外交部长会议。在这次会议上，外长们指出，急需联合所有国家力量，应对非传统安全的挑战，主要是恐怖主义、分裂主义和极端主义、有组织犯罪、非法贩运毒品和武器、扩散大规模杀伤性武器及其运载工具、环境恶化、自然资源枯竭、非法移民、贫困、落后、艾滋病等。部长们重申，应尽快建立包括对威胁的早期预警和防备、对威胁作出坚决和一致反应的各种相关多边协作机制在内的应对当前威胁和挑战的全球体系。外长们强调决不允许企图用宗教、民族或政治借口为恐怖主义和分裂主义进行开脱。

（3）2003 年 5 月 29 日上海合作组织成员国元首在莫斯科发表了《上海合作组织成员国元首宣言》。该宣言认为，在政治、经济和社会全球化进程日益深化的背景下，面对现代恐怖主义、毒品威胁及其他跨国犯罪的挑战，世界上没有一个国家可以独善其身。因此，世界各国应在本地区和全世界范围内就解决上述全球化问题开展最广泛的合作，并作出自己的实际贡献。上合组织成员国处于同恐怖主义作斗争的前沿，深知现代恐怖主义的国际化特点。在相互合作反恐的同时，积极参与国际社会的反恐斗争，包括切断其资金来源。上合组织成员国执法及国防部门间的密切协作从中发挥着重要作用。

上合组织成员国始终认为，反恐斗争应以国际法准则和原则为基础，不应将反恐与反对某个特定的宗教、国际和民族相提并论。非法贩卖毒品、麻醉品及易制毒化学品问题已日益构成严重威胁。鉴于在很大程度上，这已经成为国际恐怖主义的一个重要资金来源，国际社会应采取有效的应对措施。上合组织成员国正采取切实措施，以加强本组织框架内打击非法贩卖毒品、麻醉品及易制毒化学品的合作。上合组织成员国坚信，与现代威胁斗争的胜利，在很大程度上取决于贫困、大规模失业、文盲、种族歧视、民族歧视和宗教歧视这些社会经济问题的解决。寻找有效解决安全问题的关键在于建立联合国领导下的应对新挑战和威胁的全球战略。

（4）2005 年 7 月 5 日上合组织成员国元首于阿斯塔纳发表了《上海合作组织成员国元首宣言》。该宣言指出，上合组织应在打击国际恐怖主义框架内解决消除恐怖主义的物质基础的问题，首先要打击走私武器、弹药、爆炸物和毒品，打击有组织跨国犯罪、非法移民和雇佣兵活动。特别是要注意防范恐怖分子使用大规模杀伤性武器及其运载工具，防范信息恐怖主义。为打击资助恐怖主义、分裂主义和极端主义的活动，包括将非法收入合法化的活动，迫切需要在本组织框架内制定统一方法和标准，以监控涉嫌参与恐怖活动的个人和组织的资金流动，同时积极推动上合组织参与相关国际努力。

元首们认为，根据 2004 年 6 月 17 日签署的《上海合作组织成员国关于合作打击非法贩运麻醉药品、精神药物及其前体的协议》，深化打击非法贩运麻醉药品、精神药物及其前体的合作应成为优先方向。为提高打击恐怖主义、分裂主义、极端主义及应对其他挑战和威胁的能力，上合组织成员国将根据多边经贸合作纲要及其落实措施计划，不断扩大经济合作。在生态和合理利用自然资源领域采取实际措施。

（5）2006 年 6 月 15 日在中国上海发布的《上海合作组织五周年宣言》指出，展开安全领域的密切合作，中心任务是打击恐怖主义、分裂主义、极端主义和非法贩运毒品，应对非传统威胁与挑战。全面深化打击恐怖主义、分裂主义和极端主义及非法贩运毒品领域的合作，是上合组织的优先方向。上合组织将采取措施，以加强地区反恐怖机构并与相关国际机构开展合作。

（6）2007 年 8 月 16 日，上合组织在比什凯克举行上合组织成员国元首理事会会议。上合组织成员国元首们认为，需要集体努力来应对新挑战和新威胁。元首们高度评价上合组织地区反恐怖机构的工作，认为该机构拥有以进一步完善打击恐怖主义、分裂主义和极端主义合作的巨大潜力。元首们对来自阿富汗境内的毒品威胁及其对中亚地区的危害表示担忧，呼吁在上合组织框架内不断加强禁毒合作，国际社会共同努力在阿富汗周边建立"反毒安全带"。

（7）2008 年 8 月 28 日，上合组织成员国元首理事会例行会议在杜尚别举行。元首们认为，为落实《上海合合组织成员国关于合作打击非法贩运麻醉药品、精神药物及其前体的协议》，应重点完成查明和切断经成员国边界非法贩毒渠道的任务，并尽快启动该领域的合作。

元首们在这次例会上还发布了《上海合作组织成员国元首杜尚别宣言》。元首们指出，上合组织将发挥地区反恐机构的作用，使成员国安全合作提到一个新水平。上合组织维护联合国在国际反恐斗争中的核心协调作用，坚定不移地推进《联合国全球反恐战略》，尽快商定《打击国际恐怖主义全面公约》。上海合作组织将继续努力，与有关国家和地区性国际组织紧密合作，建立广泛的伙伴关系网，应对恐怖主义和毒品威胁。应加强上海合作组织-阿富汗联络组的工作，筹备召开上海合作组织倡导的阿富汗问题国际会议，讨论共同打击恐怖主义、非法贩运毒品和有组织犯罪问题。

(8) 2010年11月25日，上合组织成员国政府首脑（总理）理事会例行会议在杜尚别举行。会议发表的《上海合作组织成员国政府首脑（总理）理事会会议联合公报》指出，恐怖主义、分裂主义、极端主义、毒品走私、跨国有组织犯罪是本地区稳定和安全面临的最大威胁。理事会认为，上合组织成员国应进一步加大合作力度，制定预防性措施，共同防范上述挑战对本地区局势产生的负面影响，确保本地区持续发展。

(9) 2011年5月13—14日，上海合作组织成员国外长理事会例行会议在阿拉木图举行。外长们重申将进一步扩大在共同打击恐怖主义、分裂主义、极端主义、毒品走私和跨国有组织犯罪领域的合作。《2011—2016年上海合作组织成员国禁毒战略》及其《落实行动计划》的通过，将为打击非法贩运麻醉药品、精神药物及其前体的斗争作出重要贡献。

2011年6月14—15日上合组织成员国元首理事会在阿斯塔纳举行会议。会议发表了《上海合作组织十周年成员国元首理事会会议新闻公报》。元首们重申，上合各成员国将继续共同打击一切形式的恐怖主义、分裂主义和极端主义，打击非法贩运毒品、武器和其他形式的跨国犯罪，以及非法移民。

(10) 2012年6月6—7日在中国北京举行的上合组织成员国元首理事会上，上合组织成员国元首们发表了《上海合作组织成员国元首关于构建持久和平、共同繁荣地区的宣言》。该宣言指出，成员国继续加强双边和多边合作，共同打击恐怖主义、分裂主义和极端主义，非法贩运毒品和武器等跨国犯罪活动、非法移民以及应对其他安全领域的新威胁新挑战。

（11）上海合作组织成员国元首于 2013 年 9 月 13 日在比什凯克举行元首理事会会议，并发表《上海合作组织成员国元首比什凯克宣言》。该宣言指出，成员国积极而有针对性地开展工作，以应对国际恐怖主义、分裂主义、极端主义，跨国有组织犯罪，非法贩运麻醉药品、精神药物及其前体，走私武器、弹药及爆炸物，信息安全威胁，非法移民，并将进一步完善在上述领域开展合作的法律基础。成员国认为，非法贩运和滥用毒品严重威胁安全和稳定，危害地区各国人民健康和福祉。应采取措施，建立共同应对毒品威胁的有效工作机制，构筑制止麻醉药品、精神药物及其前体非法贩运的可靠防线，打击毒品扩散。成员国主张与其他有关国家、国际和地区组织及机构就此积极开展合作。

成员国将积极切实落实《上海合作组织成员国关于合作打击非法贩运麻醉药品、精神药物及其前体的协定》《2011—2016 年上海合作组织成员国禁毒战略》及其《落实行动计划》有关条款。成员国致力于以尊重国家主权、不干涉别国内政原则为基础，构建和平、安全、公正和开放的信息空间，反对将信息通信技术用于危害成员国政治、经济和公共安全的目的，阻止利用国际互联网宣传恐怖主义、分裂主义和极端主义思想，主张制定统一的信息空间国家行为准则。

（12）2014 年 7 月 30—31 日，上海合作组织成员国外交部长理事会例行会议在杜尚别（塔吉克斯坦共和国）举行。外长们认为，要坚定不移地在双边和多边框架内继续加强同有关国家、地区组织和国际组织、机构合作，打击国际恐怖主义、分裂主义、极端主义、非法贩运毒品、麻醉品及前体、跨国有组织犯罪、网络犯罪及其他地区和全球安全挑战与威胁。

2014 年 9 月 11—12 日，上合组织成员国元首理事会会议在杜尚别举行。元首们强调恐怖主义、分裂主义、极端主义、非法贩运麻醉药品和精神药物及其前体、跨国有组织犯罪、网络安全威胁依然是影响上合组织地区安全稳定的不利因素。元首们愿继续密切协作应对上述挑战和威胁。

（13）2015 年 7 月 9—10 日，上合组织成员国元首理事会在乌法举行。元首们强调，必须加大合作力度，打击恐怖主义、军火走私、人口贩运、防范恐怖主义、极端主义、分裂主义分子在上合组织成员国之间潜入潜出。为此，责成成员国主管部门加强情报信息交流和执法安全合作，研究落实《上海合作组织成员国边防合作协定》和《上海合作组织成员国打击恐怖主义、分裂主义和极端主义2016年至2018年合作纲要》。必须共同努力应对传统与非传统安全挑战与威胁，加强对话合作，维护综合安全，特别是打击恐怖主义、分裂主义、极端主义、非法贩运麻醉药品、精神药物及易制毒化学品、跨国有组织犯罪，加强国际信息安全，应对突发事件。支持进一步加强上合组织地区反恐怖机构在打击恐怖主义、极端主义和分裂主义方面的工作。

2015年7月10日上海合作组织成员国元首理事会批准了《上海合作组织至2025年发展战略》（以下简称《战略》）。《战略》阐释了上海精神的原则，认为上海精神具体包括互信、互利、平等、协商、尊重多样文明，谋求共同发展。《战略》对上合组织2015—2025年的工作作出了安排。在涉警务合作领域的工作安排具体如下：成员国决心践行共同、综合、合作、可持续安全理念，建立不可分割的安全空间，同国际和地区组织、论坛相配合，共同应对新威胁新挑战。成员国将继续进一步扩展合作，以及时有效应对本地区安全面临的威胁和挑战。上合组织在维护地区安全与稳定方面的优先任务仍然是打击恐怖主义、分裂主义、极端主义，打击非法贩运毒品、武器、弹药和爆炸品、核及放射性材料以及其他大规模杀伤性武器相关物品、跨国有组织犯罪，维护国际信息安全，巩固边界安全，共同打击非法移民、贩卖人口、洗钱、经济犯罪和腐败。成员国将定期交换情报并共同分析地区形势，举行主管机关双、多边教学及科研活动。大力完善应对威胁和挑战快速反应机制，包括充分发挥《上海合作组织关于应对威胁本地区和平、安全与稳定事态的政治外交措施及机制条例》潜力。成员国将全面支持联合国框架下的国际反恐合作，包括落实《联合国全球反恐战略》。成员国将在现有法律文件基础上定期通过打击恐怖主义、分裂主义、极端主义的专门纲要，包括采取系列措施预防、发现、消除"三股势力"，合作调查、抓捕、引渡、移交"三股势力"嫌疑人、犯罪分子及被判刑人员，开展联合侦查行动，相互提供技术和物质援助。

成员国将着重在打击国际恐怖组织方面开展合作，包括打击煽动成员国公民加入恐怖主义、分裂主义、极端主义组织，同相关国际组织或地区机构合作，查明和阻断接受恐怖主义训练并随国际恐怖组织参加第三国境内武装冲突的人员流动渠道，查明接受过培训或同国际恐怖组织一道参加武装冲突后返回上合组织成员国的人员。成员国将共同防止极端和分裂思想扩散，首先是在青年人中的扩散，联合开展对宗教极端思想、侵略性民族主义、排斥不同民族和种族、排外思想、法西斯主义和沙文主义的预防工作。为此，成员国将商签反极端主义公约。除执法机关协作外，还将特别重视凝聚教育机构、媒体、科研中心、宗教团体、非政府组织的力量。成员国将进一步加强本组织地区反恐怖机构打击恐怖主义、分裂主义和极端主义的工作。

成员国将依据落实 2004 年《上海合作组织成员国关于合作打击非法贩运麻醉药品、精神药物及其前体的协议》以及《2011—2016 年上海合作组织成员国禁毒战略》的经验，继续加强在禁毒方面的合作。重点是开展打击非法贩运毒品及易制毒化学品的联合行动，提高执法部门人员水平，提供技术设备支持，深化减少毒品需求的合作，举行教学及科研实践活动。成员国将制定禁毒专项计划，在监测、铲除非法种植毒品原植物方法、技术方面加强研究和交流，开展禁毒宣传。这些工作应考虑列入上合组织成员国下阶段禁毒战略及其落实行动计划。

反洗钱是上合组织的重要工作之一。上合组织拟加大同反洗钱金融行动特别工作组、欧亚反洗钱与反恐融资小组的合作。为预防并应对成员国面临的政治、经济和社会安全威胁，上合组织致力于建立共同维护信息空间安全的有效机制：将根据 2009 年签署的《上海合作组织成员国保障国际信息安全政府间合作协定》等法律文书，加强网络监管合作，遏制"三股势力"利用互联网从事破坏本地区和各国安全稳定的活动。为此，成员国将健全打击网络恐怖主义、应对网络威胁的合作机制。上合组织将致力于在联合国通过《信息安全国际行为准则》，在此基础上继续与国际社会其他成员一道，在信息通信技术领域建立统一的国际调控机制，开展包括提高成员国专家技能等方面的合作。

保护民众和领土免受突发事件威胁日益重要。为此，成员国根据 2005 年签署的上合组织成员国政府间救灾互助协定，在预防和消除因自然或人为因素造成的突发事件方面开展协作。打击非法移民是共同维护安全的重要方向之一。成员国将采取措施，制定在该领域开展有效合作的法律文件。成员国将为国际社会和联合国保障经济、金融、能源、粮食等各领域安全的共同努力作出贡献。

（14）2016 年 5 月 23—24 日上合组织成员国外交部长理事会例行会议在塔什干举行。外长们重申，根据上合组织宪章及其他文件规定，制定和落实相关措施，共同打击各种形式的恐怖主义、分裂主义、极端主义，打击非法生产和贩运毒品、跨境有组织犯罪、现代信息技术犯罪、非法移民、贩卖人口、非法贩卖武器弹药和爆炸物、防止扩散大规模杀伤性武器及其运载工具，仍是上合组织合作的优先任务之一。

上合组织成员国元首于2016年6月15日在阿斯塔纳举行成员国元首理事会会议，并发表了《上海合作组织十周年阿斯塔纳宣言》（以下简称《阿斯塔纳宣言》）。《阿斯塔纳宣言》指出，各方就打击恐怖主义、分裂主义、极端主义、非法贩运毒品和武器、跨国有组织犯罪开展了卓有成效的安全合作。建立了安全会议秘书、总检察长、最高法院院长、国防部长、紧急救灾部门领导人、公安内务部长、禁毒部门领导人会议等定期会晤机制，以便解决共同应对新威胁和新挑战的迫切问题。上合组织常设机构——北京秘书处和塔什干地区反恐怖机构工作高效，为切实落实本组织框架内达成的协定和共识发挥了重要作用。

打击恐怖主义、分裂主义、极端主义仍是上合组织在安全领域的主要优先方向。上合组织成员国严厉谴责一切形式的"三股势力"，将继续共同落实《打击恐怖主义、分裂主义和极端主义上海公约》和《上海合作组织反恐怖主义公约》的规定。上合组织成员国认为，跨国犯罪、非法贩运毒品是对现代社会的严重威胁。《2011—2016年上海合作组织成员国禁毒战略》在加强务实合作、共同防范毒品威胁对上合组织所在地区的消极影响，确保本地区可持续发展上发挥了重要作用。信息领域存在的现实安全威胁令人担忧。具有全球和跨国性质的网络犯罪问题要求国际社会携手努力，广泛开展合作。上合组织成员国同意在国际信息安全领域加强协作。上合组织认为，考虑到国际形势及各种威胁的发展态势，应该刻不容缓地建立阻止极端主义思潮泛滥和宣扬恐怖主义的政治、社会和其他条件。

上海合作组织成员国元首根据2016年6月24日在塔什干举行的上合组织成立十五周年元首理事会会议成果，发布了《上海合作组织成立十五周年塔什干宣言》，指出在应对新的威胁和挑战，特别是打击恐怖主义、分裂主义和极端主义、非法贩运毒品和武器以及其他形式的跨国有组织犯罪方面，上合组织建立了各级别定期会议机制和坚定的条约法律基础，以协调成员国间的务实合作。

元首们强调，国际恐怖主义和极端主义，包括宗教极端主义和其他表现形式，对世界各国乃至整个人类文明构成的威胁日益严峻。元首们坚信，国际社会只有通过加强联合打击和共同团结努力，综合施策，才能应对这些挑战，铲除其产生的根源。成员国重申，根据《上海合作组织宪章》条款和上合组织其他文件规定，制定并采取措施，共同打击各种形式的恐怖主义、分裂主义、极端主义，打击非法生产和贩运毒品、贩卖武器弹药及爆炸物，打击扩散大规模杀伤性武器及其运载工具，仍将是本组织框架内合作的优先任务之一。元首们支持进一步开展密切合作，打击恐怖主义、分裂主义和极端主义，防止极端思想扩散，特别是在青年人中扩散，预防民族、种族和宗教歧视以及排外思想。为此，将根据上合组织成员国元首理事会 2015 年 7 月 10 日决议，继续《上海合作组织反极端主义公约》制定工作。该公约将与《打击恐怖主义、分裂主义和极端主义上海公约》《上海合作组织成员国打击恐怖主义、分裂主义和极端主义 2016 年至 2018 年合作纲要》一起，巩固该领域合作法律基础。

打击跨国有组织犯罪和现代信息技术犯罪，巩固边境安全，联手打击非法移民、人口贩运、洗钱、资助恐怖主义和经济犯罪，仍是上合组织迫切议题。为此，切实落实 2010 年 6 月 11 日签署的《上海合作组织成员国政府间合作打击犯罪协定》十分重要。元首们指出，必须共同努力，构建和平、安全、公正、开放、合作的网络空间，尊重国家主权，不干涉他国内政。强调在落实 2009 年 6 月 16 日签署的《上海合作组织成员国保障国际信息安全政府间合作协定》框架内深化实际合作具有重要意义。

（15）2017 年 4 月 20—21 日，上合组织成员国外交部长理事会例行会议在阿斯塔纳举行。外长们支持进一步加强成员国在应对当今安全挑战与威胁，特别是打击恐怖主义、分裂主义、极端主义、跨国有组织犯罪、非法贩运毒品，以及巩固国际信息安全、突发情况应急处置等方面的合作。外长们支持继续在"上合组织-阿富汗"联络组框架内开展工作，支持阿富汗努力消除恐怖主义、极端主义和毒品犯罪。

2017 年 6 月 8—9 日，上合组织成员国元首在阿斯塔纳举行元首理事会会议，并发表《上海合作组织成员国元首阿斯塔纳宣言》，强调上合组织成员国将加强协作，共同应对安全威胁与挑战，就维护综合安全，特别是打击恐怖主义、分裂主义、极端主义及其思想的散播和宣传，打击跨国有组织犯罪，巩固国际信息安全，应对紧急事态等领域深化对话与合作。元首们强调，应积极推动尽快通过联合国关于打击国际恐怖主义的全面公约，以及在考虑各成员国利益基础上批准联合国反恐领域 19 个综合性法律文件。

同时，在阿斯塔纳签署的《上海合作组织反极端主义公约》将与《打击恐怖主义、分裂主义和极端主义上海公约》《上海合作组织反恐怖主义公约》《上海合作组织成员国打击恐怖主义、分裂主义和极端主义 2016 年至 2018 年合作纲要》以及《联合国全球反恐战略》、联合国安理会相关决议等联合国有关文件一道，巩固应对新威胁和新挑战领域国际法律基础。《上海合作组织反极端主义公约》旨在巩固上合组织全体成员国安全，提高主管部门合作效率，完善该领域相关立法。成员国将继续深化打击信息通信领域犯罪合作，呼吁由联合国发挥核心协调作用，制定该领域国际法律文书。

元首们支持在反腐败领域开展双边及多边合作，包括进行经验和信息交流，指出腐败威胁国家和地区安全，其各种表现形式将导致国家治理效率低下，对投资吸引力产生消极影响，阻碍经济社会持续发展。

为体现在公认的国际法准则和《联合国宪章》基础上加强协作的共同决心，并落实联合国安理会有关打击国际恐怖主义的决议，成员国发表了关于共同打击国际恐怖主义的声明。成员国将加强协作，共同应对安全威胁与挑战，就维护综合安全深化对话与合作，特别是打击包括网络恐怖主义在内的恐怖主义、分裂主义和极端主义，打击跨国有组织犯罪，打击非法贩运毒品，巩固国际信息安全，应对紧急事态。为保障本组织区域内安全，成员国将继续根据上合组织地区反恐怖机构任务与职能完善其运作。

成员国将以《上海合作组织成员国关于合作打击非法贩运麻醉药品、精神药物及其前体的协议》（2004 年）、《上海合作组织成员国元首关于应对毒品问题的声明》（2015 年）以及包括联合国大会世界毒品问题特别会议（纽约，2016 年 4 月）成果在内的联合国公约和决议为基础，继续在打击非法贩运麻醉药品、精神药物及易制毒化学品方面加强务实合作和协调。为此，成员国欢迎上合组织秘书处与联合国毒品和犯罪问题办公室 2017 年 3 月 13 日在维也纳举行题为"联合国与上合组织打击毒品犯罪：共同威胁与联合行动"的活动以及 2017 年 4 月 19 日在阿斯塔纳举行的"为了无毒世界"国际禁毒行动。

成员国认为，必须打击恐怖主义思想传播及宣传，包括公开为恐怖主义辩解和教唆实施恐怖袭击，将加大力度抵御导致恐怖主义等各种极端主义激进表现形式的社会极端化，特别是青年人极端化，预防宗教、种族、意识形态和政治极端主义及民族和种族歧视行为、仇外思想。在开展执法和司法机关合作的同时，将重点加强国家在打击恐怖主义、分裂主义与极端主义问题上的主导作用，自觉并负责任地吸收本国境内依法从事活动的传统宗教组织、教育、科学、媒体、社会和非政府机构参与。成员国对恐怖组织获取大规模杀伤性武器，特别是生化物质被用于恐怖主义目的等威胁持续上升表示关切，支持关于制定打击化学和生物恐怖主义行为国际公约的倡议。

成员国将遵循《关于合作查明和切断在上海合作组织成员国境内参与恐怖主义、分裂主义和极端主义活动人员渗透渠道的协定》（2006 年）和《上海合作组织成员国边防合作协定》（2015 年）规定，继续通过实施有效边境管控、交换涉恐人员情报、伪造及被窃身份证件信息，对跨国恐怖犯罪开展联合调查等方式，共同防范外国恐怖分子或恐怖组织活动和潜入潜出。

成员国将继续合作打击个人及法人招募、训练、使用恐怖分子，打击公开教唆参与恐怖活动或为恐怖活动辩解，打击为恐怖活动融资。在《上海合作组织成员国保障国际信息安全政府间合作协定》（2009 年）基础上切实加强合作，打击在网络信息空间传播恐怖主义、分裂主义和极端主义及为其开脱的行为。为此，成员国将在双、多边层面同有关国家、国际和地区组织，包括联合国相关机构开展协调。

成员国支持在联合国框架内制定网络空间负责任国家行为的普遍规范、原则和准则，认为 2015 年 1 月以上合组织成员国名义将《信息安全国际行为准则》修订稿作为联合国正式文件散发是朝此方向迈出的重要一步。继续深化打击信息通信领域犯罪合作，呼吁在联合国主导协调下，制定相关国际法律文书。

成员国重申决心设置可靠屏障，切断恐怖主义一切资金及物资、装备来源和渠道。表示愿开展情报交流，在本国法律中将恐怖活动入刑，呼吁全面执行联合国安理会第 2199 号和第 2253 号决议及国际反洗钱金融行动特别工作组（FATF）标准。腐败威胁国家和地区安全，其各种表现形式将导致国家治理效率低下，对投资吸引力产生消极影响，阻碍经济社会持续发展。因此，成员国愿在反腐败领域开展全面国际合作，包括进行经验和信息交流，在主管部门间开展切实合作。

第四章 区域警务合作的内容

第一节 传统区域警务合作的内容

传统的区域警务合作范围主要集中于各国提供预防、打击和侦查犯罪活动的协助。如在共同预防犯罪活动方面的警务合作就是向对方提供有重大犯罪危险人员的出入境动向、特定物品，例如枪支、弹药、毒品和放射性物质或核材料的流通情况和有组织犯罪组织的活动情况等，防患于未然。在共同打击犯罪活动方面的刑事警务合作就是向对方提供即将实施犯罪的信息，使即将发生的犯罪消弭于无形或努力遏制犯罪，控制危害结果的范围，降低犯罪危害程度。可以看出，在总体的预防和打击犯罪方面，警务合作主要是信息交流。而就具体的侦查活动而言，区域警务合作重在对案件的证据收集提供协助，上合组织的区域警务合作也不例外。

一、情报信息交流

其包括建立信息交流平台，收集信息、信息和情报传送、协查支持、自动化收集信息维护、信息交流技术支持，同时包括加强在特定犯罪信息领域的合作，例如恐怖主义、非法毒品交易、人口买卖、放射性和核材料非法交易、伪造货币或支付手段、反洗钱（不包括洗钱的上游行为）和打击走私行为等方面。

二、侦查取证合作

也即刑事执法合作。包括控制下交付、物证返还、传唤证人、物品鉴定人和缉捕犯罪嫌疑人等工作。

（1）物品返还。物品返还主要指物证返还（按照《德国刑事法律协助法》第66条规定，物证的返还必须取得州高等法院同级检察院的同意。这种同意并不否定警务合作的属性。因为除庭审过程外，在案件的侦查过程中，也同样存在证据收集工作）。请求返还的物品必须是在刑事诉讼程序中充当证据的有形物品，包括纸质材料。对于纸质材料，如果复印件能够同样起到证明作用的，优先返还纸质材料的复印件。只有在纸质材料不能起到证明作用时，方可考虑返还原物。请求国主管机关在提出物证返还请求时，必须同时递交本国主管机关所发出的财产没收令。在得到被请求国主管机关的审核和同意后，查明、查封或扣押该物品，并向请求国移交该物品。警察机关在这项法律协助中承担查明、监督该财产流向和根据有关方面的命令查封、没收或扣押上述财产等职责。在查封、没收和扣押财产时必须特别注意保障与财产相关的第三者合法权利。

（2）传唤证人、物品鉴定人。需要传唤国外的证人、物品鉴定人为侦查工作提供证人证言或者物品鉴定结论的，通过法定程序办理。但必须要征得证人、物品鉴定人同意，尊重其沉默权；并提供适当的经济补助，不使证人和物品鉴定人因为到国外作证或提供鉴定结论而蒙受经济损失。为了请求国取证工作的顺利进行，被请求国可以应请求国主管机构的请求，并得到将被羁押人送回的保证后，将羁押的嫌疑犯作为证人或物品鉴定人临时移交给请求国完成取证工作。对证人或者物品鉴定人不能出国作证或者提供鉴定结论时，我们可以借鉴欧盟警察局议会的做法，将被羁押人短期内向其他成员国警察机关交付，在其他成员国司法机关的协助下通过视频会议向证人和物证鉴定专家取证、通讯监督等。

（3）控制下交付。控制下交付行为一般只是边境相邻的国家间的一种协助方式，但是现今由于空港的存在，国家间的地理相邻不再是控制交付的前提了，空间相距甚远的国家可以通过飞机飞行航线而成为"邻国"。控制下交付实际上是一种礼让。对于该案件，控制监督国实际上享有司法管辖权的，但为了能够更好地打击犯罪，控制监督国将本应享有的司法管辖权让渡给交付地所在国，并协助交付地所在国从一开始就监督犯罪行为，以便于交付地所在国抓捕和起诉犯罪嫌疑人。1988年《联合国禁止非法贩运麻醉药品和精神药物公约》第1条（g）和第11条分别对控制下交付予以了详细规定。在实施控制下交付时要求警务人员只能作为该交付行为的监督者，而不能对交付行为提供便利，以免犯罪嫌疑人以

"警察圈套"作为其行为不构成犯罪的抗辩理由。

第二节　区域警务合作内容的扩展

19 世纪末，国际警务合作的范围尚集中在引渡、刑事案件调查取证领域。20 世纪以后，随着犯罪活动的跨国化和国际化，警务合作的传统内容被突破，合作领域逐步扩展到域外侦查、联合侦查、联合开展专项打击行动、依托网络等通信介质跨国电视电话会议取证、实时远程取证等。警务合作内容的拓展，使各国警察的域外侦查能力都极大增强。

有学者将警务合作内容分为三类：第一类是某国警察机构向他国有关部门就具体案件提出信息和行动协助的请求。如请求核实电话号码；查询冻结银行账户；询问被害人、证人、嫌疑人；甚至监听监视等；第二类是一国警务人员依据相关法律或条约，离开本国领土，在另一国领土上执行某一具体侦查任务，执行时间可长可短，如短期追踪嫌疑人；跨境监控等；或以联合调查组或平行调查组的形式，借助警务联络官在他国较长时间地执行侦查任务。第三类是在国际组织的授权下，在某些冲突后国家和地区执行警察任务。如为冲突后国家警务和司法部门提供培训或装备并开展警务活动，帮助其重建警察系统。① 不难看出，其所划分的第一类即属于传统区域警务合作的内容；第二类域外侦查和第三类维和警务则属于区域警务合作拓展的新领域。

一、情报信息合作

有学者曾总结国际警务合作的内容主要体现在两个层面，即具体的警务执法合作和犯罪信息情报交流合作，② 足以体现情报信息合作在警务合作中的重要地位。在区域警务合作中，刑事情报对预防和协查犯罪具有重要意义，情报信息内容越丰富、准确，预防和协查犯罪就越有针对性，侦查取证就越高效。可以说，情报信息交流已成为当前国际和区域警务合作最基本、最日常化的一项合

① ［加］弗里德里克·勒米厄编著：《国际警务合作的理论与实践》，曾范敬译，中国人民公安大学出版社 2016 年版。

② ［加］弗里德里克·勒米厄编著：《国际警务合作的理论与实践》，曾范敬译，中国人民公安大学出版社 2016 年版。

作内容。

二、追逃追缴合作

国际追缴犯罪所得是由请求方与被请求方合作开展的一项刑事司法合作活动。就我国而言，主体包括公安机关、检察机关和法院。完整的追缴程序是由公安机关、检察机关和法院分别实施，共同完成的。因此，这些司法执法机关均可依据相关国际刑事公约和刑事司法协助条约请求相关国家协助开展追缴犯罪所得合作。当然，追缴机关不同，请求途径和内容亦不同。且在侦查阶段，我国公安机关通过刑事警务合作追缴犯罪所得有很大的局限性、间接性和程序复杂性，其与两国法院直接相互执行关于没收判决的国际追缴有很大不同。

在我国公安机关直接或间接提出追缴请求后，作为追缴协助执行机关的外国司法行政机关、检察机关、警察机关等，依据其本国法律将查获的犯罪所得移交给中方的途径大致有两种：一种是以行政为主的非诉讼方式，另一种是诉讼方式。前者要求外国执行机关在查证属实后提请本国中央机关或执行主管机关决定没收或返还，其程序相对简单便捷，成本较低，对双方都可能有利；后者要求外国执行机关在查证属实后通过诉讼方式，提请本国法院裁决没收后返还，共程序相对复杂，成本较高。①

三、执法人员培训

为从教育、培育与培训中挖掘警务合作的成本空间，2014 年 5 月 20 日，中国-上海合作组织国际司法交流合作培训基地奠基仪式在上海政法学院举行，毋庸置疑，培训基地的建立将开辟上海合作组织安全合作新平台。培训基地选址并落成在我国，也彰显我国在司法合作与警务培训方面的"软实力"和国际影响力。但我们也应当看到，相比欧盟区域警务合作培训，上合组织区域警务合作培训尚属起步阶段。而欧洲警察学院（CEPOL）堪称全球开展区域警务合作培训的典范。其成立于 2005 年，由欧盟各成员国警察培训学院的校长组成欧洲警察学院管理委员会。欧洲警察学院利用网络召开多个研讨班，为高级警察就欧洲警

---

① 荆长岭、易志华、吴兴民：《全球化时代的国际刑事警务合作》，中国人民公安大学出版社 2014 年版。

察队伍遇到的共同安全问题提供培训。根据欧洲警察学院 2008 年的一份报告，仅当年就有 85 门培训课程和研讨班，有 28 个成员国和相关国家参与，比其 3 年前创立时整整翻番。参加欧洲警察学院培训的学员实际数量估计在 1900 人，每项培训活动参与人数约为 23 人，总共有 762 名培训讲师为欧洲警察学院的培训活动作出贡献。其他国际机构，如欧洲刑警组织、欧洲反欺诈办公室、警察特遣队联盟、欧洲检察署、国际刑警组织、欧洲委员会以及欧盟理事会等都参加了这些培训活动。欧洲警察学院的培训课程和研讨班的核心课程主要涵盖与严重犯罪相关的国际安全事务，其用 10 种以上的语言授课，并通过开发电子图书馆、国际论坛和创办《欧洲警察科学与研究通讯》等方式积极开展与警务合作相关的各类话题。①

四、警务技术开发与交流

随着跨国犯罪手段越来越科技化、智能化，警务部门对技术装备的要求也越来越高，尤其是对刑事技术和侦查手段更新的需求越来越迫切。比如刑事案件中，DNA 技术的应用在确定犯罪嫌疑人的过程中所发挥的作用非常大；而许多重大系列案件侦破都离不开行动技术；互联网的迅猛发展，使网上这种虚拟社会的犯罪形势也越来越严峻，网络诈骗、网络赌球，甚至网络恐怖主义等犯罪形式开始显露。上合组织区域警务合作的重要内容是进行技术和装备的共同研发，以实现资源的最大化利用，在警用装备、刑事侦查技术等方面，共同投资、研发、成果共同享受，同时还可以与其他国家分享先进的刑事技术和警用装备。

---

① ［加］弗里德里克·勒米厄编著：《国际警务合作的理论与实践》，曾范敬译，中国人民公安大学出版社 2016 年版。

第五章　限制区域警务合作的因素

如前所述，上合组织框架内的警务合作的内容非常广泛，既包括警务信息交流、业务技能的交流与培训，还包括涉及刑事司法协助的内容，例如犯罪侦查、物证移交和赃款赃物返还等。无论是警务信息交流、业务技能交流与培训，还是涉及刑事司法协助的犯罪侦查等警务合作形式，目的都是依法打击和预防犯罪，维护成员国边界地区的安全与和平。警务合作的目的是促进成员国边境地区乃至整个国家的和平与安全，促进各成员国之间的政治互信和军事互信。然而，愿景的实现不能仅仅依靠良好的初衷，上合组织成员国在开展警务合作的过程中，难免存在许多制约因素，导致成员国拒绝或延缓全部或部分警务合作请求，这些制约因素需要我们加以细致梳理和理性分析。

本章所研讨的限制因素主要集中于法律层面或者说司法执法领域。当然，上合组织从最初的安全合作发展为当前的政治、经济、文化、司法等全方位各领域的合作，随着合作领域的拓宽和纵深发展，各领域合作与制约因素往往相互交织，即成员国间的警务执法合作也不可避免地受到上合组织政治、经济、文化、司法等其他领域相关因素的制约。

第一节　限制警务合作因素的渊源和分类

一、限制警务合作因素的法律渊源

限制警务合作的因素源于上合组织所制定或认可的国际性条约或成员之间所签订的双边或多边条约以及成员国国内法律。

（1）上合组织所制定的国际条约。具体包括《打击恐怖主义、分裂主义和极端主义上海公约》《上海合作组织反恐怖主义公约》《上海合作组织反极端主义公约》等上合组织所制定的国际性条约。

（2）上合组织所认可的国际条约。这种国际性条约本身不属于上合组织所制定的，但是属于上合组织所直接制定的法律文件中认可的国际性条约。例如，《打击恐怖主义、分裂主义和极端主义上海公约》所界定的恐怖主义就援引了相关的国际性条约。①

（3）上合组织各成员国之间签署的双边或多边条约规定。例如，《中华人民共和国和吉尔吉斯共和国关于打击恐怖主义、分裂主义和极端主义的合作协定》第9条第5款的规定，就是限制中华人民共和国和吉尔吉斯共和国在打击恐怖主义、分裂主义和极端主义犯罪领域警务合作的因素。②

（4）警务合作的请求方或被请求方国内法律的规定。

二、限制警务合作因素的影响与后果

总体而言，限制警务合作的因素会导致成员国间执行警务合作的请求被推迟或全部、部分拒绝。

1. 推迟执行警务合作

例如，因为警务合作中涉及的物证本身属于被请求国刑事诉讼中的物证，就必须等待被请求国刑事诉讼结束之后方可移交该物证；被请求事项涉及证人属于被请求国刑事诉讼犯罪嫌疑人，也仅在本国刑事诉讼结束之后方可移交给请求国出庭作证。

2. 拒绝警务合作

拒绝警务合作包括拒绝全部或部分警务合作。在涉及刑事司法协助过程的警务合作中，尚存在一些刑事实体法和刑事程序法上的制约因素。例如，政治犯

---

① 根据《打击恐怖主义、分裂主义和极端主义上海公约》第1条第1款第1项规定，该公约中的恐怖主义包括1970年12月16日在海牙签署的《关于制止非法劫持航空器的公约》等10个国际公约中所认定并经其定义为犯罪的任何行为。

② 《中华人民共和国和吉尔吉斯共和国关于打击恐怖主义、分裂主义和极端主义的合作协定》第9条第5款：如被请求的中央主管机关认为，执行请求可能有损其国家主权、安全、公共秩序或其他根本利益，或违背其国内法或国际义务，则可推迟或全部或部分拒绝执行请求。

罪、军事犯罪不提供刑事司法协助的情形。虽然《打击恐怖主义、分裂主义和极端主义上海公约》将恐怖主义、分裂主义和极端主义犯罪规定为可提供刑事司法协助的罪行，但是上合组织的警务合作不仅仅局限于涉恐怖主义、分裂主义和极端主义犯罪，还涉及《上海合作组织成员国政府间合作打击犯罪协定》中所规定的犯罪方面[①]的警务合作。本书所讨论的警务合作仅局限于上合组织框架下的警务合作，那么上合组织成员国之间所进行的警务合作如果不属于上合组织框架下的警务合作，不受该制约因素的影响。

三、限制警务合作因素的分类

限制警务合作的因素大体可分为以下分类：

（1）有损国家安全方面的制约因素。国家安全是国家生存和发展最基本最重要的前提。[②] 按照《中华人民共和国国家安全法》第 2 条的规定，国家安全是指国家政权、主权、统一和领土完整、人民福祉、经济社会可持续发展和国家其他重大利益相对处于没有危险和不受内外威胁的状态，以及保障持续安全状态的能力。如果警务合作有损国家安全，则在损害国家安全因素未消除之前，不宜提供警务合作。

（2）有损国家公共秩序或其他根本利益方面的制约因素。有学者认为，"公共秩序"这个词有动态和静态两种含义。从静态考察，它是指一个国家或社会的重大利益或法律和道德的基本原则；从动态考察，它专指国际私法中一项可排除被指定适用的外国法的基本制度，即公共秩序保留制度。[③] 笔者认为，很难彻底区分公共秩序究竟应该是从静态还是动态来进行理解。相反，动态的制度离不开对静态的"公共秩序"内容的界定。此处的国家公共秩序应指因为有损我国国家或社会的重大利益而推迟或拒绝全部或部分警务合作的基本制度。如果警务合作有损国家公共秩序或其他根本利益，在这种对国家公共秩序或其他根本利益不利

---

① 《上海合作组织成员国政府间合作打击犯罪协定》所规定的合法范围请参见该协定第 1 条的规定。

② 马占魁、孙存良：《坚持总体国家安全观》，载《解放军报》2014 年 7 月 30 日第 7 版。

③ 李健男、吕国民：《对公共秩序保留制度的反思与展望》，载《法学评论》1996 年第 4 期。

的因素未消除之前，不宜提供警务合作。

（3）违背成员国国内法或国际义务方面的制约因素。违背成员国国内法或国际义务，具体是指警务合作请求违背了成员国国内法律的相关规定，或者提供警务合作请求会导致被请求国违反国际义务两种情形。即警务合作会导致成员国违背国内法的法律规定或所承担的国际义务的，警务合作将受到制约。

第二节　限制警务合作的国家安全因素

2014年4月15日，在中央国家安全委员会第一次会议上，国家主席习近平同志提出了总体国家安全观。他指出，当前我国国家安全内涵和外延比历史上任何时候都要丰富，时空领域比历史上任何时候都要宽广，内外因素比历史上任何时候都要复杂，必须坚持总体国家安全观，以人民安全为宗旨，以政治安全为根本，以经济安全为基础，以军事、文化、社会安全为保障，以促进国际安全为依托，走出一条中国特色国家安全道路。贯彻落实总体国家安全观，必须既重视外部安全，又重视内部安全，对内求发展、求变革、求稳定、建设平安中国，对外求和平、求合作、求共赢、建设和谐世界；既重视国土安全，又重视国民安全，坚持以民为本、以人为本，坚持国家安全一切为了人民、一切依靠人民，真正夯实国家安全的群众基础；既重视传统安全，又重视非传统安全，构建集政治安全、国土安全、军事安全、经济安全、文化安全、社会安全、科技安全、信息安全、生态安全、资源安全、核安全等于一体的国家安全体系；既重视发展问题，又重视安全问题，发展是安全的基础，安全是发展的条件，富国才能强兵，强兵才能卫国；既重视自身安全，又重视共同安全，打造命运共同体，推动各方朝着互利互惠、共同安全的目标相向而行。①

按照习近平同志的讲话精神，我国的国家安全不应该仅仅局限于传统的国土安全和军事安全，还应该重视国民安全。按照总体安全观，我国的国家安全是集政治安全、国土安全、军事安全、经济安全、文化安全、社会安全、科技安全、

---

① 参见《坚持总体国家安全观，走中国特色国家安全道路》，载《人民日报》2014年4月16日第1版，人民网，http://politics.people.com.cn/n/2014/0416/c1024-24900227.html，访问日期：2017年9月1日。

信息安全、生态安全、资源安全、核安全等于一体的国家安全体系。因此，在警务合作中应该既注意保护政治安全、国土安全和军事安全，还应该注意保护经济安全、文化安全、社会安全、科技安全、信息安全、生态安全、资源安全和核安全。

一、政治安全对警务合作的制约

（一）政治安全的内容

政治安全的内容可以从静态和动态两个方面来理解。从静态方面看，政治安全的核心内容就是维护国家的政治稳定，包括政治制度的稳定、国家的统一、社会的安定，等等。从动态上看，政治安全就是国家政治发展与政治稳定的良性互动和动态平衡。[①] 政治安全在内容上也由三个部分组成：国家政治思想安全、国家政治制度安全和国家政治活动安全。[②] 因此，凡是妨碍或有损国家政治思想安全、国家政治制度安全和国家政治活动安全的警务合作行为都会受到制约。

1. 国家政治思想安全

国家政治思想安全，仅仅指我国国家政治思想或观念不受侵害的一种客观状态。凡是有损我国国家意识形态安全的警务合作行为都将受到制约。如果开展警务合作导致我国国家政治思想或观念受到损害或侵害的，我国应该拒绝提供或者提出警务合作。一般而言，国家政治思想安全可能会因为对涉政治犯罪提供警务合作而受到影响。

2. 国家政治制度安全

国家政治制度包括国家制度、政权制度、国家结构形式和公民在国家生活中的地位。我国的国家制度包括社会主义制度、人民民族专政的政权、人民代表大会制、民族区域自治制度、基层群众自治制度以及中国共产党领导的多党合作制度等。

3. 国家政治活动安全

---

① 杨建英：《政治制度安全：国家安全的核心》，载《国家安全通讯》1999 年第 12 期。刘跃进：《国家安全学》，中国政法大学出版社 2004 年版。

② 刘跃进：《政治安全的内容及在国家安全体系中的地位》，载《国家安全研究》2016 年第 6 期。

国家政治活动既包括一般的政治活动的安全，也包括特殊情况下的政治改良、政治改革和政治革命的安全。①

(二) 政治安全对警务合作的制约

在 19 世纪以前，引渡的主要目的在于移交政治犯。法国大革命之后，资产阶级认为被统治者有权反对极权统治。既然如此，对反对极权统治的失败者当然要给予庇护。此种观念逐步发展成为政治犯不引渡原则。最早见于 1793 年法国宪法第 120 条规定，法国给予为了争取自由而流亡到法国的外国人以庇护，这是政治犯不引渡原则的基础。1833 年比利时颁布了世界上第一个引渡法，并就此作了规定，1928 年的《布斯塔曼特法典》也有规定。以后许多国家国内法或国际条约均作了规定，只是规定形式不同。如伊拉克与土耳其签订的引渡条约规定"绝对不引渡"的形式，德国与土耳其的引渡条约又规定"相对不引渡"的形式，巴西、海地、墨西哥等国家把政治犯不引渡原则规定在宪法中，阿根廷、英国、德国等把这一原则规定在本国引渡法中。

政治犯不引渡原则在现代引渡制度中有重要意义：一方面，它保障国际刑事司法协助在充分尊重各国主权平等基础上进行，对请求国追诉要求的可接受性进行独立自主的权衡；另一方面，它又保障刑事司法合作不因政治问题而受影响，反而有利于在打击普通刑事犯罪方面的国际合作。

关于什么是政治犯，各国的国内立法和各国之间的引渡条约尚无一个为国际社会普遍接受的定义，只由各国灵活掌握与决定。被请求国根据什么标准来确定被指称的罪犯是政治犯呢？从实践看，社会政治制度与意识形态不同的国家会采取不同标准，即使社会政治制度基本相同的国家，也会因法律传统等不同而不同。甚至一国之内，适用于本国国内的政治犯与适用于引渡的政治犯的标准也有差别。

从国际条约及国内立法情况看，政治犯可以分为纯粹政治犯与相对政治犯。纯粹政治犯，是指以国家为对象，危害国家的存在与安全的犯罪，如内乱罪、叛国罪、间谍罪等。相对政治犯，是指某种普通犯罪因涉及政治行为，而将整个犯

---

① 刘跃进：《政治安全的内容及在国家安全体系中的地位》，载《国家安全研究》2016年第 6 期。

罪视为政治犯罪。在通常情况下，由于纯粹政治犯的范围较窄，易于确定；而相对政治犯涉及的范围较宽，比较难认定。鉴于此，有的法学家主张对政治犯不引渡原则加以限制，用逐罪排除方法，把一些可能带有某种政治色彩的犯罪"不以政治罪论处"，使其"非政治（罪）化"，从而限制了政治犯不引渡原则的适用范围。

在我国与外国签订的司法协助协定中，一般使用"具有政治性质"的犯罪（如《中华人民共和国和波兰人民共和国关于民事和刑事司法协助的协定》第24条）或"政治犯罪或与之有关的犯罪"（如《中华人民共和国和土耳其共和国关于民事、商事和刑事司法协助的协定》第29条）这两种表述形式。在实践中，人们应根据行为所侵害的客体和对象、行为人实施行为时所怀有的目的和动机以及具体的政治背景来判断犯罪是否具有政治特点或与政治犯罪有关。有的犯罪虽然所侵犯的是政治性的客体，而且行为也可能怀有明确的政治目的，但是由于它具有极端的残暴性和反人民性，受到国际社会的一致谴责和普遍痛恨，因而在引渡制度上被排除在政治犯罪范围以外。例如，《防止及惩治灭绝种族罪公约》第7条要求各缔约国对灭绝种族罪"不得视为政治罪行，俾便引渡"。

在《打击恐怖主义、分裂主义和极端主义上海公约》中将恐怖主义犯罪、分裂主义犯罪和极端主义犯罪规定为可以提供警务合作的犯罪。所以从这个意义上讲，上合组织框架下的打击恐怖主义、分裂主义和极端主义犯罪，乃至在打击所有的犯罪领域的警务合作都不会涉及政治犯罪的问题。

然而，如果在警务合作过程中，涉及侵害我国国家政治思想受到侵害，例如成员国试图通过警务合作传递有损对方国家政治思想或观念的，应该拒绝提供警务合作。凡是企图通过警务合作损害我国社会主义制度、人民民主专政政权、损害我国人民代表大会制、民族区域自治制度、基层群众自治制度和中国共产党领导的多党合作制度的，应该拒绝提供或请求提供警务合作。凡是有损我国政治活动安全的警务合作，应拒绝提供或提出请求。

二、国土安全和军事安全对警务合作的制约

危害国土安全的行为包括分裂国家、武装叛乱、暴乱以及上述行为的预备行为、共犯行为等；而外患型危害国土安全包括对外发动战争危害国土安全，也包

括受到侵略之后危害国土安全的行为。因此，从这个意义上讲，军事安全与国土安全有重合的部分，即在保卫国家领土完整与安全不受外敌侵害时，国土安全与军事安全发生重合。①

如前所述，在涉及国土安全时，例如，分裂国家、颠覆政权的犯罪行为时，因为这些行为属于《打击恐怖主义、分裂主义和极端主义上海公约》中规定的犯罪行为，无论其是否涉及政治因素或军事因素，都应该被视为可提供引渡和刑事司法协助的行为，也就当然属于可以提供警务合作的。

在国际刑事司法协助中，军事犯罪是不予提供引渡或其他刑事司法协助的。军事犯不引渡，是指对纯属违反一国军事刑法的犯罪，不予引渡的原则。然而，当军事犯罪中涉及恐怖主义、分裂主义和极端主义犯罪时，应该按照《打击恐怖主义、分裂主义和极端主义上海公约》将其视为可提供刑事司法协助，包括警务合作的犯罪。如果军事犯罪不涉及恐怖主义、分裂主义或极端主义犯罪，而纯粹属于违背军事义务的军事犯罪时，按照"军事犯罪不予引渡或提供刑事司法协助"的原则，拒绝提供警务合作。

三、其他国民安全对警务合作的制约

此处的其他国民安全，是指除政治安全、国土安全、军事安全以外的其他国家安全，具体包括经济安全、文化安全、社会安全、科技安全、信息安全、生态安全、资源安全、核安全。如果警务合作已经危及上述安全或者对上述安全造成威胁，应该拒绝进行警务合作。

第三节　限制警务合作的国家公共秩序因素

国家公共秩序或其他根本利益的内容难以界定。但一般可以认为，公共秩序

---

① 我国学者刘跃进认为，军事安全是指国家军事事务处于没有危险的客观状态，也就是国家的军事存在、军事力量和军事活动等不受威胁、挑战、打击和破坏的客观状态。军事安全包括军队安全、军人安全、军纪安全、军备安全、军事设施安全、军事秘密安全、军事信息安全、军事工业安全、军事活动安全等。刘跃进：《我国军事安全的概念、内容及面临的挑战》，载《江南社会学院学报》2016 年第 3 期第 18 卷。但是笔者认为，将军事安全与国土安全割裂的做法是值得商榷的，因为如果军事安全不是为了保护国土安全是没有存在的必要的。

或其他根本利益是一个制约警务合作的兜底性规定。即，即使警务合作符合国际性条约和成员国国内法律的规定，但是成员国还是认为提供警务合作有损本国国家利益的，则可能会援引公共秩序保留原则来拒绝提供警务合作。具体而言，国家公共秩序或其他根本利益可包括以下内容。

一、人道主义

人权保障是国际社会的一个普适原则，在刑事事务法律合作领域也具有举足轻重的作用。皮诺切特案件就是一个适例。皮诺切特（Agusto Pinochet Ugarte）1973 年 9 月发动军事政变成功后，组建了智利军政府，自任军政府主席，并于1974 年 12 月起担任智利总统。1990 年 3 月被迫将政权和平移交给 1989 年总统选举中获胜的民选总统帕特斯·艾尔文。但皮诺切特仍担任军队统帅。直至 1998年 3 月，皮诺切特不再担任军队统帅，但按照智利 1980 年《宪法》规定，皮诺切特担任终身参议员身份，拥有司法豁免权。1998 年 9 月，皮诺切特以私人身份访问英国，因健康原因前往伦敦治疗。西班牙当局以皮诺切特犯有国际犯罪为由，根据 1957 年《欧洲引渡公约》向英国提出引渡皮诺切特到西班牙接受审判的请求。

西班牙司法当局提出引渡皮诺切特的理由称，77 位上层人士在皮诺切特独裁统治期间在智利被谋杀或失踪，西班牙法院对反人类罪具有普遍管辖权。因此，西班牙法院指控皮诺切特犯有谋杀、恐怖主义和非法结社、实施酷刑等罪名，并据此向英国提出引渡请求。英国警方于 1998 年 10 月逮捕了在伦敦就医的智利前总统皮诺切特。皮诺切特的律师以其行为发生在皮诺切特担任国家元首期间的职务行为，作为前国家元首应享有刑事豁免权为理由，要求撤销该逮捕令。案件上诉至英国上议院法庭。上议院法庭在 11 月 25 日以 3∶2 的多数裁定皮诺切特不享有刑事豁免权，应当被引渡至第三国。1998 年 12 月 17 日，皮诺切特律师以上议院法庭的一位法官应回避但未回避为由，要求撤销该裁定并重新审理。1999 年 3 月 24 日，由另外 7 名法官组成的上议院法庭作出新的裁决，以 6∶1 的多数裁定皮诺切特不享有刑事豁免权，应被引渡至第三国接受审判。至此，皮诺切特的法律救济途径已经全部穷尽。从法律的角度，皮诺切特应该被引渡至第三国。然而，英国内政大臣斯特劳以皮诺切特身体健康状态不适为理由，决定将皮诺切特遣返至智利，而不将皮诺切特引渡至西班牙。

纵观皮诺切特案的引渡裁决过程，我们可以发现，从法律角度，反人类罪属于可引渡之罪，任何人的职务行为不得作为豁免的理由。从法律层面，英国上议院法庭的判决是正确的，皮诺切特应该被引渡至第三国接受审判。然而，从国家利益的角度，英国显然不愿意将皮诺切特引渡至第三国。一个外国前国家元首持有外交护照，而且还是终身议员，应该在英国享有外交礼遇。此外，皮诺切特执政期间的智利和英国两国之间的关系密切：1982年英国与阿根廷发生马岛战争期间，智利是当时拉丁美洲唯一一个不支持阿根廷的国家。因此，即使从法律角度皮诺切特应该被引渡，然而，从国家利益角度，英国不愿意将皮诺切特引渡至西班牙接受审判。因此，英国时任外交大臣的斯特劳以皮诺切特身体健康不适为由，裁定不引渡皮诺切特。

人权保护始终是国家间应该尊重的普适原则。以身体、年龄原因作为拒绝引渡或提供刑事司法协助，是刑事事务法律合作领域的通常做法，而且这种以身体、年龄原因作为拒绝提供引渡或刑事司法协助的理由，因为人道主义原则不至于遭受过多非议。

二、外交关系

警务合作本身能促进请求国与被请求国的双边外交关系。然而，更重要的一点在于，警务合作是以请求国与被请求国之间存在良好的双边外交关系作为基础的。如果请求国与被请求国之间外交关系紧张，警务合作势必受到影响。如果相关国家之间存在良好的外交关系，则有利于警务合作的开展。"湄公河惨案"的侦破就是因为相关国家之间存在良好的外交关系的事例。

2011年10月5日，中国籍船舶"华平号"和缅甸籍船舶"玉兴8号"两艘商船在湄公河"金三角"水域（泰国境内）遭遇袭击。两艘船只上的13名中国船员全部遇难。"10·5"惨案发生后，中华人民共和国、老挝人民民主共和国、缅甸联邦共和国和泰王国在中国北京召开了四国湄公河流域执法安全合作会议，并发表了《中老缅泰关于湄公河流域执法安全合作的联合声明》，同意在湄公河流域开展联合执法。

在湄公河惨案发生之后，泰王国方面给予了中国警方最大限度的警务合作。

时任泰国警察副总监班里·巴帕瓦带领泰国警方相关部门负责人和专家组成专门调查组。2011 年 10 月 15 日，由我外交部、公安部和交通运输部组成的中国政府联合工作组抵达泰国清莱府。当晚，中国公安部刑侦专家与泰方共同对遇难者进行了尸检。第二天，双方开始对遇袭船舶进行了首次共同现场勘查，并因此而证实，毒品与中国船员无关，属于他人栽赃。根据公安部、云南省公安厅、西双版纳州公安局以及国内相关执法部门组成的"10·5"案件联合专案组的大量调查摸排和对歹徒所使用的武器、作案方法、地点等线索的分析研判，判定为"糯康集团"具有重大涉案嫌疑。通过在中老缅泰四国间进行调查，询问 109 名案发前后的目击者，警方获得确凿证据，证实 9 名泰国军人也涉嫌杀害中国船员。泰国警方立即逮捕了这 9 名涉案军人，并随后提出了刑事指控。

在中老缅泰四国的紧密合作下，"糯康集团"三号人物伞糠、二号人物依莱分别被我国警方抓获，在审讯中均承认曾参与湄公河惨案的作案过程，并供述糯康是此次湄公河惨案的组织策划者。2012 年 4 月 25 日在老挝境内，老挝警方将策划"10·5"湄公河惨案的主犯糯康抓获，集团内部其他 30 余成员主动投降。因为整个案件中所有被害人都是中国公民，另外该集团二号、三号人物已经被中国警方抓获，加之中国警方在湄公河惨案的侦破和抓捕中都起着重要的主导作用，中国方面提出将关押在老挝的糯康移交给中国，在中国进行审判。2012 年 5 月 10 日，糯康被押解回北京。2012 年 11 月 6 日，云南省昆明市中级人民法院对湄公河中国船员遇害案进行公开审理，糯康等被告人被指控故意杀人罪、运输毒品罪、绑架罪、劫持船只罪等。2012 年 12 月 26 日，云南省高级人民法院对湄公河中国船员遇难案进行二审宣判，驳回上诉维持原判。2013 年 3 月 1 日，经最高人民法院复核，糯康等罪犯在云南省昆明市被依法执行死刑。①

在对"10·5"湄公河惨案的侦查过程中，因为中老缅泰四国之间存在良好的双边或多边关系，因此，四国警务部门能共同通力合作，确认真正的犯罪分子的身份，并最终通过警务合作，将流窜在泰国、缅甸和老挝的罪犯绳之以法。

---

① 本书中关于"10·5"湄公河惨案的案件摘录于刘黎明、唐媛媛：《论国际联合执法——以湄公河惨案引发的刑事司法协作为例》，载《北京警察学院学报》2013 年 5 月第 3 期。

三、国家声誉

国家外交政策的目标大致可以分为两类：一种是诸如经济收益、安全优势等物质性的诉求，另一种就是国家的声誉、威望或者形象等非物质性诉求。[1] 警务合作的一个功能就是促进相关国家之间外交关系，属于国家外交政策的一个组成部分。如果警务合作可能损坏国家声誉或对国家声誉造成不良影响，这种警务合作就已经违背了其初衷，甚至是与其初衷背道而驰了。因此，损害国家声誉或对国家声誉造成不良影响的警务合作应该拒绝。

我国河北省"毒饺子事件"侦查过程中，中日双方警务部门的合作并不畅通，可以作为因为国家声誉而拒绝提供警务合作的一个典型事例。2008 年 1 月 29 日，日本兵库县警方公布了在中国河北天洋食品厂所生产的速冻饺子中检测出超标百余倍的高毒农药甲胺磷。因为食用这种农药超标的饺子，该县一家三口中毒；此后，距日本兵库县数百千米的千叶县，也有两家共 7 人因食用中国河北天洋食品厂的速冻饺子中毒。我国承德市也有 4 名消费者食用该厂的饺子而出现中毒症状。之后事态急剧恶化。河北毒饺子事件发生后，中国和日本的外交关系因为历史问题、东海油气田问题和钓鱼岛领土纷争而进一步恶化。日本媒体从 2008 年 1 月开始对河北毒饺子事件进行了两年持续高强度的报道，日本媒体多将河北省天洋食品与整个中国形象进行捆绑报道，将一个"偶发"的负面事件升级到"中国"这一概念，即将"中国"一词符号化。[2] 这种情况也直接导致了中日双方的警务合作。2008 年 1 月 5 日，日本兵库县出现首例因食用河北天洋食品厂生产的速冻饺子而出现的中毒事故。日本警方调查确认饺子中混入了有毒甲胺磷。2008 年 1 月 30 日，日本厚生省就此事向中国方面通报。中国质检总局专家调查组紧急赴河北天洋食品厂进行现场调查。2008 年 2 月 3 日，中国调查小组到达日本。同日下午，中日双方进行事务级协议。在协议中，双方都希望通过互相掌握的事实，进行互相说明分析，以了解药物混入饺子的经过。就在中日双方开

---

[1]　王学东：《外交政策中的非物质诉求——国家声誉研究》，载《外交评论》2007 年第 2 期。

[2]　参见张京品：《日本媒体的中国形象之建构——以"毒饺子事件"的报道为中心》，载刘晓芳主编：《日语教育与日本学研究——大学日语教育研究国际研讨会讨论会论文集（2011）》，华东理工大学出版社 2012 年版。

始合作的同一天，兵库县警方检测出：经由关西流通的 6 袋冷冻饺子包装外侧，沾有有机磷杀虫剂。其中一袋，表面有一个 1 毫米大小的窟窿。杀虫剂是在食品加工制作之后附着上的可能性非常大。但是不能确定究竟是在输入日本之后或之前沾附上的。2008 年 2 月 4 日，中国检查当局继续调查天洋食品。同日，公安局也开始进行搜查。经过警察的搜查和检疫局的进一步检查，饺子和包装上并未检测出杀虫剂成分。当天，兵库县警从大阪府超市回收的冷冻饺子中，检测出 6 袋外包装上沾有有机磷杀虫剂，其中 1 袋内侧和饺子皮上，也检测出杀虫剂成分。其表面有 1.5 毫米的伤痕，怀疑有可能是从包装表面污染到内部。

另一方面，日本政府调查团于 2008 年 2 月 4 日夜从成田机场出发。调查团由劳动厚生、农林水产、外务各省食品卫生等专门官员调查。日本政府调查团，于 5 日抵达北京，并同中国品质检查当局会面。双方本着协力早期解决的方针，再一次开始调查原因。同日中午，日方调查团进入河北省天洋食品工厂，进行视察调查。2 月 6 日，进行现场调查的日本政府官员在河北省石家庄市召开记者招待会。原嶋耐治团长声明 "天洋食品制造现场，进行着清洁的管理，并没有发现异常"。2008 年 2 月 7 日，日方调查团 7 日晚返回日本，并表明中方工厂非常整齐、并不杂乱。虽然中方表明有可能被人故意混入，但现在还不能断定。

在认定毒源问题上中日双方意见对立。在中国国务院新闻办 2008 年 2 月 28 日举行新闻发布会上，国家质检总局副局长魏传忠发布了质检总局对这一事件的调查结果，认为这次发生在日本的 "饺子中毒事件"，不是一起因农药残留问题引起的食品安全事件，而是人为作案的个案。中国质检总局和公安部联合认定，中国出口日本饺子造成中毒事件系人为投毒，而且投毒行为不太可能在中国境内发生。中国公安部刑事侦查局副局长余新民表示，"投放甲胺磷发生在中国境内的可能性极小"。对于这一说法，日本警察厅的部分官员感到困惑和不快。

在中国公安部刑事侦查局副局长余新民驳斥日方说法，表示投毒发生在中国境内的可能性极小后，日本警察厅长官吉村博人也在国会上坚持毒物在日本混入的可能性极低。日本警视厅认为，日本流通的甲胺磷只限于检测残留农药用的实验药品，纯度接近 100%，主要提供给研究机构。至今为止，千叶、兵库两县警方及警察厅的科学警察研究所使用 "气象色谱法" 分析了饺子包装袋内甲胺磷毒的化学成分，检测出大量日本试验药品中不存在的不纯物质。因此，日警方断定饺子中甲胺磷为外国制造。

据日本政府人士 2008 年 3 月 1 日透露，应日方要求，原定 3 月 2 日访日进行日中食品安全磋商的中国国家质量监督检验检疫总局局长李长江将推迟行程。因中日警方就"毒饺子"事件的原因产生对立，日方认为磋商"为时尚早"。中国和日本警方都已认定这起"毒饺子"案的起因是人为投毒，但对于投毒者是在哪里下手，北京和东京都各执一词。2010 年 3 月，中国警方宣布侦破此案。2010 年 4 月 2 日，经河北省石家庄市人民检察院批准，"毒饺子案"犯罪嫌疑人吕月庭因涉嫌投放危险物质罪被依法逮捕。2013 年 7 月 30 日，河北省石家庄市中级人民法院公开审理此案。2014 年 1 月 20 日，吕月庭被河北省石家庄市中级人民法院投放危险物质罪判处无期徒刑。[①]

"毒饺子案"中警务合作渠道不通畅的原因在于中日双边关系的紧张，导致了双方之间的互不信任，而不能形成通力合作；另一方面，因为"毒饺子案"经过媒体报道后，"毒饺子"不是作为人为投毒的个案来处理，而是将"毒饺子"作为"中国生产的有毒有害食品"符号化，直接导致了中国的国家声誉受损。在这两种因素的互相作用下，警务合作不可能畅通，直接导致了在本案最终侦破之前，中日双方对毒源意见对立。

第四节　限制警务合作的国内法或国际义务方面的因素

区域警务合作必须依法开展，也势必受到成员国国内法或国际义务方面的制约。具体表现为，一方面，警务活动必须受到法律的制约，在刑事程序法中有很多关于犯罪立案、侦查、证据等方面的法律规定。这些法律的规定都必须得到遵守。另一方面，一国所参加或缔结的国际条约中所承担的国际义务也制约警务合作。

一、制约警务合作的成员国国内法因素

警务合作的目的是为了查证犯罪、打击犯罪和预防犯罪。在查证犯罪、打击

---

① 《轰动全日本的中国毒饺子事件》，载中国日报中文网，http：//column. chinadaily. com. cn/article. php？pid＝688。

犯罪和预防犯罪的过程中，必须遵守开展警务合作的成员国双方的法律，包括实体法、程序法和刑事司法协助法的规定。

（一）实体法上制约警务合作的因素

1. 特定犯罪不提供警务合作

一般认为，政治犯、军事犯不提供刑事司法协助。然而，《打击恐怖主义、分裂主义和极端主义上海公约》明确将恐怖主义、分裂主义和极端主义犯罪规定为可提供引渡和刑事司法协助的犯罪，因此针对恐怖主义、分裂主义和极端主义犯罪，上合组织区域内可以提供警务合作。除此之外，如果涉及恐怖主义、分裂主义和极端主义以外的政治犯、军事犯，按照成员国的法律就不应该提供警务合作。这些不能提供警务合作的政治犯、军事犯的范围，应该由成员国的刑事实体法来界定。

2. 最低限度原则

警务合作需要两个或两个以上成员国参与，所耗费的时间和司法资源众多。为了提高司法资源的利用效率，也为了避免不应有的司法资源的浪费，应该从实体法上设置警务合作的最低限度。即警务合作中涉及的行为，最低应成立相关犯罪或达到一定的标准，才能提出警务合作的请求或向对方提供警务合作，如将至少可能被判6个月以上的行为，作为提出或提供警务合作的最低限度。

3. 时效原则

如果某个涉嫌犯罪行为已经过了追诉时效，则该行为人不会受到刑事追究，也就没有必要提出警务合作的请求或向对方提供警务合作。

（二）程序法上制约警务合作的因素

程序法对警务合作的制约因素表现为以下方面。

1. 诉讼权利保障

如果警务合作的涉案人员的正当诉讼权利得不到保障，则应该拒绝提供警务合作。这种正当的诉讼权利包括免受酷刑、听诉权、辩护权和得到公正审判的权利等方面。如果上述诉讼权利得不到保障，则应该拒绝提供警务合作。

2. 一事不再理原则

一事不再理原则，是指不得因为同一行为而重复追诉该行为人。理论上，一事不再理原则仅局限于国内法。即当罪犯因 A 犯罪行为在 B 国接受了刑事审判，无论审判结果是认定该罪犯有罪、无罪还是重罪、轻罪，在 B 国不能在因为 A 犯罪行为而被追诉。如果 C 国追诉该罪犯的 A 行为，则不属于违反一事不再理原则。但是如果 C 国向 B 国提出警务合作请求，试图追诉该罪犯的 A 行为，则 B 国应该因为一事不再理原则而拒绝提供警务合作的请求，因为从 B 国的角度，该 A 行为已经接受了刑事审判，就不应该再一次被追诉。

当然，一事不再理原则不应被机械适用。如果 C 国的警务合作请求是涉及认定 A 行为无罪或轻罪的，从人权保障的角度，则 B 国应该提供警务合作。

二、制约警务合作的国际义务

根据"条约必遵守原则"，对于一国参加或缔结的对该国有约束力的国际性公约，该国必须遵守。例如，虽然刑事事务法律合作中拒绝对政治犯、军事犯提供合作，然而，根据《上海公约》的规定，上合组织成员国应该将该公约所规定的恐怖主义、分裂主义和极端主义犯罪视为可引渡和提供刑事司法协助的犯罪行为，因此，上合组织成员国应该遵守《上海公约》所规定的义务。具体来说，上合组织成员国在警务合作中必须遵守的国际义务包括以下方面。

（一）将《上海公约》附件所列条约中规定的行为视为恐怖主义犯罪行为

《上海公约》附件所列国际性公约包括 1970 年 12 月 16 日在海牙签署的《关于制止非法劫持航空器的公约》、1971 年 9 月 23 日在蒙特利尔签署的《关于制止危害民用航空安全的非法行为的公约》、1973 年 12 月 14 日联合国大会通过的《关于防止和惩处侵害应受国际保护人员包括外交代表的罪行的公约》、1979年 12 月 17 日联合国大会通过的《反对劫持人质国际公约》、1980 年 3 月 3 日在维也纳通过的《核材料实物保护公约》、1988 年 2 月 24 日在蒙特利尔签署的作为对《关于制止危害民用航空安全的非法行为的公约》补充的《制止在为国际民用航空服务的机场上的非法暴力行为的议定书》、1988 年 3 月 10 日在罗马签署的《制止危及海上航行安全非法行为公约》、1988 年 3 月 10 日在罗马签署的

《制止危及大陆架固定平台安全非法行为议定书》、1997 年 12 月 15 日联合国大会通过的《制止恐怖主义爆炸事件的国际公约》和 1999 年 12 月 9 日联合国大会通过的《制止向恐怖主义提供资助的国际公约》。

其他规定了恐怖主义行为的条约，若未列入《上海公约》附件所列条约中，则其规定的行为不应该被上合组织认定为恐怖主义犯罪行为。但是如果成员国参加的其他国际性公约中规定的恐怖主义、分裂主义和极端主义犯罪比《打击恐怖主义、分裂主义和极端主义上海公约》所认定的恐怖主义、分裂主义和极端主义犯罪范围更广泛的，则成员国认定的恐怖主义、分裂主义和极端主义犯罪的范围不受《上海公约》的影响。但涉及上述恐怖主义犯罪的警务合作时，应该考虑相关国际性条约所规定的国际义务。

（二）成员国缔结或参加的国际公约所规定的其他义务

成员国参加或缔结的国际性公约中的人权保障的国际义务是制约警务合作的重要因素。我国已批准或加入了包括《经济、社会及文化权利国际公约》《消除对妇女一切形式歧视公约》《消除一切形式种族歧视国际公约》《禁止酷刑和其他残忍、不人道或有辱人格的待遇或处罚公约》《儿童权利公约》《残疾人权利公约》在内的 26 项国际人权公约。中国政府也已签署《公民权利和政治权利国际公约》。目前，中国有关部门正在继续稳妥推进行政和司法改革，为批准该公约做准备。中国政府始终遵守国际公约中规定的人权保障义务。如果其他成员国向我国提出警务合作请求，会使我国违背所承诺的人权保障国际义务的，我国政府应该拒绝提供该项警务合作。即成员国在进行警务合作过程中必须遵守成员国所承担的国际义务。

当成员国欲按照《上海公约》和《上海合作组织反恐怖主义公约》所承担的反恐怖主义、分裂主义和极端主义的义务，向对方成员国提供警务合作时，发现提供该项警务合作可能会违背本国所承担的国际义务时，出现了上合组织所规定的国际性义务和其他国际性义务冲突的情况，应该如何确认优先顺序呢？

本书认为，根据《上海公约》第 3 条规定，上合组织各成员国应采取必要措施，包括适当时制定国内立法，以使本公约所规定的恐怖主义、分裂主义和极端主义行为，在任何情况下不因政治、思想、意识形态、人种、民族、宗教及其他相似性质的原因而被开脱罪责，并使其受到与其性质相符的处罚。《上海合作组织反恐怖主义公约》也有类似规定。而《上海合作组织成员国政府间合作打击犯罪协定》第 10 条则规定，本协定不妨碍各方根据其所参加的其他国际条约所享有的权利和承担的义务。从这个角度来说，在反恐怖主义、分裂主义和极端主义领域，上合组织进行警务合作不受其他国际义务影响。在其他合作领域，如果成员国提供警务合作行为会导致其违背所承担的国际义务的，则不予提供警务合作。

　　然而，情况显然不会这么简单。1980 年 3 月 3 日在维也纳通过、经 2005 年 7 月 8 日修正的《核材料和核设施实物保护公约》第 11 条第 1 款规定：为了引渡或相互司法协助的目的，第 7 条所述任何违法犯罪行为不得视为政治罪行、同政治罪行有关的罪行或由于政治动机引起的罪行。因此，就此种罪行提出的引渡或相互司法协助的请求，不可只以其涉及政治罪行、同政治罪行有关的罪行或由于政治动机引起的罪行为由而加以拒绝。第 11 条第 2 款规定，如果被请求的缔约国有实质理由认为，请求为第 7 条所述违法犯罪行为进行引渡或请求为此种违法犯罪行为提供相互司法协助的目的，是为了基于某人的种族、宗教、国籍、族裔或政治观点而对该人进行起诉或惩罚，或认为接受这一请求将使该人的情况因任何上述理由受到损害，则本公约的任何条款均不应被解释为规定该国有引渡或提供相互司法协助的义务。按照《核材料和核设施实物保护公约》的规定，针对《核材料和核设施实物保护公约》第 7 条所规定的犯罪的刑事司法协助过程中，其行为本身不得被视为政治犯罪行为、涉政治犯罪行为或具有政治动机的犯罪行为，而应予提供刑事司法协助。而如果是基于某人的种族、宗教、国籍、族裔或政治观点而对该人进行起诉或惩罚，或认为接受这一请求将使该人的情况因任何上述理由受到损害，则该公约第 11 条第 1 款的规定不能适用。换言之，不得援引《核材料和核设施实物保护公约》第 11 条第 1 款规定，而应该由成员国自行按照各自的国内法决定是否提供警务合作。

第六章　区域警务合作模式

第一节　全球范围内区域警务合作现有模式

如前所述，上合组织所在的中亚地区具有重要的地缘优势，成员国之间具有密切的经济政治交往和相近的文化传统，在面临同样的犯罪威胁时，区域内国家的警务部门都愿意在区域性警务合作组织的主导和协调下，就利益攸关或共同关注的问题协调意志、采取共同行动打击和预防侵害区域共同利益和基本社会秩序的犯罪。下面本书将依次阐述当前国际社会具有较大影响力的区域性警务合作模式。

一、欧盟警务合作模式

欧盟是欧洲联盟的简称，以欧盟名义正式开展的区域警务合作始于1992年签订的《欧洲联盟条约》即《马斯特里赫特条约》。根据该条约第6编"司法和内务合作政策"规定，各成员国将人员跨越成员国边界及跨越边界的管理政策、避难政策、移民政策以及涉及第三国国民的政策、同国际诈骗作斗争、同吸毒作斗争、民事及刑事方面的司法合作视为共同利益，开展以预防和打击恐怖主义、毒品走私及其他国际犯罪为目的的警务合作，必要时包括某些方面的海关合作，并在欧洲警察组织框架内组织情报交流。1997年10月，欧盟15个成员国签署的《阿姆斯特丹条约》，将《欧洲联盟条约》第6编"司法和内务合作政策"直接改为"刑事方面的警察与司法合作"，并进行了重要补充，全面加快了欧盟成员国警务合作的进程。该条约除规定打击毒品滥用和国际欺诈、恐怖主义、贩运毒品以及其他严重的国际犯罪外，还包括打击卖淫、对儿童的犯罪、贩运武器以及腐败等内容，并要求各成员国采取共同行动，逐渐在打击有组织犯罪、恐怖主义以及毒品贩运等方面建立最低标准的共同规则，各成员国刑事立法也要尽可能地相互接近。2007 年 12 月签署的《里斯本条约》（《欧盟宪法条约》的简化版）使欧洲警察组织拥有更大的在成员国间进行协调、组织甚至是侦查的权力。欧盟区域刑事合作也经历了从被纳入欧盟"第三支柱"的"政府间"结构到融入"超国家"机制的巨大转变。

此外，欧盟区域警务合作体系还体现在欧盟区域内次区域的合作，也即由欧盟区域内某些地理位置密切、文化传统联系更为紧密的国家率先开展合作，这些次区域警务合作包括：比利时、荷兰和卢森堡之间的警务合作；"申根协定"区域警务合作，以及北欧五国警务合作。

二、上合组织警务合作模式

上海合作组织（Shanghai Cooperation Organization，SCO）的前身是"上海五国"会晤机制，2001 年 6 月由中国、俄罗斯等倡导建立，目前有中国、俄罗斯、哈萨克斯坦、吉尔吉斯斯坦、塔吉克斯坦、乌兹别克斯坦、印度、巴基斯坦 8 个成员国，[1] 及蒙古、伊朗、阿富汗、白俄罗斯 4 个观察员国。在印度和巴基斯坦未正式加入前，上海合作组织成员国总面积已达到 3000 多万平方千米，约占欧亚大陆的 3/5；人口 14.89 亿，约占世界人口的 1/4。[2] 上海合作组织会议机制主要有国家元首会议、政府首脑（总理）会议、外交部长会议、国防部长会议、成员国各部门领导人会议等，常设机构是秘书处和地区反恐机构。地区反恐机构的主要任务和职能是：就打击恐怖主义、分裂主义、极端主义与本组织成员国主管机关及国际组织保持工作联系，加强行动协调；参与准备打击恐怖主义、分裂主义和极端主义问题的国际法律文件草案，与联合国安理会及其反恐委员会、国际和地区组织共同致力于建立应对全球性挑战与威胁的有效反应机制；收集和分析成员国提供的有关打击恐怖主义、分裂主义和极端主义的信息，建立反恐机构资料库，为本组织开展打击"三股势力"的合作提供建议和意见；筹备举行学术研

---

① 2017 年 6 月 9 日，印度和巴基斯坦正式成为上海合作组织成员。这也是上合组织首次扩员。

② 董国政、韦伟：《背景延伸：上海合作组织的由来》，载《解放军报》2007 年 7 月 13 日第 4 版。

讨会，交流打击恐怖主义、分裂主义和极端主义问题的经验。各成员国向地区反恐机构派遣常驻代表等。

上海合作组织成立以来，通过《上海合作组织宪章》等文件的签署，建立了较为完善的组织结构和法律体系，也使其成为最早打出反恐旗帜的国际组织之一。上合组织成立伊始，各成员国元首就确定了打击恐怖主义、分裂主义和极端主义"三股势力"的防务安全合作目标。与此同时，各国国防部长通过会晤决定加强军事领域的合作，确保军队在打击"三股势力"中的实质性协作。安全合作成为上海合作组织的重要基石。

三、其他类型区域警务合作模式

（一）东盟警务合作模式

东盟（ASEAN）是东南亚国家联盟的简称（Association of Southeast Asian Nations）。1967 年 8 月 8 日，泰国、印度尼西亚、菲律宾、马来西亚、新加坡五国决定成立东南亚国家联盟，并签署了联合宣言。随后文莱、缅甸、老挝、越南、柬埔寨陆续被接纳为东盟成员国。2007 年 11 月 20 日，东盟十国元首在新加坡签署《东盟宪章》，该宪章是东盟成立以来第一份对所有成员国具有普遍法律约束力的文件，使东盟警务合作具有机制化和法制化特征。东盟的宗旨包括根据《联合国宪章》的原则，促进东南亚地区和平与安全；在经济、社会等方面进行互助与合作；有效利用本区域的天然资源；研究贸易与通信等方面的共同问题。在东盟的积极推动下，区域内警务合作得以开展。基于东南亚地区毒品犯罪、有组织犯罪形势严峻的客观现实，东盟警务合作主要集中在预防和打击毒品犯罪、走私犯罪和反海盗等严重危害东盟国家利益的跨国犯罪方面；由于坚持互不干涉内政、和平共处五项原则，东盟区域警务合作以交流犯罪情报、研讨犯罪对策为主，合作的规模和程度远未达到自愿限制司法主权，将一部分司法权或警察权让渡给东盟内部成员国的程度。[①]

中国和东盟特殊的地缘政治决定了我国与东盟利益攸关，双方一荣俱荣，一

---

① 王莉、赵宇主编：《国际警务合作理论研究综述》，中国人民公安大学出版社 2014 年版。

损俱损。因此，中国不断通过各种形式发展与东盟的友好合作关系。2003 年 10 月，中国成为第一个加入《东南亚友好合作条约》的区域外国。① 在非传统安全领域，2004 年中国与东盟在曼谷签署了《中国与东盟非传统安全领域合作谅解备忘录》，并于 2009 年进行了修订，将打击毒品贩运、贩卖妇女儿童、海盗行为、恐怖主义、武器走私、洗钱、国际经济犯罪和网络犯罪列为非传统安全合作的优先领域。1992 年，中国与缅甸、老挝、泰国、柬埔寨和越南 6 国建立大湄公河次区域合作（Greater Mekong Subregion，简称 GMS）是中国参与亚洲诸多区域经济合作非常成功的例子之一。2011 年 10 月 31 日，时任中国公安部部长孟建柱、泰国副总理哥威、老挝副总理兼国防部长隆再和缅甸内政部部长在北京共同签署《中老缅泰关于湄公河流域执法安全合作的联合声明》，在湄公河流域开展联合执法。

（二）非洲国家组织警务合作模式②

非洲国家统一组织是全非洲的国际政治组织。1963 年 5 月 22—26 日，在埃塞俄比亚首都亚的斯亚贝巴举行由 31 国参加的非洲独立国家首脑会议上，通过了《非洲统一组织宪章》，宣告该组织成立。非洲国家统一组织的宗旨是：促进非洲国家的统一与团结，协调并加强非洲国家之间政治、外交、经济、文教、卫生、科技、防务和安全等方面的合作；努力改善非洲各国人民的生活；保卫各国的主权、领土完整与独立，从非洲根除一切形式的殖民主义；在对联合国宪章与世界人权宣言给予应有的尊重情况下促进国际合作。该组织的最高机构是国家和政府首脑会议，每年至少开会一次，讨论非洲各国共同关心的问题，以协调政策。部长理事会，由成员国的外长或政府指派的其他部长组成，负责筹备首脑会议和执行会议决定。秘书处是常设机构。该组织还设有解放委员会，调解、和解与仲裁委员会以及 3 个专门委员会等。总部设在亚的斯亚贝巴。

2015 年 12 月 13 日，来自 40 多个非洲国家的警察部门负责人在阿尔及利亚首都阿尔及尔举行工作会议，并为非洲刑警组织总部举行落成仪式。阿尔及

---

① 王君祥：《中国-东盟区域刑事合作机制研究》，中国人民公安大学出版社 2012 年版。

② 诺曼·S. 莫勒伯格：《南部非洲地区警官合作组织》，徐丹彤译，载《山西警官高等专科学校学报》2002 年第 4 期。

利亚内政部长贝德维在仪式上说，目前非洲大陆面临许多挑战与威胁，包括有组织犯罪、恐怖主义、武器与毒品走私、贩卖人口等，为打击各种犯罪，必须在非洲国家之间加强安全与警务合作。非洲刑警组织的成立对于协调各国警方的行动非常重要，尤其是在打击恐怖主义和毒品走私方面。目前恐怖主义不断蔓延，必须要对极端主义和暴力犯罪进行强有力的打击。非洲刑警组织是国际警务合作机制中重要的一环，是新形势下维护世界和平与稳定不可或缺的一部分。①

（三）美洲国家组织警务合作模式

美洲国家组织是由美国和拉丁美洲的国家组成的区域性国际组织，其前身是美洲共和国国际联盟，成立于1890年4月14日。1945年3月，在《联合国宪章》签署之前，美洲等21国在墨西哥举行的泛美会议决定改组和建立一个美洲区域性组织。1948年在波哥大举行的第9次泛美会议上，通过了《美洲国家组织宪章》，联盟改称为"美洲国家组织"。该组织的宗旨是：加强美洲大陆的和平与安全；确保成员国之间和平解决争端；成员国遭到侵略时，组织声援行动；谋求解决成员国间的政治、经济、法律问题，消除贫困，促进各国经济、社会、文化合作；控制常规武器；加速美洲国家一体化进程。组织内设有泛美控制毒品委员会、泛美通讯委员会等多个专门机构。2003年10月，该组织安全特别会议签署了《美洲安全宣言》，指出贫困、艾滋病、恐怖主义、有组织跨国犯罪、贩毒、腐败、军火走私和贩卖人口等是美洲面临的新安全威胁。2011年，美洲国家组织还与美洲警察联盟签署合作协议，借助美洲各国警方的经验和知识，协调各方力量，共同应对广泛存在于该地区的有组织犯罪活动。②

（四）阿拉伯国家联盟警务合作模式

阿拉伯国家联盟是为了加强阿拉伯国家联合与合作而建立的地区性国际组织，简称阿拉伯联盟或阿盟。1945年3月，埃及、伊拉克、约旦、黎巴嫩、沙

---

① 《非洲刑警组织总部在阿尔及利亚落成》，载《人民日报》2015年12月15日第21版。

② 《美洲两大洲际组织联手"精确打击"区域有组织犯罪》，载新华网，http：//news.ifeng.com/world/news/detail_2011_06/05/6837681_0.shtml，访问日期：2011年6月5日。

特阿拉伯、叙利亚和也门7个阿拉伯国家的代表在开罗举行会议，通过了《阿拉伯国家联盟条约》，宣告联盟成立。阿拉伯联盟宗旨是加强成员国之间的密切合作，维护阿拉伯国家的独立与主权，协调彼此的活动。其设有内政、司法等10个专项部长理事会协调相关领域成员国间的合作，其中就包括警务合作。

第二节　上合组织区域警务合作模式的形成

一、上海合作组织的起源

上海合作组织的前身是"上海五国"机制。而"上海五国"机制发源于20世纪80年代末开始的、以中国为一方和以俄、哈、吉、塔四国为另一方的关于加强边境地区信任和裁军的谈判进程。

冷战结束后，国际和地区形势发生很大变化。中、俄、哈、吉、塔五国为加强睦邻互信与友好合作关系，加紧就边界地区信任和裁军问题举行谈判。1996年4月26日和1997年4月24日，五国元首先后在上海和莫斯科会晤，分别签署了《关于在边境地区加强军事领域信任的协定》和《关于在边境地区相互裁减军事力量的协定》。这是亚太地区首份多国双边政治军事文件，受到国际社会广泛关注和高度评价。此后，五国元首年度会晤形式被固定下来，轮流在各国举行。1998—2000年，先后在阿拉木图、比什凯克、杜尚别召开五国峰会。杜尚别会晤时，时任乌兹别克斯坦总统卡里莫夫应邀以客人身份与会。会晤内容也由加强边境地区信任逐步扩大到探讨在政治、安全、外交、经贸、人文等各个领域开展全面互利合作。由于首次会晤在上海举行，以上五国被冠以"上海五国"称谓。

进入21世纪，面对全球化趋势，世界各国都在加快区域合作步伐，以更有效地把握和平与发展的历史机遇，抵御各种风险与挑战。与此同时，冷战结束后，本地区的恐怖主义、分裂主义和极端主义活动日益猖獗，严重威胁各国安全与稳定。中、俄、哈、吉、塔、乌六国都面临发展自身经济、实现民族振兴的艰巨任务，也有进一步加强区域合作的共同愿望和迫切需要。在此背景下，2001年6月14日，"上海五国"成员国元首和乌兹别克斯坦总统在上海举行会晤，签署联合声明，吸收乌兹别克斯坦共和国加入"上海五国"机制。2001 年 6 月 15 日，六国元首共同发表《上海合作组织成立宣言》，宣布在"上海五国"机制基础上成立上海合作组织。上海合作组织正式宣告诞生。

二、上海合作组织的成立和发展

1998 年俄罗斯多次遭受恐怖袭击，而且美国、中东等地区国际恐怖主义活动猖獗，"上海五国"也将注意力转向安全合作。众所周知，仅依靠本国能力和双边国际警务合作不可能抵御、防范和消除国际恐怖主义威胁，必须基于中亚区域警务合作，形成各成员国共同参与的协调和配合机制。1998 年 7 月，"上海五国"元首在阿拉木图会晤，发表《阿拉木图联合声明》，表示"各方将采取措施，打击国际恐怖主义、有组织犯罪、偷运武器、贩卖毒品和麻醉品以及其他跨国犯罪活动"。这是"上海五国"机制第一次探讨反恐问题。1999 年 8 月 25 日，五国元首在吉尔吉斯斯坦首都比什凯克举行"上海五国"第四次会晤，签署了《比什凯克声明》，声明将进一步促进地区安全与稳定，并首次提出采取措施开展实际性质的警务合作。1999 年 12 月 2 日，五国安全与执法部门负责人在吉尔吉斯斯坦首都比什凯克首次召开"安全合作与协作会议"，签署了"合作和相互协作备忘录"。会议重点就打击犯罪问题讨论了具体警务合作的相关事宜。2000 年 4 月 21 日，"上海五国"安全执法部门负责人在莫斯科深入分析了地区安全形势的主要因素，探讨共同打击民族分裂主义、国际恐怖主义、极端宗教势力及跨国犯罪活动。这是上海合作组织成立前对反恐工作的安排和部署。

2001 年 6 月 14 日，中、俄、哈、吉、塔、乌六国元首在上海会晤，将"上海五国"会晤机制改为"上海合作组织"，6 月 15 日，中、俄、哈、吉、塔、乌六国元首签署了《上海合作组织成立宣言》和《打击恐怖主义、分裂主义和极端主义上海公约》。9·11 事件后，中亚成为国际反恐怖斗争的前沿，各成员国加强了在反恐怖斗争方面的警务合作力度，进一步巩固了在中亚地区安全与稳定问题上的相互协作。《打击恐怖主义、分裂主义和极端主义上海公约》为各成员国合作打击三股势力方面奠定了坚实的法律基础。2002 年 6 月 7 日，六国在圣彼得堡通过了《上海合作组织宪章》，成立了上海合作组织秘书处和地区反恐机构两个常设机构。这样上海合作组织作为国际法意义上的主体就有了法律和组织基础，6月，上海合作组织元首会晤后，签署了《上海合作组织成员国关于地区反恐怖机构的协定》这一战略性法律文件，决定成立上海合作组织地区反恐怖机构，总部设在吉尔吉斯斯坦首都比什凯克市，以加强成员国在打击三股势力斗争中的协调与合作。

2004年6月17日，上合组织六国元首在塔什干发表《上海合作组织成员国元首塔什干宣言》，确立了上海合作组织的战略目标。2006年6月的元首峰会发表的五周年宣言中指出，"全面深化打击恐怖主义、分裂主义和极端主义及非法贩运毒品领域的合作，是本组织的优先方向"。2007年10月5日，上海合作组织秘书处与集体安全条约组织秘书处签署谅解备忘录，规定了将在其职责范围内，在维护地区和国际安全与稳定、打击恐怖主义、打击非法贩运毒品、打击非法贩运武器、打击跨国有组织犯罪及其他共同感兴趣的领域开展合作，使上合组织合作领域从反恐向打击其他领域跨国犯罪扩展，建立了上合组织全面的安全合作框架。2021年9月，根据《上海合作组织二十周年杜尚别宣言》，上合组织设立单独常设机构：在杜尚别设立上合组织禁毒中心（塔吉克斯坦共和国）；将塔什干的上合组织地区反恐怖机构升级为上合组织应对安全威胁和挑战综合中心（俄罗斯联邦）；在上合组织地区反恐怖机构基础上设立上合组织信息安全中心（哈萨克斯坦共和国）、打击跨国有组织犯罪中心（吉尔吉斯共和国）。

总体而言，安全合作始终是上合组织合作的重中之重。上合组织注重传统安全与非传统安全；建立了较为完备的法律体系，为成员国开展安全领域的合作打下了基础。例如2008年通过的《上海合作组织成员国政府间合作打击非法贩运武器、弹药和爆炸物品的协定》；2010年通过的《上海合作组织成员国政府间合作打击犯罪协定》；2015年通过的《上海合作组织成员国元首关于应对毒品问题的声明》和《上海合作组织成员国边防合作协定》；2017年通过的《上海合作组织反极端主义公约》等。上合组织形成较为稳定的会晤机制。除每年举行一次的国家元首理事会共同关注安全问题外，安全会议秘书会议、国防部长会议、公安部长会议、情报部门领导人会议等会议的定期举办促进了成员国间的执法合作与信息交流。此外，举行定期的反恐演习，提高了上合组织的反恐能力。①

第三节 上合组织与欧盟区域警务合作模式的比较

欧洲联盟（European Union），前身为欧共体（European Communities），是由原欧洲共同体成员国根据《欧洲联盟条约》（也称《马斯特里赫特条约》）组成的区域性国际组织。这个主体最初是共同市场，之后变为欧洲共同体，直到成为现在的欧洲联盟。欧洲联盟已经从一个贸易实体转变成一个经济和政治联盟，也是目前最强大和一体化程度最高的区域性国际组织。在某些方面成员国已经将部分国际主权转移给该组织（如货币、金融政策、内部市场、外贸等），使得欧盟越来越像一个联邦制的统一国家。欧洲联盟的宗旨可以概括为两个方面：第一，通过建立经济及货币联盟和经济及社会政策的凝结，促进整个联盟的经济与社会的平衡和可持续发展。第二，通过实施共同外交与安全政策来建立政治联盟，进而形成一个共同的防务政策。

欧盟的主要机构包括：由政府部长级代表组成的欧洲联盟理事会，是欧洲联盟的最高咨询机构，每年至多举行两次会议，协调立场；代表超国家利益的欧盟委员会，欧盟委员会是由各国政府提议，欧洲理事会指定的执行机构；欧洲联盟的司法机构——欧洲法院和初审法院，欧洲法院是欧洲联盟的仲裁和审判机关，负责解释联盟条约，解决因联盟条约产生的或各会员国之间发生的各种争端；民主选举的欧洲议会，欧洲议会由欧洲联盟成员国普选产生的议员组成，是监督和咨询机构；以及审计院等其他机构。1992 年 2 月 7 日生效的《马斯特里赫特条约》正式定名为《欧洲联盟条约》，标志着欧洲一体化进入一个新的阶段，由欧共体时代进入欧盟时代。欧洲联盟的组织机构是以欧共体的组织机构为核心，并在后者的基础上建立起来的。欧洲联盟的各个共同体在国际上具有法律人格，但是欧洲联盟却并不具有法律人格。根据《欧洲联盟条约》第 1 条规定，欧洲联盟的基础为欧共体，共同外交和安全政策以及司法和内务合作政策是其补充内容。

---

① 丁晓星：《上合组织在维护地区安全方面的作用》，载《现代世界警察》2021 年第 7 期。

一、欧盟警务合作进程

（一）欧盟"第三支柱"的建立

《马斯特里赫特条约》创建了欧盟的三根支柱，[①] 其中，第一根支柱合并了三个创始条约并创设了欧洲货币联盟的条件；第二根支柱建立了共同外交和安全政策及防务政策，第三根支柱是新设计的司法和内务合作政策即当前的警察与刑事司法合作领域。

作为欧盟第三支柱的"司法与内务合作"促进了欧盟区域警务一体化。警务一体化是"司法与内务合作"中的重要一环，当然这种一体化不是要超越各国国家主权的范围，建立能够直接对国家警察机关发号施令的"超国家"警察机关，而是建立协调各成员国间的警务合作机构，包括警察与国内政府机关、民间组织、公众之间的联络机构，以及确保各国警察体制在发展方向上趋同的区域中央警务主管机关。

（二）欧盟警务合作组织 [②]

欧盟区域警务合作具有多种组织和形式，其大致可包括欧盟执法合作署、欧洲警察局长特别工作组、欧洲警察学院和欧洲警察维和部队。[③] 下面仅以欧盟执法合作署为例详细介绍欧盟警务合作组织。

1992 年之前，欧共体各国在国内安全领域的合作主要通过"特莱维小组"（The Trevi Group）的框架进行，该小组成立于 1975 年，由各国内务与司法部长组成，每年举行两次非正式会议。"特莱维小组"的目标是在反恐怖主义方面开展合作，交流恐怖主义组织及警察组织的培训与设备等方面的情报，特别是开展反恐怖行动的战略协调。后来，"特莱维小组"的功能逐步扩大，涉及一些严重

---

① 何家弘主编：《刑事司法大趋势：以欧盟刑事司法一体化为视角》，中国检察出版社2005 年版。

② 本部分内容资料除特别指出来源的以外，均来自欧盟执法合作署网站提供的数据，www. europol. europa. eu。

③ 王莉、赵宇主编：《国际警务合作理论研究综述》，中国人民公安大学出版社 2014 年版。

的国际组织犯罪和社会公共秩序破坏的问题。但由于"特莱维小组"没有常设秘书处，而且主要在欧共体框架以外开展活动，以及它的政府间性质，缺乏透明度和外部民主监督，同时脱离警察工作的实际，不能满足欧盟一体化的要求。①

欧洲刑事警察组织②（The European Police，即 Europol）的建立满足了欧盟一体化不断发展的需要。1991 年建立了中欧侦查办公室（Central European Investigation Office），打击国际毒品运输和有组织犯罪。1992 年 2 月 7 日，各成员国在《马斯特里赫特条约》中就建立欧洲刑事警察组织的计划和方案初步达成一致意见。1993 年 10 月 29 日欧盟理事会将欧洲刑事警察组织设在荷兰海牙。经各成员国的努力，1994 年 1 月 3 日，欧洲刑事警察组织的缉毒机构（European Drugs Unit，EDU）先行成立并开始运转。1995 年 7 月，欧盟各成员国缔结了《关于建立欧洲国家间的警察组织的公约》。根据 1997 年 10 月 2 日签署、1999 年 5 月 1 日生效的《阿姆斯特丹条约》，欧洲刑事警察组织成为欧盟警察合作的主要机构。1998 年 10 月 1 日，《关于建立欧洲国家间的警察组织的公约》正式生效。公约规定，欧洲刑事警察组织自 1999 年 7 月 1 日起全面开展工作。设立欧洲刑事警察组织的目的是为了加强欧盟国家间的警察合作，为防止和打击恐怖主义、贩卖人口、伪造欧元等跨国犯罪或国际犯罪进行信息交流，获取、比较和分析信息及情报。其主要任务包括：第一，收集、储存、整理、分析和交流相关信息，尤其是各成员国当局或第三国有关机构提供的信息。第二，协调、组织和实施各成员国权能机构联合开展的调查和执行行动，当然欧洲警察署的任何执行行动必须与该行动涉及领土的成员国当局取得联系并获得其同意，而且，强制行动的实施属于有关的成员国权能机构专属的职责。

2000 年，欧洲刑事警察组织决定建立欧洲警务信息系统（Europol Information System，EIS）。2001 年，欧洲警察署签署了第一份与第三方（冰岛和挪威）的合作协议，并在 Europol 设立了反恐行动小组（Counter Terrorism Task Force，CTTF）。2010 年，Europol 成为欧盟的一个机构。欧洲警察署开放了欧洲网络犯罪中心（European Cybercrime Centre，EC3）。2016 年，Europol 建立了欧洲反恐中心（European Counter Terrorism Centre，ECTC）。2017 年 Europol 的官方名称改

---

①　方长平：《欧盟司法与内务合作：动力、机制与问题》，载《欧洲》2000 年第 6 期。

②　关于欧洲警察组织的历史，参见欧盟警察组织的网页介绍，europa. eu。

为欧盟执法合作署。2020 年 Europol 成立了欧洲财经犯罪中心（The European Financial and Economis Crime Centre，EFECC）。

欧洲执法合作署下设的欧洲严重有组织犯罪中心（The European Serious Organised Crime Centre，ESOCC），由欧盟毒品分队负责涉毒品、枪支和爆炸物案件，欧盟有组织犯罪分队负责高危有组织犯罪集团、环境犯罪和财产犯罪。第三个分队就是欧洲移民走私中心，具体负责对帮助非法移民和贩卖人口的案件。ESOCC 旨在为欧盟成员国在与严重有组织犯罪有关的优先案件中提供最有效、灵活的行动支持，具体包括犯罪情报分析、专业知识提供、实地部署、实时情报交换和其他能力提供。仅 2021 年，ESOCC 就成员国 742 个严重的有组织犯罪侦查提供了大量的行动支持，最终超过 12000 嫌疑人被逮捕，并起获了超过 7 亿欧元现金。2021 年在针对一家向全世界用户提供复杂、加密交流服务的加拿大 Sky Global 公司侦查中提供了行动支持。ESOCC 包括 14 个分析项目，对于高危犯罪网络、贩毒（包括合成毒品、新精神活性物质、可卡因、海洛因和大麻）、非法枪支运输、为非法移民提供便利、有组织财产犯罪、人口贩运和环境犯罪有关的欧洲打击犯罪的多学科平台（The European Multidisciplinary Platform Against Criminal，EMPACT）优先事项的行动提供行动计划。ESOCC 与欧盟执法合作署（Europol）其他犯罪中心、成员国和合作伙伴紧密合作，欧盟严重有组织犯罪威胁评估（The EU Serious Organised Crime Threat Assessment）报告就是其合作成果。

欧洲网络犯罪中心（European Cybercrime Centre，EC3）由欧洲执法合作署建立，旨在打击欧盟的网络犯罪和在网络犯罪中帮助保护欧洲公民、商业和政府。欧洲网络犯罪中心重点关注依赖于网络的犯罪、儿童性剥削和支付欺诈三种网络犯罪。作为犯罪信息和情报的中心枢纽，欧洲网络犯罪中心提供以下支持：通过提供运营分析、协调和专业知识，支持成员国的运营和调查；为调查和行动提供高度专业化的技术和数字取证支持；在欧洲刑警组织的授权范围内，为欧盟危机管理结构提供支持，并促进执法机构（LEA）和其他相关网络社区与欧盟机构、机关和机构（如欧洲司法组织、欧洲经济区、欧洲国家安全局、欧盟认证中心、委员会、理事会等）之间的业务、技术和战略合作；通过待命值班和欧盟执法应急响应协议（EU LE ERP），为 LEA 提供全天候运营和技术支持，以便对紧急网络事件和/或网络危机作出即时反应；主持并促进联合网络犯罪行动特别工作组（J-CAT）打击网络犯罪的工作；支持培训和能力建设，特别是为成员国的有关当局提供培训和能力建设；提供各种战略分析产品，使打击和预防网络犯罪的知情决策成为可能；提供全面的外联功能，将打击网络犯罪的执法机构与私营部门、学术界和其他非执法伙伴联系起来，有助于在网络犯罪授权领域筹备和开展标准化预防和宣传活动。

因 2015 年针对欧洲的系列恐怖袭击欧盟才意识到应该加强对恐怖袭击的反应和确保对恐怖袭击这种挑战的有效反应，2016 年 1 月创建了欧洲反恐中心。欧洲反恐中心是欧盟层面国家反恐合作的基石，也是作为欧盟反恐安全政策的一部分所建立的第一个此类中心。

欧洲反恐中心旨在为全面应对欧盟不断变化的恐怖主义威胁提供在恐怖主义现象所有领域的经验和专业知识。

为了增强反恐机构的能力，欧洲反恐中心创建并开发了各种工具，以满足新出现的反恐需求。欧洲反恐中心还通过欧盟执法合作署的反恐平台促进欧盟成员国主管当局之间的联系，这是对反恐斗争的宝贵贡献。欧洲反恐中心的主要任务就是为欧盟成员国的反恐机构提供量身定做的行动支持。为完成此项任务，欧洲反恐中心制定了一个四柱方法：促进信息交流和跨境合作；为欧盟成员国的反恐侦查提供有效行动支持、协调和专业知识；预先减少激进社交媒体的利用并为网络侦查提供行动分析；中央战略支持能力。欧洲反恐中心每年都会发布欧盟恐怖主义形势和趋势报告（The EU Terrorism Situation and Trend Report，TESAT），这是一份全面的形势报告，详细介绍了恐怖主义形势，包括有关欧盟境内恐怖袭击和逮捕的数据。

欧盟执法合作署下设的欧洲财经犯罪中心（European Financial and Economic Crime Centre，EFECC）意在增强预防和打击欧盟内的财经犯罪的行动和战略支持。EFECC 成立于 2020 年 6 月，是欧洲刑警组织应对经济和金融体系完整性面临的日益严重的威胁的解决方案。这些威胁包括针对个人、国家和公司的洗钱、腐败、广泛的伪造、欺诈和税务欺诈计划。EFECC 支持执法部门（以及相关公共机构）开展国际金融犯罪调查，旨在帮助追回犯罪资产。

目前欧盟执法合作署共包括 27 个欧盟成员国以及澳大利亚、加拿大、美国、挪威等 20 个国家，各国向欧盟执法合作署派出了执法联络官。

（三）欧盟次区域警务合作形式

这类合作或者只涉及欧盟成员国中的若干国家，例如比利时、荷兰和卢森堡之间的警务合作，或者属于若干欧盟成员国与若干非欧盟成员国之间的警务合作，例如《申根协定》。

1. 比利时、荷兰和卢森堡之间的警务合作

欧盟次区域警务和司法合作最早源于比利时、荷兰和卢森堡之间的比荷卢经济联盟警务合作。这三个国家地理上邻近，文化背景相近，政治体制基本相同（都实行君主立宪制），经济条件大体相似。比荷卢经济联盟的前身是 1944 年比利时、荷兰和卢森堡三国建立的关税联盟。1958 年 2 月 3 日，三国正式签署了《建立比荷卢经济联盟条约》。1962 年 6 月 27 日，联盟通过《关于引渡和刑事互助条约》，1968 年 9 月 26 日又通过《关于执行刑事判决条约》，就刑事司法合作问题进行了一系列规定。以上两部法律正式确立了彼此间刑事司法合作体系和格局。1965 年 3 月 31 日，三国缔结了《关于实现比利时、荷兰和卢森堡经济联盟宗旨以及行政、司法合作公约》，将刑事司法合作范围扩大到各个领域。至今，三国已经统一了引渡规则，废除了彼此间的边境控制，形成了共同边境。在警察权执行方面，三国允许警察进入彼此领土进行调查、拘留和逮捕等活动。三国的警务合作实践确实为世界上具有相同文化背景、法律制度的国家间的警务与司法合作提供了可以借鉴的先例。当然，三国的实践对国家主权观念也构成了重大的挑战，因为在传统国际法理论中，任何一国的警察和司法当局都不允许到另一国行使执法权，国家享有排他的刑事管辖权。因此，在维护国家主权和国家间亲密无间的警务合作上寻找平衡点非常重要，这一点上比荷卢经济联盟的做法值得我们借鉴和学习。

2. 北欧五国刑事合作框架下的警务合作

北欧五国是指位于北欧的丹麦、瑞典、挪威、冰岛和芬兰五国。北欧五国地理位置毗邻，历史背景和文化渊源相似，使得五国在社会发展过程中走到了一起。1951 年 8 月 31 日，在北欧议会联盟第 28 次会议上，北欧五国建议成立北欧理事会（The Nordic Council）。1953 年北欧理事会在哥本哈根宣告成立，标志

着北欧五国正式走上一体化道路。北欧理事会是北欧五国组成的区域性组织，由北欧各成员国国王或总统直接指导，负责协调各国合作事宜，制定涉及北欧各国经济、社会、法律、环保、交通、军事、外交、警务等各项合作的规范和制度。1962 年 3 月 23 日，北欧国家在赫尔辛基缔结了《丹麦、芬兰、冰岛、挪威、瑞典合作协定》（简称《赫尔辛基条约》），涉及诸多刑事事务合作事宜。1962 年 7 月 1 日《赫尔辛基条约》生效以后，北欧五国就刑事互助达成协定，制定了统一的刑事法律如《北欧引渡法》，并共同加入《欧洲引渡公约》及其《欧洲刑事互助条约》。北欧五国在司法、警务和海关合作方面已经基本实现了区域一体化。警务合作是北欧刑事司法合作中的重要一环。1982 年北欧国家司法部长会议决定加强警察和海关在打击毒品犯罪方面的合作。1984 年，这种合作关系正式形成，成立了北欧警察与海关合作组织，下设工作组。北欧五国居民在这些国家旅行时不用携带护照，进出自由，实行出入境免检制度。北欧国家的公民权基本上是统一的。北欧五国实行统一的刑事政策，北欧五国公民的某一行为在五国内任何一个国家被确定为犯罪的，其他四国也会将其视为犯罪。犯罪情报资源在北欧五国内实施共享。北欧五国任何一个国家的警察在执行任务时，都可以携带武器进入北欧其他四国的领土进行执法活动。在引渡和遣返罪犯方面，北欧五国之间基本实行简易引渡程序。由于北欧五国犯罪率较低，北欧五国的警察合作重点主要放在维护地区安全上。1996 年由于认识到北欧跨境犯罪日益蔓延，北欧国家司法部长会议决定：北欧警察与海关合作组织的合作应当扩展到打击所有跨境犯罪。除北欧警察与海关合作组织以外，北欧五国的警务合作组织还包括北欧警察联盟（Nordic Police Federation）和北欧警察学院等机构。

3. 申根协定体系下的警务合作

1985 年 6 月 14 日，比利时、荷兰、卢森堡、法国、德国在卢森堡申根市缔结了《比荷卢经济联盟国家与德国和法国关于逐步废除共同边境检查的规定》，即《申根协定》（Schengen Agreement）。1985 年 6 月 14 日，申根缔约国又签署了《执行申根协定的协定》（以下简称《执行协定》）。之后又有意大利、希腊、奥地利、丹麦、芬兰、瑞典、挪威、冰岛等相继批准加入该协定。1997 年 10 月 2 日签署了《阿姆斯特丹条约》，申根合作纳入了欧盟框架。1999 年 5 月 1 日起，申根合作正式在欧盟框架下运作。为了达到逐步废除共同边境检查制度的目的，缔约国就必须在与其相关的问题上建立起新的警务和司法合作体系。从协调和领导层面上看，按照《执行协定》的规定成立了《申根协定》的执行委员会。在操作层面上，缔约国建立了具有可操作性的警务合作制度和警务合作组织。一方面，《执行协定》高度重视成员国之间的警务合作，作出了各种原则性或具体性的规定。如要求缔约国全面检查本国的移民制度和刑事政策，就边境检查有关的警务合作进行具体安排；逐步废除共同边界检查，实现居民自由出入境；建立警察通信联络制度；统一麻醉品、武器、爆炸物等方面的法律法规；统一有关进入不同领土的签证政策等。《执行协定》第 39 条至第 47 条规定了开展警务合作的原则以及详细的规范。例如根据第 39 条的规定，缔约国必须确保他们的警察当局将根据本国立法和自身职责互相协助，以预防和调查犯罪。又如第 40 条、第 41 条等对跨境的监控本国嫌疑犯、紧急情况下越境追捕等警察行为进行了较为详细的规定。《执行协定》还在第 48 条至第 53 条规定了缔约国在刑事事务上的多边协助义务。此外，《执行规定》也专门对麻醉药物、军火管制方面的合作进行了规定。另一方面，为了有效地搜集、传递和分析情报，缔约国根据《执行协定》组建了申根信息系统（The Schengen Information System，简称 SIS）。SIS 是申根协定合作的基础和核心。2006 年 12 月 20 日，欧洲议会和欧盟委员会发布了《关于建立、运行和适用第二代申根信息系统（SIS II）的规则》。《执行协定》还详细规定了 SIS 数据的安全保护问题。申根信息系统中最主要的工作是直接交换情报，对申根伙伴国预防和控制犯罪提供极大的便利。警务合作被列为申根协议体系内重要的合作形式之一，充分反映了缔约国统一警务合作制度和司法合作制度的意愿。《申根协定》及《执行协定》签署和实行后，通过 SIS 和 SIS II 的运作，加强了各国警察、海关和移民当局的合作，使得共同外部边境得以巩固。同时，尽管取消了内部边境检查，但内部边境安全在某些方面反而得到了强化：警察和移民部门可以在边境 20 千米范围内执行任意检查（random check），旅馆和野外露营的旅客必须登记国籍并提供身份证明。各国当局仍然保留了制定本国监控制度例如身份证和职业检查的自由。《申根协定》体系中的各国是以放弃某些主权作为代价的，目的在于增强与犯罪斗争的综合能力，限制非法入境、消除边境控制。

二、欧盟区域警务合作的启示

欧盟区域警务合作机制是目前世界开展区域警务合作最为成功和成熟的合作机制，在此我们不妨将其与上合组织区域警务合作模式做比较，以便总结经验，获得启示。

（1）欧盟的警务合作范围符合区域性国际组织欧洲联盟的需要。众所周知，欧盟是为了创建内部共同市场，实行共同的外交和安全政策，加强司法即内政事务上的合作。有共同的经济利益追求，也就需要有共同的经济秩序以及维护共同经济秩序的刑事事务法律合作，包括警务合作。从经济利益出发，可以将其他的所有的利益联结在一起。例如，为了创建共同的内部市场，需要建立统一的调整内部市场的法律法规，包括对违反内部市场经济秩序行为的惩罚措施、执行机构和司法救济，也因此需要确保内部市场的社会秩序和公共安全，即欧盟是从经济合作，到政治合作，最后用安全合作来保证经济合作和政治合作。因此，欧盟的警务合作内容就是围绕着保障经济合作、政治合作而展开的安全合作方面的警务合作。

而上合组织却走了一条完全不同于欧盟合作模式的警务合作模式。上合组织是因为地缘政治关系，为了确保区域传统安全，反对外部势力所怂恿或鼓动的恐怖袭击、民族分裂和极端主义犯罪，而组建的一个区域性组织。因此，上合组织的警务合作也是在这个基础上展开和进行的。

（2）欧盟警务合作的范围大于上合组织警务合作范围。区域警务合作的范围依然由区域性组织的宗旨所决定。如前所述，欧盟从开始的促进经济一体化，转为政治一体化，最终发展为司法和内政事务的一体化。欧盟的警务合作也围绕欧盟的这个宗旨所展开，具体来说，欧盟层面的警务合作包括打击和预防财经犯罪（金融和经济领域的犯罪）、公共安全犯罪（恐怖主义犯罪、严重有组织犯罪）、侵犯社会秩序方法的犯罪（网络犯罪）。而上合组织主要围绕着区域安全进行警务合作，即在打击恐怖主义、分裂主义和极端主义三个方面进行警务合作。如果安全问题解决了，那么，设立上合的主要目标也就基本实现了。因此，除非上合组织往促进地区和平和维护地区安全的目标再进一步，促进区域经济安全，否则上合组织的警务合作只能围绕区域安全和与区域安全有关的犯罪，例如，为了防范恐怖主义犯罪分子利用贩卖毒品而筹集资金，上合组织也会将打击毒品犯罪纳入警务合作范围。如果上合组织能在促进区域传统安全的同时，促进区域经济发展，进一步促进区域传统安全和社会稳定，那么，上合组织也能在促进区域经济发展和为经济发展提供良好的社会秩序方面进行合作，上合组织警务合作的范围也会因此而扩大。

（3）欧盟的司法和内务政策一体化决定了欧盟在警务合作方面多具有从上到下的权威性。即欧洲议会和欧盟委员会制定警务合作方面的政策或指令，欧盟执法合作署负责协调和组织各职能机构以及各成员国开展工作。而上合组织警务合作机制具有极强的针对性和专门性。中亚是世界文明的结合点，各种宗教势力、各个民族、不同文化传统在这里交织，不同文明的碰撞、不同势力的角逐使这个地区有"第二个巴尔干"之称。① 中亚成为世界上少有的集国际恐怖主义、极端宗教势力和民族分裂主义为一体的恶势力发源地，这严重危及了该地区国家的安全。因此，上合组织成员国选取彼此最为关心的恐怖主义犯罪优先作为打击的重点，使上合组织成立的宗旨和目的非常明确，反恐安全合作成第一要务。可见，上合组织警务合作机制的构建具有针对某项犯罪而构建的特点。

上合组织警务合作机制构建呈现以"点"带"面"的渐进性。上合组织反恐机制的成功运作推进了该地区打击其他跨国犯罪领域的合作。随着中亚地区毒品犯罪局势的愈加严峻，上合组织又将打击跨国犯罪的矛头指向毒品犯罪和贩卖武器等跨国犯罪。

第四节　上合组织与东盟区域警务合作模式的比较

东盟，即东南亚国家联盟（Association of Southeast Asian Nations，ASEAN），1967 年 8 月 8 日成立于泰国曼谷。经过半个世纪的历程，东盟把一个战乱、贫穷的东南亚带向和平、稳定与发展，其所创建的"东盟方式"有别于欧美的思维方式和制度设计，体现了亚洲的思想、文化精神和制度构建方式。

---

① 王君祥：《中国-东盟区域刑事合作机制研究》，中国人民公安大学出版社 2012 年版。

一、东盟警务合作的具体内容

东盟有着较为稳定的组织结构和行政设施，通过东盟首脑会议、东盟部长会议、东盟国家警察局长会议就反恐方面警务合作进行协商。具体规定东盟警务合作的区域性国际条约的有《东盟反恐公约》和《东盟刑事事务司法协助条约》。

《东盟反恐公约》将恐怖主义犯罪定义为 1970 年 12 月 16 日在海牙签署的《关于制止非法劫持航空器公约》、1971 年 9 月 23 日与蒙特利尔签订的《关于制止危害民用航空安全的非法行为的公约》、1973 年 12 月 14 日在纽约开放签字的《关于防止和惩处侵害应受国际保护人员包括外交代表的罪行的公约》、1979 年 12 月 17 日的《反对劫持人质国际公约》、1979 年 10 月 26 日的《核材料实物保护公约》、1988 年 2 月 24 日的《关于制止危害民用航空安全的非法行为的公约》附加议定书、1988 年 3 月 10 日在罗马签订的《制止危及海上航行安全非法行为公约》、1988 年 3 月 10 日的《制止危及大陆架固定平台安全非法行为议定书》、1997 年 12 月 15 日的《制止恐怖主义爆炸事件的国际公约》、1997 年 2 月 15 日《制止向恐怖主义提供资助的国际公约》、2005 年 4 月 13 日《制止核恐怖主义行为国际公约》、2005 年 7 月 8 日的《核材料实物保护公约》的修正案、2005 年 10 月 14 日《制止危及海上航行安全非法行为公约》2005 年议定书和 2005 年 10 月 14 日《制止危及大陆架固定平台安全非法行为议定书》的 2005 年议定书所规定的恐怖犯罪行为。

《东盟反恐公约》将主权平等、领土完整和不予干涉作为开展东盟警务合作的原则。按照《东盟反恐公约》第 5 条的规定，凡是恐怖犯罪发生在一个成员国境内，犯罪人和被害人都属于该国国民，而且犯罪人也是在该国领土上发现，该犯罪与其他成员国无涉时，其他成员国不得援引该公约进行司法管辖。

按照《东盟反恐公约》的规定，在符合各自国家的国内法的情况下，缔约方应采取适当措施：采取必要的措施防止实施恐怖行为，包括通过信息交流向其他各方提供预警；防止缔约方和/或其他缔约方的公民资助、计划、协助或使用各自的领土对另一方的领土实施恐怖行为；防止和制止资助恐怖主义行为；通过有效的边境控制和管控身份证和旅行证件签发，通过防伪措施，防止伪造或欺诈性使用身份证和旅行证件，防止恐怖分子或恐怖集团的移动；促进能力建设，包括培训和技术合作和举行区域会议；努力在打击恐怖主义方面促进公众意识和参与；以及加强信仰间和信仰内的对话和文明之间的对话；加强跨境合作；加强情报交流和信息共享；加强现有合作，在东盟相关机构职权范围内促进发展区域数据库；增强应对化学、生物、放射性、核（CBRN）、恐怖主义、网络恐怖主义和任何新形式的恐怖主义危机的能力和准备；研究和开发反恐措施；鼓励在适当情况下使用视频会议或用于法庭诉讼的电话会议设施；确认参与资助、计划、准备或实施恐怖行为或支持恐怖行为都会被提交法庭审判。

即使是在《东盟反恐公约》中，也依然规定了刑事事务在司法领域的互助，认为如果是 2004 年 11 月 29 日所签署的《刑事事务司法协助条约》的成员国，有义务就本公约第 12 条第 1 款所列的针对公约所规定的恐怖犯罪提供最广泛的侦查和刑事诉讼方面的协助措施。

《东盟刑事事务法律协助条约》则规定了东盟成员国之间的刑事事务司法合作的范围、具体指导原则、拒绝提供法律协助事项、刑事事务法律合作的中央主管机关、请求的形式、请求的内容、请求的执行、证据使用的限制、搜查和没收、证据的返还、没收违法所得的协助、费用、争端解决等方面内容。

二、东盟警务合作的启示

东盟警务合作最大的特点就是协商。无论是在《东盟反恐公约》还是在《东盟刑事事务法律协助条约》中，都体现了东盟警务合作协商的特点。例如，东盟在开展反恐合作时保持尊重国家主权、领土完整和不干涉三大原则。换言之，东盟并没有建立类似欧洲议会和欧盟委员会、欧盟执法合作署的机构，来对区域警务合作规划范围和发出指令。而在刑事事务法律协助领域，也同样恪守了协商精神。作为东盟的最高决策机构的东盟首脑会议，所讨论或协商的问题都是务虚的、原则性的，几乎不会讨论具体事项。不是东盟首脑会议，也不是东盟部长会议，而是在东盟国家警察局长会议上开展真正的讨论。东盟国家警察长会议多着眼于警务合作的技术、措施等细节方面的合作，注重首脑会议和部长会议所确立的政策的实施。例如，2010 年第 30 届东盟国家警察局长会议上，各国警方代表就合作打击贩毒、恐怖主义、武器走私、贩卖人口、海事诈骗、信用卡犯罪、网络犯罪、伪造旅行证件、跨国诈骗等跨国犯罪以及东盟警察组织电子数据库建设、加快刑事司法互助进程等议题进行了磋商。①

　　由于采用协商方式和一致同意的决策模式进行警务合作，且缺乏一个强有力的区域性协调机构，再加上历史和经济等原因，导致东盟的合作多停留在书面和口号上。

---

① 何文：《第 30 届东盟国家警察局长会议召开》，载《人民公安报》2010 年 5 月 26 日。

中篇　上合组织区域犯罪研究

如前所述，建立区域警务合作机制的前提如下：一是区域警务合作各方能建立共同的入罪标准，即对国际犯罪、跨国犯罪的认定达成一致，并制定具有兼容性的打击跨国犯罪行为的法律体系。二是区域警务合作各方具有共同的意愿和具体的合作事由。三是警务合作各方需要克服文化、历史、政治、司法制度上的差异，建立互信机制。①

中亚国家是"三股势力"肆虐的重点区域之一。因为中国边境管理比西北境外周边国家的边境管理严格规范得多，或者说限于中国严密的边境管理制度和社会管控水平，"三股势力"境内活动空间被挤压而被迫到境外发展组织，决定了中国反恐进程必定是以外向式为主的，必须通过区域合作来完成。②

无论是颜色革命、暴乱骚动、恐怖主义还是毒品犯罪、能源之争、军事基地的建立，凡涉及地区安全、秩序的事件，都可在此找到实证。"这里是上合组织的成员国及观察员，同时作为世界上最贫穷的居住地区之一，吸引了世界上最富有、最强大、发展最快的国家（美国、俄罗斯、中国）的注意。是什么赋予这一地缘如此的吸引力？正如中亚人自己调侃：天将之塑成贫瘠之地，却遗忘在了欧亚大陆通道上，神让这片土地上忽变贫穷与饥饿，又抛给了它大麻、石油和恐怖主义。21世纪全世界都在为之挣扎、震动、苦恼的三物被它占尽，且在此持续数年而不散。"③

---

① ［加］弗里德里克·勒米厄编著：《国际警务合作的理论与实践》，曾范敬译，中国人民公安大学出版社2016年版。

② 张杰：《反恐国际警务合作——以上海合作组织地区合作为视角》，中国政法大学出版社2013年版。

③ 张杰：《反恐国际警务合作——以上海合作组织地区合作为视角》，中国政法大学出版社2013年版。

第七章　三股势力犯罪

苏联解体之后，中亚地区哈萨克斯坦、吉尔吉斯斯坦、乌兹别克斯坦、塔吉克斯坦和土库曼斯坦相继独立。然而，苏联解体、中亚五国独立后，中亚地区所形成的"权力真空"、其本身所富有的石油资源①和所处的重要战略地位，使大国和其他因素纷纷插手中亚，展开了为实现各自的政治、经济、安全战略等利益的争夺。该地区长期蛰伏的民族问题、宗教问题日趋紧张，因民族、宗教问题导致的危害边境安全和公共安全的事件也愈演愈烈。② 这种情况也发生在中国新疆地区和俄罗斯联邦的车臣地区。同时，在境外势力的推动下，一些分裂主义分子试图将新疆从我国分离出去；在俄罗斯联邦，试图将车臣共和国从俄罗斯联邦分离出去的努力就从来没有停止过。各种外部的，来自土耳其、伊朗的宗教激进主义思想的渗透，以及来自沙特阿拉伯、阿富汗和巴基斯坦的恐怖主义的影响，③加之自身的政治、经济状况，使得民族分裂主义、宗教极端主义和暴力恐怖主义形成的"三股势力"在中亚五国和我国新疆地区活动猖獗，恐怖主义、分裂主义和极端主义逐渐合流，并在中亚地区和中国新疆地区、俄罗斯联邦的高加索地区实施犯罪，公然挑战各国政府，危及公共安全乃至国家安全。上合组织就是在这种背景下成立的。上合组织成立的宗旨就是以上合组织为纽带平台，协调各成员国之间进行打击恐怖主义、分裂主义和极端主义的合作。

---

① 《石油供需矛盾加大 中亚五国：中国未来"加油站"（2）》，载中新网，http://www.chinanews.com.cn，访问日期：2022年5月1日。

② 参见马凤强：《中亚恐怖主义犯罪与中国反恐防范机制构建》，载《新疆社会科学》2014年第6期。

③ 马凤强：《中亚恐怖主义犯罪与中国反恐防范机制构建》，载《新疆社会科学》2014年第6期。

第一节　恐怖主义犯罪

一直以来，上合组织各成员国都面临恐怖主义犯罪的困扰。自 20 世纪 90 年代开始，以"东突"为代表的恐怖分子不断袭扰我国新疆及中亚地区的中国利益目标，造成人员伤亡和经济损失。包括恐怖组织在吉尔吉斯枪杀我驻吉大使馆一等秘书案件、2009 年"世界维吾尔人代表大会"煽动乌鲁木齐"7·5"暴力恐怖事件等。我国并没有内生的恐怖主义组织，而是恐怖分子在接受境外恐怖主义组织培训后返回中国新疆实施恐怖主义犯罪。"东突"恐怖势力与"基地"国际恐怖组织等有着直接且密切的联系，是国际恐怖势力的组成部分。[1] 2013 年天安门"10·28"案件标志着"东突"恐怖活动犯罪开始向新疆以外区域蔓延。2014 年云南昆明火车站"3·01"案件和后续发生在广州、沈阳、南阳等地的案件表明，以"伊斯兰国"为代表的国际恐怖势力发起的"圣战"号召，对我境内人员及局部社会安全形势的影响不容低估。[2]

事实上，全球各个国家和地区都面临着恐怖袭击的威胁。以欧洲为例，近年来该地区发生的一系列恐怖袭击事件，如瑞典首都斯德哥尔摩的卡车冲撞人群、德国柏林的卡车冲撞圣诞集市以及英国伦敦的汽车冲撞人等恐怖袭击事件，呈现蔓延态势。尽管恐怖主义对上合组织区域乃至全球造成的危害已毋庸置疑，对恐怖主义犯罪进行准确认定、精确打击却是个世界难题。为保障反恐的全面性和有效性，上合组织在承认相关国际公约中认定的恐怖主义犯罪的同时，更是在相关国际条约中直接界定恐怖主义。

一、上合组织对恐怖主义犯罪特征的认定

上合组织对恐怖主义的认定采用的方式包括两方面：一方面，承认有关国际公约中所认定的恐怖主义犯罪；另一方面，在上合组织的相关条约中直接界定恐怖主义。

---

[1]　谢卫东、王亚丽：《"东突"的恐怖主义实质》，载《国际论坛》2002 年第 5 期第 14 卷。

[2]　曹雪飞：《反恐警务国际合作的原则与步骤——从新安全观角度推进"一带一路"建设》，载《公安学刊（浙江警察学院学报）》2015 年第 6 期。

（一）上合组织承认的其他国际公约所认定的恐怖主义

本书对上合组织承认的其他国际公约所认定的恐怖主义进行了细致梳理，具体包括以下 10 个方面。

1. 1970 年 12 月 16 日在海牙签署的《关于制止非法劫持航空器的公约》

该公约规定，在飞行中的航空器内的任何人用暴力或用暴力威胁，或用任何其他恐吓方式，非法劫持或控制航空器的行为，包括上述行为的未遂行为或共犯行为，都是劫持航空器行为，该行为被认定为恐怖主义犯罪行为。

2. 1971 年 9 月 23 日在蒙特利尔签署的《关于制止危害民用航空安全的非法行为的公约》

其所规定的恐怖主义行为包括：任何人如果非法地和故意地从事下述行为，即是犯有罪行：

（1）对飞行中的航空器内的人从事暴力行为，如该行为将会危及该航空器的安全；或

（2）破坏使用中的航空器或对该航空器造成损坏，使其不能飞行或将会危及其飞行安全；或

（3）用任何方法在使用中的航空器内放置或使别人放置一种将会破坏该航空器或对其造成损坏使其不能飞行或对其造成损坏而将会危及其飞行安全的装置或物质；或

（4）破坏或损坏航行设备或妨碍其工作，如任何此种行为将会危及飞行中航空器的安全；或

（5）传送明知是虚假的情报，从而危及飞行中的航空器的安全。

上述行为，包括上述行为的未遂行为或共犯行为也是危害民用航空安全的犯罪行为，属于恐怖主义犯罪行为。

3. 1973 年 12 月 14 日联合国大会通过的《关于防止和惩处侵害应受国际保护人员包括外交代表的罪行的公约》

该公约首先界定了"应受国际保护人员"的范围。按照该公约的规定，"应受国际保护人员"是指一国元首，包括依关系国宪法行使国家元首职责的一个集体机构的任何成员，或政府首长，或外交部长，当他在外国境内时，以及他的随

行家属；同时也包括在侵害其本人或其办公用馆舍、私人寓所或其交通工具的罪行发生的时间或地点，按照国际法应受特别保护，以免其人身、自由或尊严受到任何攻击的一国的任何代表或官员或政府间性质的国际组织的任何官员或其他代理人，以及与其构成同一户口的家属。因此，不得故意地对国际受保护人员进行下列行为：

（1）对应受国际保护人员进行谋杀、绑架，或其他侵害其人身或自由的行为；

（2）对应受国际保护人员的公用馆舍、私人寓所或交通工具进行暴力攻击，因而可能危及其人身或自由；

（3）威胁进行任何这类攻击；

（4）进行任何这类攻击未遂；

（5）参与任何这类攻击为从犯。

上述行为成立侵害应受国际保护人员罪；而侵害应受国际保护人员罪属于恐怖主义犯罪。

4. 1979 年 12 月 17 日联合国大会通过的《反对劫持人质国际公约》

根据该公约的规定，任何人劫持或扣押并以杀死、伤害或继续扣押另一个人（以下称"人质"）为威胁，以强迫第三方，即某个国家、某个国际政府间组织、某个自然人或法人或某一群人，作或不作某种行为，作为释放人质的明示或暗示条件，即为犯本公约意义范围内的劫持人质罪行。上述行为的未遂行为或共犯行为都成立劫持人质罪，属于恐怖主义犯罪。

5. 1980 年 3 月 3 日在维也纳通过、经 2005 年 7 月 8 日修正的《核材料和核设施实物保护公约》

按照《核材料和核设施实物保护公约》第 7 条的规定，故意地实施下列行为也属恐怖主义犯罪：

（1）未经合法授权，收受、拥有、使用、转移、变更、处理或散布核材料，引起或可能引起任何人死亡或重伤或重大财产损害；

（2）偷窃或抢劫核材料；

（3）盗取或以欺骗手段取得核材料；

（4）以武力威胁或使用武力或任何其他恐吓手段勒索核材料；

（5）威胁使用核材料引起任何人死亡或重伤或重大财产损害，或偷窃或抢劫核材料迫使一个自然人或法人、国际组织或国家作或不作某种行为；

上述（1）（2）和（3）的未遂行为和上述（1）至（5）的共犯行为都成立犯罪，属于恐怖主义犯罪。

6. 1988 年 2 月 24 日在蒙特利尔签署的作为对《关于制止危害民用航空安全的非法行为的公约》补充的《制止在为国际民用航空服务的机场上的非法暴力行为的议定书》

该议定书规定，任何人使用任何装置、物质或武器非法并故意地在为国际民用航空服务的机场上，对任何人实施导致或可能导致其严重伤害或死亡的暴力行为；或破坏或严重损坏为国际民用航空服务的机场的设施或降停在机场的飞机，或妨碍机场的营运，危害或可能危害机场安全的行为，属于恐怖主义犯罪。

7. 1988 年 3 月 10 日在罗马签署的《制止危及海上航行安全非法行为公约》

该公约第 3 条规定：

（1）任何人如非法并故意从事下列活动，则构成犯罪：

a. 以武力或武力威胁或任何其他恐吓形式夺取或控制船舶；或

b. 对船上人员施用暴力，而该行为有可能危及船舶航行安全；或

c. 毁坏船舶或对船舶或其货物造成有可能危及船舶航行安全的损坏；或

d. 以任何手段把某种装置或物质放置或使之放置于船上，而该装置或物质有可能毁坏船舶或对船舶或其货物造成损坏而危及或有可能危及船舶航行安全；或

e. 毁坏或严重损坏海上导航设施或严重干扰其运行，而此种行为有可能危及船舶的航行安全；或

f. 传递其明知是虚假的情报，从而危及船舶的航行安全；或

g. 因从事 a 至 f 项所述的任何罪行或从事该类罪行未遂而伤害或杀害任何人。

（2）任何人如从事下列活动，亦构成犯罪：

a. 从事第 1 款所述的任何罪行未遂；或

b. 唆使任何人从事第 1 款所述的任何罪行或是从事该罪行者的同谋；或

c. 无论国内法对威胁是否规定了条件，以从事第 1 款 b 项 c 项和 e 项所述的

任何罪行相威胁，旨在迫使某自然人或法人从事或不从事任何行为，而该威胁有可能危及船舶的航行安全。

8. 1988 年 3 月 10 日在罗马签署的《制止危及大陆架固定平台安全非法行为议定书》。该议定书第 2 条规定：

（1）任何人如非法并故意从事下列活动，则构成犯罪：

a. 以武力或武力威胁或任何其他恐吓形式夺取或控制固定平台；或

b. 对固定平台上的人员施用暴力，而该行为有可能危及固定平台的安全；或

c. 毁坏固定平台或对固定平台造成可能危及其安全的损坏；或

d. 以任何手段将可能毁坏固定平台或危及其安全的装置或物质放置或使之放置于固定平台上；或

e. 因从事 a 项至 d 项所述的任何罪行或从事该类罪行未遂而伤害或杀害任何人。

（2）任何人如从事下列活动，亦构成犯罪：

a. 从事第 1 款所述的任何罪行未遂；或

b. 唆使任何人从事任何该类罪行或是从事该类罪行者的同谋；或

c. 无论国内法对威胁是否规定了条件，以从事第 1 款 b 项和 c 项所述的任何罪行相威胁，旨在迫使某自然人或法人从事或不从事某种行为，而该威胁有可能危及该固定平台的安全。

9. 1997 年 12 月 15 日联合国大会通过的《制止恐怖主义爆炸事件的国际公约》

该公约第 2 条规定：

（1）本公约所称的犯罪，是指任何人非法和故意在公用场所、国家或政府设施、公共交通系统或基础设施，或是向或针对公用场所、国家或政府设施、公共交通系统或基础设施投掷、放置、发射或引爆爆炸性或其他致死装置：

a. 故意致人死亡或重伤；或

b. 故意对这类场所、设施或系统造成巨大毁损，从而带来或可能带来重大经济损失。

（2）任何人如意图实施本条第 1 款所述罪行，也构成犯罪。

（3）任何人如有以下行为，也构成犯罪：

a. 以共犯身份参加本条第 1 款或第 2 款所述罪行；或

b. 组织或指使他人实施本条第 1 款或第 2 款所述罪行；或

c. 以任何其他方式，出力协助为共同目的行事的一群人实施本条第 1 款或第 2 款所列的一种或多种罪行；这种出力应是蓄意而为，或是目的在于促进该群人的一般犯罪活动或意图，或是在出力时知道该群人实施所涉的一种或多种罪行的意图。

10. 1999 年 12 月 9 日联合国大会通过的《制止向恐怖主义提供资助的国际公约》

该公约第 2 条规定：

（1）本公约所称的犯罪，是指任何人以任何手段，直接或间接地非法和故意地提供或募集资金，其意图是将全部或部分资金用于，或者明知全部或部分资金将用于实施：

a. 属附件所列条约之一的范围并经其定义为犯罪的一项行为；或

b. 意图致使平民或在武装冲突情势中未积极参与敌对行动的任何其他人死亡或重伤的任何其他行为，如这些行为因其性质或相关情况旨在恐吓人口，或迫使一国政府或一个国际组织采取或不采取任何行动。

（2）a. 非附件所列条约缔约国的国家在交存其批准书、接受书或加入书时得声明，对该缔约国适用本公约时，应视该条约为不属第 1 款 a 项所述附件所开列的条约之一。一旦该条约对该缔约国生效，此一声明即告无效，而该缔约国应就此通知保存人；

b. 如一国不再是附件所列某一条约之缔约国，得按本条的规定，就该条约发表一项声明。

（3）就一项行为构成第 1 款所述罪行而言，有关资金不需实际用于实施第 1 款 a 或 b 项所述的罪行。

（4）任何人如试图实施本条第 1 款所述罪行，也构成犯罪。

（5）任何人如有以下行为，也构成犯罪：

a. 以共犯身份参加本条第 1 或第 4 款所述罪行；

b. 组织或指使他人实施本条第 1 或第 4 款所述罪行；

c. 协助以共同目的行事的一伙人实施本条第 1 款或第 4 款所列的一种或多种罪行；这种协助应当是故意的，或是：为了促进该团伙犯罪活动或犯罪目的，而此种活动或目的涉及实施本条第 1 款所述的罪行；或明知该团伙意图实施本条第 1 款所述的一项罪行。

(二) 上合组织直接界定的恐怖主义

《上海公约》第 1 条所界定的恐怖主义，是指致使平民或武装冲突情况下未积极参与军事行动的任何其他人员死亡或对其造成重大人身伤害、对物质目标造成重大损失的任何其他行为，以及组织、策划、共谋、教唆上述活动的行为，而此类行为因其性质或背景可认定为恐吓居民、破坏公共安全或强制政权机关或国际组织以实施或不实施某种行为，并且是依各方国内法应追究刑事责任的任何行为。

《上海合作组织反恐怖主义公约》① （以下简称《反恐公约》） 中将恐怖主义界定为通过实施或威胁实施暴力和（或）其他犯罪活动，危害国家、社会与个人利益，影响政权机关或国际组织决策，使人们产生恐惧的暴力意识形态和实践。相应地，该公约将恐怖主义行为界定为，影响政权机关或国际组织决策，实现政治、宗教、意识形态及其他目的而实施的恐吓居民、危害人员生命和健康，造成巨大财产损失或生态灾难及其他严重后果等行为，以及为上述目的而威胁实施上述活动的行为。

对比《上海公约》和《反恐公约》，可以看出上合组织有关恐怖主义和恐怖主义行为定义的变化，这其中渗透着上合组织所一贯秉持的全面反恐的理念。

(1)《上海公约》中所界定的恐怖主义的被害人的范围，仅限于平民或武装冲突情况下未积极参与军事行为的任何其他人员；而《反恐公约》中将恐怖主义的被害人扩大至任何人，包括平民和政府工作人员，也包括武装人员和非武装人员。

(2)《上海公约》中界定的恐怖主义是从行为属性方面入手，需要在行为的性质或背景上认定为恐吓居民、破坏公共安全或强制政权机关或国际组织以实施

---

① 《上海合作组织反恐怖主义公约（中文本）》，载人大公报，http：//www.npc.gov.cn/wxzl/gongbao/ 2015-02/27/ content_1932688. htm。

或不实施某种行为。而《反恐公约》直接从行为的目的来界定恐怖主义犯罪。《反恐公约》将恐怖主义犯罪的目的界定为影响政权机关或国际组织决策，实现政治、宗教、意识形态及其他目的。

（3）《上海公约》将恐怖主义犯罪的结果，局限于人员死亡或对其造成重大人身伤害、对物质目标造成重大损失。而《反恐公约》将恐怖主义犯罪的结果扩大为恐吓居民、危害人员生命和健康，造成巨大财产损失或生态灾难及其他严重后果。《反恐公约》第一次将生态灾难作为恐怖主义犯罪的危害结果。

（4）《上海公约》对恐怖主义犯罪的认定采用了成员国法律优先原则，即上合组织认定的恐怖主义犯罪必须是成员国国内法律已经界定为犯罪的行为。如果成员国法律没有将《上海公约》中界定的恐怖主义行为规定为犯罪，那么对该成员国而言，该行为不属于恐怖主义犯罪。这种规定必然会影响上合打击恐怖主义的效果；还会削弱《上海公约》的法律地位。从"条约必遵守原则"的角度，成员国必须按照《上海公约》修改本国法律，将《上海公约》中规定为恐怖主义犯罪、而本国法律尚未规定为犯罪的行为进行本国立法。《反恐公约》第一次将生态灾难作为恐怖主义犯罪的危害结果，表明了上合组织已经认识到了恐怖主义犯罪行为对生态环境的危害。但《反恐公约》并没有将成员国法律优先原则作为认定恐怖主义行为的成立条件，换言之，即使成员国尚未将相关行为认定为恐怖主义犯罪，只要上合组织在《反恐公约》中已经确认该行为属于恐怖主义行为，那么成员国按照"条约必遵守原则"，就应该启动国内立法程序，将该行为规定为犯罪行为。

二、上合组织打击恐怖主义犯罪面临的问题

（一）恐怖组织扁平化与反恐体系立体化之间的博弈①

目前，恐怖组织与团伙的活动正从紧密关系向松散关系的运行状态发展。从紧至松的发展方向，一方面是由于恐怖组织不再局限于狭小的地域范围实施活动，而是遍布全球，打击目标更广、目标更不易定位；另一方面是为了能保证恐怖组织存

---

① 张杰：《反恐国际警务合作——以上海合作组织地区合作为视角》，中国政法大学出版社 2013 年版。

在的坚固性和长期性。由于结构松散，任何部分被侦破，都不影响其余部分的活动能力。松散的结构如同一张撒开的网，这种网并不是只铺在各个国家，而是隐藏在各个地区甚至全球。在上合组织成员国所在地区，"东突"曾在中亚成员国中铺设了这样一张网，地下活动长达两年之久而没有被发现任何蛛丝马迹。①

恐怖组织和反恐者恰好是选择了各自便利的结构和战术，前者防御中进攻，后者进攻中防御，前者在暗处，后者在明处。反恐忽视了"依据对方的决定来决策"的法则，以资源导向式而非目标导向式反恐，使用一个立体的、全方位的系统，去应对一个松散的、可以随时随地自行活动的恐怖团伙或小组，导致的结果是反恐战似乎越打越大。恐怖组织的扁平化设计让所有的"士兵"连同自己站在同一个平面上，恐怖分子彼此看不见，反恐者对其更难以迅速识别。

如果改变立体的、全方位的系统反恐作战方式，而改用重点盯防重点人物、钱财和敏感的物质的方式，似乎能事半功倍。即从源头上切断恐怖主义信息传播，阻止有恐怖主义倾向的人或亲近恐怖主义思想的人出国接受恐怖培训，阻止恐怖主义组织获得资助；尽可能阻止恐怖主义组织或恐怖分子获得枪支、弹药、爆炸物和管制刀具。

(二) 网络恐怖主义盛行

网络恐怖主义是传统恐怖主义和网络科技相结合的产物。② 联合国反恐执行工作组将利用网络通过远程改变计算机系统上的信息或干扰计算机系统之间的数据通信以实施恐怖袭击、为实现恐怖活动的目的将网络空间作为其信息来源加以利用、将使用网络空间作为散布与恐怖活动目的相关信息的便捷手段和支持、以发动恐怖主义活动为目的而使用网络进行彼此间的联络的四种行为界定为网络恐怖主义。③

实际上，网络恐怖主义包括针对网络实施的恐怖主义和利用网络实施传统的恐怖主义活动。前者包括采用技术手段非法入侵一国政府或机构的网站散布恐怖

---

① 张杰：《反恐国际警务合作——以上海合作组织地区合作为视角》，中国政法大学出版社 2013 年版。

② 杨凯：《打击网络恐怖主义欧盟立法探析》，载《欧洲法律评论》2019 年第 4 卷。

③ 皮勇：《网络恐怖活动犯罪及其整体法律对策》，载《环球法律评论》2013 年第 1 期。

信息，以造成社会公众的恐慌情绪的行为。后者主要是利用网络为实施传统恐怖活动提供便利条件。例如，宣传恐怖主义思想、招募恐怖主义活动成员、进行恐怖主义培训，甚至可以利用网络来组织、指挥恐怖袭击。①

网络恐怖主义成本低、影响深远，难以遭受打击。特别是犯罪分子处于境外或利用境外服务器作为攻击的工具时，仅仅依靠单个国家是无法完成打击网络恐怖主义犯罪的。因此，加强网络反恐及相关合作，势必成为未来上合组织打击恐怖主义的重要途径。

第二节　分裂主义犯罪

一、上合组织对分裂主义犯罪特征的认定

《上海公约》第 1 条第 1 款第 2 项界定了分裂主义的定义。按照该公约的规定，分裂主义，是指旨在破坏国家领土完整，包括把国家领土的一部分分裂出去或分解国家而使用暴力，以及策划、准备、共谋和教唆从事上述活动的行为，并且是依据各方国内法应追究刑事责任的任何行为。从以上的规定中，我们可以了解上合组织对分裂主义特征的界定。

（1）分裂主义行为方式表现为使用暴力行为。《上海公约》中仅仅将使用暴力行为作为分裂主义的犯罪行为方式。这种行为方式不包括使用暴力相威胁的方式，也不包括其他的诸如造谣等方式。当然，这里的使用暴力仅仅是针对实行行为而言。按照《上海公约》的规定，策划、准备、共谋和教唆使用暴力分裂国家的行为也属于分裂主义行为。

将暴力行为作为分裂主义行为的方式，是区分国内分裂国家犯罪和上合组织规定的分裂主义的一个重要特征。《中华人民共和国刑法》第 103 条规定了分裂国家罪，但对分裂国家的行为方式并没有明确规定。有学者将分裂国家的行为归纳为割据一方、另立政府、对抗中央人民政府领导或者破坏民族团结、制造民族

---

① 关于上合组织地区遭受网络恐怖袭击的具体案例，参见蒋也好、刘雪迪：《上海合作组织与网络恐怖主义区域治理》，载《区域与全球发展》2021 年第 3 期。

分裂、意图脱离我国多民族的同一国家的行为。① 照此解释，我国刑法所规定的分裂国家行为，实际上既包括了使用暴力行为分裂国家，还包括了非暴力方式分裂国家的行为。例如，另立中央的方式也属于分裂国家的方式。但是，如果没有使用暴力方式，仅仅宣布独立，不服从中央政府领导的行为，不能属于上合组织所认定的分裂主义行为。从这个意义上讲，我国《反分裂国家法》中的分裂行为和《上海公约》中的分裂主义不是同一概念。我国《反分裂国家法》中的分裂行为，是指"台独"势力以任何名义、任何方式将台湾从中国分裂出去的行为。而《上海公约》中的分裂主义多指上合组织成员国边境地区的分裂行为。

（2）分裂主义的目的是破坏国家领土完整，包括将国家领土的一部分分割出去或分解国家。换言之，分裂主义的目的是针对国家领土安全，而不应该包括领土之外的政权安全等。如果是以颠覆国家政权为目的的行为，不应该属于上合组织所界定的分裂主义。

当然，《上海公约》所界定的分裂主义仅仅针对领土完整。但如果是通过颠覆政权的方式来破坏领土完整的行为，可以纳入上合组织所认定的分裂主义。其原因在于颠覆政权是手段，最终的目的是为了破坏领土完整。如果单纯地颠覆国家政权，而不寻求破坏国家领土的完整的，不谋求将一部分国土从原来的国家分裂出去的行为，只是内国刑法中的颠覆国家政权犯罪行为，不属于上合组织所规定的分裂主义。

二、上合组织打击分裂主义面临的问题

依据前述有关分裂主义的界定，我们是否会认为上合组织所认定的分裂主义的范围过于狭窄呢？本书认为不会。首先，上合组织将分裂国家行为中最核心的、最恶劣的行为规定为犯罪，是基于上合组织的宗旨决定的。上合组织成立的目的，就是建立边境地区军事互信，因此最核心的分裂主义就是指武装叛乱行为或暴乱行为。而针对武装叛乱分子或暴乱分子，只能通过军事手段进行清剿。用普通的司法行为无法达到应有的效果。也就是在这个意义上，上合组织不能将所有的分裂国家、颠覆政权行为规定为分裂主义行为，而仅仅将需要通过军事行动

① 黎宏：《刑法学》，法律出版社 2012 年版。

清剿的武装叛乱或暴乱行为规定为分裂主义。其次，其他分裂主义的犯罪行为虽未纳入上合组织的规定，但可以通过一国国内司法程序解决，即通过追究刑事责任的方式来遏制和打击，而不需要动用军事力量进行清剿。最后，从联合国相关人权公约的角度看，针对一国政权的犯罪行为，属于因不同的政治观点而产生的行为，按照"政治犯不提供刑事司法协助"的原则，上合组织也不适合将这些行为纳入《上海公约》规定的分裂主义行为。

分裂主义犯罪本身属于政治犯，这一点是毋庸置疑的。因为分裂主义的重要特征，就在于其目的是破坏国家领土的完整。因此，分裂主义政治犯的性质，决定了分裂主义犯罪的国际性。这种国际性表现为：

其一，一国的分裂主义分子是另一个国家或民族独立的英雄。从犯罪的性质上看，除非是已经组建了一支反政府武装，并割据了一定的领土作为犯罪基地，否则，只能以相邻边境的外国作为训练或修养基地，偶尔潜回国内实施暴力分裂国家领土的犯罪行为。因此，打击分裂主义需要各国之间开展通力合作包括警务合作，从而使分裂势力在他国边境没有训练或修养的空间。

其二，分裂主义犯罪分子容易得到其他国家的资助和支持。就犯罪侦查而言，依靠一个国家单独来打击分裂主义犯罪，困难重重。就犯罪行为实施而言，如果分裂主义分子没有其他国家或组织的资助，本身也同样难以为继。因而，切断分裂主义的外来资助，将使分裂主义犯罪丧失财力支持及人力支持，最终成为秋后的蚂蚱。

其三，分裂主义的国际性还包括了分裂主义犯罪分子一般都前往国外接受恐怖主义圣战组织训练，提高技能；参加恐怖主义组织所进行的圣战，积累经验；并最终潜回国内实施分裂主义犯罪。禁止本国有分裂主义倾向的人前往外国接受培训，或者直接将前往国外接受分裂主义培训的行为作为犯罪处理，将有利于枯竭分裂主义的人力资源，避免有新的犯罪加入分裂主义组织；切断其外来资助，有效阻止分裂主义组织获取外界的财力支持。管控武器、爆炸物的生产和制造，避免武器、爆炸物等落入分裂主义犯罪分子手中。这些措施都能有效打击和预防恐怖主义犯罪。

因此，在打击分裂主义犯罪时，需要注意将上合组织所认定的分裂主义和国内法上的分裂主义进行区分，在上合组织所界定的分裂主义犯罪范围内进行警务合作，而对国内立法中的分裂主义犯罪，需要在谨慎评估之后再开展区域警务合作。

第三节 极端主义犯罪

反对极端主义，特别是宗教极端主义，是上合组织重要且长期的合作领域。近些年，"三股势力"在上合组织所在地区内呈扩大趋势，尽管各国均采取措施严厉打击，但中亚地区的恐怖极端势力的成员总体数量不断增多。实践表明，宗教极端主义是"三股势力"的主要思想根源，也是"三股势力"发展传播的主要途径和工具。

一、上合组织对极端主义犯罪特征的认定

《上海公约》认为，极端主义是指旨在使用暴力夺取政权、执掌政权或改变国家宪法体制，通过暴力手段侵犯公共安全，包括为达到上述目的，组织或参加非法武装团伙，并且依各方国内法应追究刑事责任的任何行为。

《上海合作组织反极端主义公约》将极端主义定义为将使用暴力和其他违法活动作为解决政治、社会、种族、民族和宗教冲突的主要手段的意识形态和实际活动；《上海合作组织反极端主义公约》概括的极端主义行为包括：《上海公约》第1条第1款第3项中规定的违法犯罪行为；组织和参加以极端主义为目的的武装暴乱；组织、领导和参加极端主义组织；煽动政治、社会、种族、民族和宗教仇恨或纷争；宣扬因政治、社会、种族、民族和宗教属性而使人具有特殊性、优越性或卑微性；公开煽动实施上述活动；以宣扬极端主义为目的，大量制作、持有和传播极端主义材料。

《中华人民共和国刑法修正案（九）》（以下简称《刑法修正案（九）》）引入了"极端主义"的概念，但对极端主义概念的界定却付之阙如；而我国与巴基斯坦伊斯兰共和国所签署的双边条约规定：极端主义，是指根据双方各自国内法构成犯罪的极端行为，包括旨在使用暴力危害国家安全和公共安全的任何行为，以及为达到上述目的组织或参加非法武装团伙，并且此类行为根据双方各自国内法也构成犯罪。① 根据《中华人民共和国反恐怖主义法（草案）》规定，极端主义是指歪曲宗教教义和宣扬宗教极端，以及其他崇尚暴力、仇视社会、反

---

① 《中华人民共和国政府和巴基斯坦伊斯兰共和国政府关于打击恐怖主义、分裂主义和极端主义的合作协定》第2条第1款第3项。

对人类等极端的思想、言论和行为。① 而这个内国法关于极端主义的定义，却在该法律正式通过时删除了，且没有说明删除的具体原因。本书认为，中国和巴基斯坦伊斯兰共和国所签署的双边条约中对极端主义的规定采用了同义反复的定义方式：极端主义是指构成犯罪的极端行为。而何为极端行为，该条约并没有进一步规定。我国的《反恐怖主义法（草案）》中对极端主义的规定偏重于对宗教极端主义的规定，而忽略了对政治极端主义的涵摄。这可能是被正式颁布的《反恐怖主义法》所删除的原因。通过上面的对比，可以得出结论：上合组织所定义的极端主义概念是一个中规中矩的极端主义概念。我们可以从定义中理解极端主义犯罪的特征：

首先，极端主义犯罪采用暴力方式。一般而言，极端主义可以分为政治极端主义和宗教极端主义。然而，这种所谓的政治极端主义和宗教极端主义仅仅是一个标签，这个标签是用来指代那种片面看待问题，采信极端的思想或主张，通过偏激的方式来推行自己片面、激进的主张的人或宗教团体。不是所有的极端主义者都是犯罪分子，只有那种采用暴力夺取政权、执掌政权或改变国家宪法体制，通过暴力手段侵犯公共安全的极端主义者才能成立极端主义犯罪。仅仅具有政治极端主义或宗教极端主义思想的人，不能称之为极端主义犯罪分子。

其次，极端主义犯罪分子的目的就是在于夺取政权、执掌政权或改变国家宪法体制。换言之，极端主义犯罪分子的目的包括了夺取政权、执掌政权或改变国家宪法体制三种犯罪目的。只要具备这三种目的之一的，采用暴力侵犯公共安全的，便可认定为极端主义。这三种目的区别在于：夺取政权，是指使用暴力从合法政府手中攫取政权。而执掌政权，是指合法行使政权的组织使用暴力推行其极端主义主张，侵犯公共安全。改变国家宪法体制，是指通过暴力方法改变国家宪法所规定的国家权力分配、政权形式和对公民权利的配置。无论如何，极端主义所针对的政权应该包括整个国家政权或地方政权。

最后，在夺取政权、执掌政权或改变宪法体制过程中，极端主义使用暴力侵犯了公共安全。这种使用暴力危害公共安全的行为，包括使用暴力危害公共安全的方法夺取政权；或者在执掌政权过程中使用了侵犯公共安全的暴力行为；或者

---

① 参见《中华人民共和国反恐怖主义法（草案）》第10条第6款的规定。该规定在正式通过的《中华人民共和国反恐怖主义法》中已经删除。

采用暴力危害公共安全的方法谋求改变国家宪法体制。

二、上合组织打击极端主义犯罪面临的问题

(一) 如何区分宗教极端主义和宗教原教旨主义

如前所述，极端主义分为政治极端主义和宗教极端主义。政治极端主义的例子就是希特勒法西斯政权采用暴力推行其法西斯的思想和政策。然而，在现在社会中，因为国家主权豁免原则和政治多元的现状，很难将一个国家或政府采用极端的方法来推行其政策的方式认定为政治极端主义。同时，宗教极端主义的认定也是困难重重：

其一，采用了极端主义的宗教教义思想团体是宗教团体还是伪宗教团体？学术界和宗教界对此问题存在争议。从警务合作角度，应认为信奉宗教原教旨主义思想的团体为宗教团体，即应严格区分正常的宗教原教旨主义者和宗教极端主义犯罪分子。因为不将宗教极端主义和原有的宗教挂钩，无法寻找破解其极端宗教教义的方法；也无法对原有的宗教团体形成压力或承担应有的责任，出现了宗教极端主义犯罪事件，原有的宗教团体一句"他们信仰的不是宗教，而是邪教"，就可以将责任全部推卸干净，这不利于运用宗教教义辨析的方法来挽救信仰了错误宗教教义的人。

其二，如何界定正确的宗教思想或宗教原教旨主义？从警务合作的角度来说，不需要进行区分。因为正确的宗教思想或宗教原教旨主义都属于宗教信仰的一部分，与犯罪或社会治安无涉。警务合作中需要关注和打击的是，以侵害公共安全为目的使用暴力夺取政权、执掌政权或谋求改变国际宪法体制的行为。换言之，无论其信仰的是宗教还是邪教，只要使用了侵害公共安全的暴力夺取政权、执掌政权或谋求改变国际宪法体制的，都是极端主义犯罪行为。犯罪与身份无关，与宗教无关，仅仅与行为人的主观故意和客观行为有关。宗教信徒身份并不具有刑事豁免的效力。

(二) 军事或司法打击极端主义的局限性

由于极端主义和极端的政治主张或宗教观念交织在一起，仅仅依靠军事打击

或刑罚惩罚，是难以奏效的，甚至可能还会引发不明真相的群众同情。在上合组织所在的地区，极端主义可能更多的是指与宗教有关的宗教极端主义。这些宗教极端主义犯罪分子以宗教为掩护，以维护宗教昔日的荣光为口号，蛊惑教众，甚至诱骗不明真相的群众。因此，消除宗教极端主义的思想基础是一个釜底抽薪的做法。但仅仅依靠军队或司法工作者，恐怕难以胜任这项工作，必须将宗教界组织起来，由宗教界出面澄清其宗教教义中的错误，使宗教极端主义者丧失理论制高点。

打击宗教极端是世界难题，也是一个长期工程，不可能在短期内彻底根除。之前，上合组织反恐合作的重点是打击暴恐犯罪，但对宗教极端思想的传播等活动关注不足。换句话说，比较重视刑事司法和防务安全领域的反恐，忽视了宣传、教育、文化等领域的反恐。为深化反恐合作，反对宗教极端，今后上合组织需防范和打击相结合，统筹强力部门和社会部门，增加人文领域合作的反宗教极端内容，共同挖掘和繁荣传统文化，加强宗教交流，弘扬正气。①

与此同时，我们也必须认识到极端主义者，特别是宗教极端主义者，都是因为对现实生活不满，而迫使他们去寻找解决对生活不满的方法。宗教极端主义者错误认为，只要按照宗教最初的教义生活，他们就能恢复昔日的荣光。对于不遵守他们提出的按照最初的宗教教义安排自己生活的信众或其他群众，就使用暴力方法迫使他人遵守最初的宗教教义。因此，消除极端主义者对现实生活的不满，也是预防极端主义犯罪的一个重要方面。

第四节　三股势力犯罪间的交叉与融合

一、三股势力犯罪发展趋势

（一）三股势力犯罪形成合流共生关系

按照上合组织的认定，恐怖主义、分裂主义和极端主义犯罪是存在区别的。

---

① 李进峰、吴宏伟、李伟主编：《上海合作组织发展报告（2014）》，社会科学文献出版社2014年版。

但同时我们也应当看到，在上合组织所在地区三股势力已经开始合流，单一的恐怖主义、分裂主义或极端主义已经非常罕见，更多的是分裂主义分子和极端主义分子交叉，而他们往往都使用恐怖主义方法来实现他们分裂或推行他们所主张的生活方式的目的。换言之，尽管三股势力犯罪各自表现形式有所不同，但本质并无根本差异，对它们来说，宗教是载体，恐怖主义是手段，分裂是最终目的。

1. 上合组织区域三股势力交叉的表现

三股势力在中亚地区既各自独立又相互交错、相互影响，不断制造绑架、暗杀、爆炸等一系列恐怖活动，对中亚各国的安全稳定构成严重威胁。中亚地区三股势力中危害最严重的是分裂主义，由分裂主义产生恐怖主义，而极端主义往往是它们的意识形态工具和组织手段，在组织形式上通常是同一股力量。三股势力之间从一开始就是互相交织、勾结在一起，大多以宗教极端面目出现，以所谓的民族独立为目的，一方面宣扬他们所谓的弘扬宗教教义、民族独立的思想，蛊惑人心，另一方面不断实施暴力恐怖活动，危害公共安全或破坏社会秩序，其根本目的就是分裂与独立，在混乱中推翻中亚各国的世俗政权，按照他们的"纯粹民族教义"，建立"纯粹伊斯兰政权"。①

我国新疆地区的极端主义组织都是基于分裂主义思想和宗教极端主义思想的影响，采用恐怖主义方法，企图将新疆从我国分裂出去。正如我国学者许建英在梳理了"东突"的历史和现状之后所指出的，"东突"问题就是在泛突厥主义和泛伊斯兰主义思潮影响下，"东突"势力杜撰"东突"分裂主义理论，吸收宗教极端主义思想和暴力恐怖主义思想，长期实施分裂中国新疆行为的问题。进入20世纪90年代后，"东突"问题发生了重要的变化，呈现出新态势，其分裂手段蜕变为恐怖主义手段，分裂思想极端化，宗教极端思想对人们日常生活侵蚀严重。②

俄罗斯联邦国家杜马于2002年6月27日通过的《反极端主义法》中，将极端主义界定为指以暴力的手段、准备和实施破坏俄罗斯宪法制度，损害俄罗斯联邦主权完整，危害俄罗斯国家安全，在俄罗斯境内建立非法军事组织，开展恐怖

---

① 王乐：《构建中亚安全共同体的可行性探析》，载《党政研究》2015年第3期。

② 参见许建英：《"东突"问题的历史与现状述论》，载《新疆师范大学学报（哲学社会科学版）》2016年第6期第37卷。

主义活动、煽动社会、种族、民族、宗教仇恨，组织大规模械斗和流氓寻衅滋事活动，蓄意宣扬某个社会阶层、种族、民族、宗教、语言的优越性，贬低其他社会阶层、种族、民族、宗教、语言的人。此外，公开宣扬和展示极端主义的标志和象征物的活动均属于极端主义行为。① 从俄罗斯杜马所通过的《反极端主义法》对极端主义的定义可以看出，俄罗斯的极端主义已经与恐怖主义和分裂主义交织在一起了。

2. 全球范围内三股势力交叉的表现

2017 年 7 月，国际刑警组织发布了一份极端组织人员的名单，并怀疑名单上的 173 个人可能在欧洲国家发动自杀式炸弹袭击。据英国《卫报》2017 年 7 月 21 日的报道，这份名单的内容十分详尽，包括这些极端组织成员的姓名、他们母亲的姓名以及相关照片、加入极端组织的时间、可能的落脚点等。名单上的人员"可以在国际旅行，参加恐怖活动"，但是还不确定他们是否已经抵达欧洲。据了解，这份名单来自美国情报机构，情报内容是在叙利亚和伊拉克打击极端组织时获取的。也正是这份名单，凸显了欧洲目前在反恐问题上面临的巨大压力。7 月 21 日，英国警方一名高级官员就指出，在打击极端组织问题上，即便是在叙利亚和伊拉克获得进展，也仍不能减少极端组织对英国的威胁。此前，德国警方也曾表示，大约有 700 名极端组织人员对德国的安全造成威胁。②

（二）三股势力犯罪国际化趋势明显

上合组织地区的三股势力既有原生性的恐怖主义、分裂主义和极端主义，也有输入性的恐怖主义、分裂主义和极端主义。

面对上合组织三股势力犯罪的国际化趋势，上合组织地区相应的军事或司法应对策略也应尽可能发挥其国际化或地区化的优势。

一方面，我们应认识到上合组织地区反恐是国际反恐的重要一环。因为上合组织对于整个地区安全和平稳定的维护是缔造整个世界安全、和平不可分割的一部分。上合组织对于打击恐怖主义以及国家之间的相互协调，及时提供了一个全

---

① 转引自杨政：《俄罗斯极端主义猖獗》，载《光明日报》2002 年 8 月 2 日。

② 《国际刑警组织发布名单：173 名极端组织成员或袭欧洲》，载央广网，http：//news. cnr. cn/gjxw/gnews/20170723/t20170723_523863718. shtml，访问日期：2017 年 7 月 23 日。

球治理的合作模式。而恐怖主义早已成为人类公敌，在这种状况下，上合组织针对恐怖主义犯罪组织的打击，无论是中国、俄罗斯还是其他成员国，无疑都会从中获益。

另一方面，上合组织地区反三股势力犯罪，在实施策略和方案上，也应积极寻求国际社会的支持。为此，我们应注意：

首先，决定打击三股势力犯罪顺利与否的前提，在于上合组织成员国间情报信息交流是否畅通。互联网时代，没有信息将寸步难行。反三股势力警务合作的一项重要工作就是搜集、分析和共享三股势力犯罪的信息。这种搜集和分析信息的工作，不仅需要上合组织成员国，还需要得到上合组织以外其他相关国家、国际组织的支持。

其次，打击"三股势力"，就需要切断人、财、物流向三股势力组织或个人的渠道。成员国需要进行拦截、堵截，这项工作也需要得到其他国家的支持，需要他们将本国向上合组织地区恐怖主义组织、分裂主义组织或极端主义组织提供财力和物力支持的人绳之以法；将宣扬恐怖主义、分裂主义和极端主义思想的个人或团体绳之以法；将出境参加"圣战"的人绳之以法。

最后，在打击恐怖主义、分裂主义和极端主义的战场上，需要各个国家通力合作，立场一致，形成合力。各国都不应借口民族问题、宗教问题或人权问题，对恐怖主义、分裂主义和极端主义犯罪放任自流，甚至提供支持。在人类最基本的价值面前，恐怖主义、分裂主义和极端主义犯罪属于践踏人类最基本价值的犯罪行为，理应共同打击。为此，2017年6月9日，俄罗斯总统普京在阿斯塔纳上海合作组织峰会上也再次强调，鉴于恐怖组织和极端组织的活跃程度在世界范围内"前所未有地急剧增长"，为了保障高效的反恐工作，上合组织内部的专业反恐机构必须进行协同工作。

二、上合组织打击三股势力犯罪所作的努力

为共同打击包括网络恐怖主义在内的恐怖主义、分裂主义和极端主义，应对紧急事态，共同应对上合组织地区所面临的安全威胁与挑战，上合组织从成立以来，一直为维护综合安全、深化成员国间的对话与合作而不断努力。

（一）完善立法及地区反恐机构职能

为保障本组织区域内安全，上合组织不断完善地区反恐怖机构的职能与运作。2017 年 6 月 9 日，在上合组织阿斯塔纳峰会上各成员国签署了《上海合作组织反极端主义公约》，该公约旨在巩固上合组织全体成员国安全，提高主管部门合作效率，完善该领域相关立法，对上合组织成员国在打击"三股势力"领域开展合作具有里程碑意义。其也将与《上海公约》《上海合作组织反恐怖主义公约》《上海合作组织成员国打击恐怖主义、分裂主义和极端主义 2016 年至 2018 年合作纲要》《上海合作组织成员国打击恐怖主义、分裂主义和极端主义 2019 年至 2021 年合作纲要》以及《联合国全球反恐战略》和联合国安理会相关决议等联合国有关文件一道，巩固应对新威胁和新挑战领域的国际法律基础。

2017 年 6 月 9 日举行的阿斯塔纳元首理事会会议上，上合组织成员国欢迎俄罗斯在 2005 年联合国安理会关于呼吁各国对教唆恐怖主义追究刑事责任的第 1624 号决议基础上，提出关于打击恐怖主义意识形态的安理会决议草案。上合组织各成员国将继续推动尽快通过联合国关于打击国际恐怖主义的全面公约，并在考虑各成员国利益基础上推动批准联合国反恐领域 19 份综合性法律文件。成员国对恐怖组织获取大规模杀伤性武器，特别是生化物质被用于恐怖主义目的等威胁持续上升表示关切，支持关于制定打击化学和生物恐怖主义行为国际公约的倡议。成员国将遵循《关于合作查明和切断在上海合作组织成员国境内参与恐怖主义、分裂主义和极端主义活动人员渗透渠道的协定》（2006 年）和《上海合作组织成员国边防合作协定》（2015 年）规定，继续通过实施有效边境管控，交换涉恐人员情报、伪造及被窃身份证件信息，对跨国恐怖犯罪开展联合调查等方式，共同防范外国恐怖分子或恐怖组织活动和潜入潜出。①

2021 年 3 月 18 日，上合组织反恐机构理事会第 36 次例会在乌兹别克斯坦首都塔什干举行，上合组织成员国批准了《关于上海合作组织成员国打击恐怖主义、分裂主义和极端主义 2022 年至 2024 年合作纲要》草案，并决定

---

① 前十次反恐军演相关资料源于上海合作组织研究网，http：//studysco. cass. cn/shzl/aqfw/201308/t20130828_396840. html。

加强上合组织成员国主管机关之间的合作，查明并封锁资助恐怖主义活动的渠道。①

（二）打击恐怖主义与极端主义并举

上合组织各成员国都已认识到，打击恐怖主义必须打击恐怖主义思想传播及宣传，包括公开为恐怖主义辩解和教唆实施恐怖袭击。为此，上合组织加大力度抵御导致恐怖主义等各种极端主义激进表现形式的社会极端化，特别是青年人极端化，预防宗教、种族、意识形态和政治极端主义及民族和种族歧视行为、仇外思想。在开展执法和司法机关合作的同时，重点加强国家在打击恐怖主义、分裂主义与极端主义问题上的主导作用，自觉并负责任地吸收本国境内依法从事活动的传统宗教组织、教育、科学、媒体、社会和非政府机构参与。

（三）全面开创并推动联合反恐演习

1. 继续推动"和平使命"反恐军演

截至目前，上合组织已组织了数十次多边或双边的联合反恐演习。具体情况为：

（1）"演习-01"中吉联合反恐军事演习，演习时间为2002年10月10—11日，演习地点在中吉陆路口岸两侧边境的高山地区。参加联合演习的人员包括中国和吉尔吉斯斯坦两国边防部队和特种部队。此次联合军演是中华人民共和国成立以来我军首次与外国军队举行的实兵演习，是中国人民解放军历史上第一次出境演习，也是上海合作组织框架内首次举行的双边联合军事演习。②

（2）"联合-2003"上合组织联合反恐军事演习，演习时间为2003年8月6—12日，演习地点设在我国新疆伊宁地区和哈萨克斯坦乌洽拉尔市。参加联合演习的人员包括中、哈、吉、俄、塔五国参演军官联合部队800人，以及吉特种

---

① 《印媒：中巴印将参加上合演习》，载北青网，www.ynet.cn，访问日期：2022年5月10日。

② 中国新闻网：《中吉举行联合反恐军演 解放军首次出境演习》，载新浪网，https://news.sina.com.cn/c/2002-10-11/1036763316.html，访问日期：2022年8月10日。

分队。这是上海合作组织框架内首次举行的多边联合反恐军事演习。①

（3）"友谊-2004"中巴联合反恐演习，演习时间为2004年8月2—6日，演习地点为新疆帕米尔高原中巴边境地区。中国人民解放军新疆军区驻塔什库尔干县边防部队和巴基斯坦边防部队官兵共200余人参演，这次演习是两国军队首次举行联合反恐军演，对于遏制和打击恐怖势力、分裂势力和极端势力，维护地区安全与稳定，扩大两国在非传统安全领域的交流与合作，提高两军联合反恐作战能力具有积极意义。②

（4）"和平使命-2005"中俄联合军演，演习时间为2005年8月18—25日，演习地点在俄罗斯符拉迪沃斯托克和中国山东半岛及附近海域。参加此次联合军演的人员主要来自中国和俄罗斯，参演兵力近万人，其中中方参演兵力8000余人。此次军演也是中俄首次举行的成建制、大规模的反恐联合军演，两国官兵在陆、海、空战场协同作战，展示了合作应对新形势下新威胁、新挑战的决心和信心。③

（5）"天山-1号"中哈联合反恐演习，演习时间为2006年8月24—26日，演习地点为中哈边境地区。中哈联合反恐演习第一阶段在哈萨克斯坦境内进行，第二阶段将在中国新疆维吾尔自治区伊宁市进行。中哈联合反恐演习针对当前恐怖活动的特点和规律，设想某暴力恐怖团伙拟在中哈边境地区策划一次重大暴力恐怖袭击行动，需要中哈两国执法安全部门开展联合行动，共同处置恐怖事件。演习重点演练中哈两国执法安全部门在打击恐怖活动中联合行动和协同配合的方法，以及双方在各自境内快速反应和高效处置的手段。这是上海合作组织框架内中哈执法安全部门首次举行联合反恐演习。④

（6）"协作-2006"中塔联合反恐军事演习，演习时间为2006年9月22—23

---

①　中国新闻网：《上海合作组织联合反恐军演打响　代号"联合2003"》，载中国新闻网，https：//www.chinanews.com.cn/n/2003-08-06/26/332408.html，访问日期：2022年8月10日。

②　新京报：《中巴举行首次联合反恐军演遏制和打击"三股势力"》，载新浪网，https：//news.sina.com.cn/c/2004-08-07/01393316768s.shtml，访问日期：2022年8月10日。

③　查春明、汪晓诚：《我军历史上规模最大的跨国联合军事演习》，载《国际展望》2005年第16期。

④　湖北日报：《代号天山－1号（2006）中哈联合反恐演习拉开帷幕》，载荆楚网，http：//www.cnhubei.com/200608/ca1144180.htm，访问日期：2022年8月10日。

日，演习地点为塔吉克斯坦哈特隆州库利亚布。本次演习的内容是在山地条件下对恐怖分子联合围歼作战行动的组织与实施，分为两个阶段进行。第一阶段为指挥所演练，内容包括组建联合指挥机构、分析判断情况，定下联合反恐作战决心、组织作战协同。第二阶段为实兵演练，内容包括联合火力打击、立体机动合围、武装解救人质。演习联合司令部由中国新疆军区司令部作战组和塔吉克斯坦国防部作战组共同组成。演习对加强国际反恐合作，维护地区安全稳定具有重要意义。①

（7）"和平使命-2007"上合组织武装力量联合反恐军事演习，演习时间为2007年8月9—17日，演习地点在中国乌鲁木齐和俄车里雅宾斯克切巴尔库尔合成训练场。参加演习人员包括中、哈、吉、俄、塔、乌六国武装力量，其中中方参演兵力1600人。本次演习是第一次由上合组织全体成员国组织实施的联合反恐军事演习，整个过程分为战略磋商、联合反恐战役准备与实施两个阶段，演习设定情况较为复杂、兵力规模较大，是一次较高水平的多军兵种联合军事演习。②

（8）"合作-2007"中俄联合反恐演习，演习时间为2007年9月2—6日，演习地点为俄罗斯首都莫斯科近郊。这次演习是根据上海合作组织宗旨和中俄两国内卫部队有关协议，针对国际恐怖组织而进行的。正式演习为期3天，分为联合筹划、展开作战部署和实施联合作战行动三个阶段。此次演习是中国"雪豹"突击队首次境外亮相。③

（9）"和平使命-2009"中俄联合反恐军事演习，演习时间为2009年7月22—26日，演习地点在俄罗斯哈巴罗夫斯克市和位于中国东北的原沈阳军区洮南合同战术训练基地。参加演习人员包括中俄双方，参加实兵演练兵力共2600人。"和平使命-2009"实兵演练重点演练联合封控、立体突破、机动歼敌、纵深

---

① 中国青年报：《"协作-2006"中塔联合反恐军事演习》，载新浪网，http：//mil. news. sina. com. cn/p/2006-12-31/0725423735. html，访问日期：2022年8月10日。
② 解放军报：《"和平使命2007"将成上合组织反恐的教材和范本》，载凤凰网，https：//news. ifeng. com/mil/special/pm2007/comments/200708/0819_1582_194374. shtml，访问日期：2022年8月10日。
③ 新华社：《中俄"合作-2007"联合反恐演习在莫斯科拉开序幕》，载中国政府网，http：//www. gov. cn/jrzg/2007-09/03/content_735509. htm，访问日期：2022年8月10日。

围剿 4 个作战行动，全程约 80 分钟。①

（10）"和平使命-2010"上合组织武装力量联合反恐军事演习，演习时间为2010 年 9 月 10—25 日，演习地点在哈萨克斯坦阿拉木图市和马特布拉克训练场。中方派出 1000 名兵力，包括 1 个陆军战斗群、1 个空军战斗群和 1 个综合保障群参加演习，俄军派遣超过 1000 名官兵参加此次演习，并出动 230 辆坦克、自行火炮、步兵战车、运输车辆以及 10 架飞机，哈萨克斯坦约派出 1000 人；吉尔吉斯斯坦约派出 1000 人；塔吉克斯坦约派出 1000 人。②

（11）"天山-2 号（2011）"中吉塔三国联合反恐演习，演习时间为 2011 年5 月 6 日，演习地点为中国新疆喀什。这次演习设置"决策指挥""武力解救被劫持人质"和"定点清剿"三个演示科目，按照上合组织成员国执法安全机关现行机制，采取实际操作的方式，展示了中、吉、塔三方反劫持和清剿恐怖分子营地的能力和水平。此次演习是继"天山-1 号（2006）"中国和哈萨克斯坦联合反恐演习之后，我国在上合组织框架内举行的第二次执法安全机关联合演习。③

（12）"和平使命-2011"中俄陆、海、空三军联合军事演习，演习时间为2011 年 8 月 28 日，演习地点为俄罗斯哈巴罗夫斯克和日本海某海域。中方参演部队为原沈阳军区成建制部队陆军、空军，中国人民解放军海军远洋编队；俄军参演部队为刚刚组建完毕的东部军区陆军、空军，俄罗斯太平洋舰队。

（13）"和平使命-2012"上合组织联合反恐军事演习，演习时间为 2012 年 6月 8—14 日，演习地点在塔吉克斯坦胡占德市。参加演习人员包括俄罗斯、中国、哈萨克斯坦、吉尔吉斯斯坦、塔吉克斯坦的武装力量。本次演习以应对恐怖主义引发的地区危机为背景，重点演练山地条件下联合反恐行动的准备与实施等内容。演习分为战略磋商、战役准备和战役实施三个阶段进行。值得一提的是，这次演习是上合组织演习框架下的第九次联合军演，也是 2007 年 8 月上合组织

---

① 新华社：《"和平使命-2009"中俄联合反恐军事演习全记录》，载中国政府网，http：//www. gov. cn/jrzg/2009-07/26/content_1375590. htm，访问日期：2022 年 8 月 10 日。

② 新华社：《上合反恐军演圆满落幕 各国参演部队接受检阅》，载新浪网，http：//mil. news. sina. com. cn/nz/2010shjy/index. shtml，访问日期：2022 年 8 月 10 日。

③ 新华社：《中吉塔三国举行"天山-2 号（2011）"联合反恐演习》，载新浪网，http：//www. gov. cn/jrzg/2011-05/07/content_1859291. htm，访问日期：2022 年 8 月 10 日。

六国元首决定每 2~3 年定期举行适度规模的联演之后，举行的第二次例行多边联演。其对推动上合组织框架下联合军演机制化建设、震慑"三股势力"、维护地区安全与稳定具有重要意义。①

（14）"合作-2013"中俄联合反恐训练，演习时间为 2013 年 6 月 11—22 日，演习地点为中国武警特警学院。这次俄方内卫部队特战队员应邀来京与中国武警部队举行联合训练，是继 2007 年中国武警"雪豹"突击队赴莫斯科进行"合作-2007"联合反恐演习后的又一次合作交流，也是中国武警部队第一次邀请国外同类部队在我国举行联合训练。②

（15）"和平使命-2013"中俄联合反恐军事演习，演习时间为 2013 年 7 月 27 日—8 月 15 日，演习地点为俄罗斯车里雅宾斯克州切巴尔库尔靶场。参加演习人员来自俄罗斯中央军区和中国人民解放军原沈阳军区部队，人数超过 1500 名。由俄罗斯空军、防空部队和中国空军第二指挥部的各种用途轰炸机和直升机组成的联合空中集群为地面部分提供支持。演习分三阶段进行，包括重新部署部队、规划行动和开展联合军事行动。③

（16）"和平使命-2014"上合组织联合反恐军事演习，演习时间为 2014 年 8 月 24—29 日，演习地点为中国锡林郭勒盟的朱日和训练基地，参加演习的人员包括俄罗斯、哈萨克斯坦、吉尔吉斯斯坦、中国和塔吉克斯坦五国部队，人数达 7000 多名。演习首次全程在中国境内举行，参演五国分别派出了副总长或军区指挥员组成联合导演部，中方军官首次担任总导演，全程筹划组织演练。演习内容仍然集中在联合反恐领域，包括指挥机构演练、战役企图演练、战役决心演练、实兵预演、拟制作战计划演练、战役协同演练、战役实施演练等。此次联演遵循上合组织各成员国元首的战略共识，围绕震撼"三股势力"打击恐怖活动，按照"联合反恐战役准备与实施"课题，区分战役筹划与实兵行动两个阶段，演

①　解放军报：《上合各国军队联合演练围歼恐怖分子》，载新浪网，http：//mil. news. sina. com. cn/nz/2012shfkjy/index. shtml，访问日期：2022 年 8 月 10 日。

②　解放军报：《中俄部队"合作-2013"联合训练"鸣金收兵"》，载中国新闻网，https：//www. chinanews. com. cn/mil/2013/06-21/4953168. shtml，访问日期：2022 年 8 月 10 日。

③　《"和平使命-2013"中俄联合反恐军演在俄举行》，载中国外交部官网，https：//www. mfa. gov. cn/ce/cohk/chn/xwdt/jzzh/t1062241. htm，访问日期：2022 年 8 月 10 日。

练多边联合决策和多方联合行动，促进情报共享、指挥协同、信息融合、综合保障等方面的交流合作，有效提升联合反恐作战能力。①

（17）"中亚-反恐-2015"联合反恐演习，演习由吉尔吉斯国家安全委员会主办，演习方式为首长司令部演习，吉尔吉斯共和国、哈萨克斯坦共和国、塔吉克斯坦共和国和乌兹别克斯坦共和国主管机关参演，上合组织成员国主管机关及反恐机构执委会代表受邀观摩。演习以"组织和举行切断上合组织成员国地区恐怖主义活动的侦缉行动"为主题，有效检验了参演方主管机关在成员国境内发生恐怖危机情况下情报通报机制的可靠性。②

（18）"合作-2016"中俄联合反恐训练，演习时间为2016年7月6—14日，演习地点为莫斯科近郊的捷尔任斯基独立作战师驻地。此次联合训练主要围绕反恐怖行动具体技战术问题展开，目的是巩固和发展中俄全面战略协作伙伴关系，加强两军友好务实合作，探索联合反恐作战、训练方法和手段，提高联合反恐训练水平和反恐作战能力。③

（19）"和平使命-2016"上合组织联合反恐军事演习，演习时间为2016年9月15—22日，演习地点为吉尔吉斯斯坦巴雷克奇市"埃杰利维斯"训练中心，这也是上合组织首次在吉尔吉斯斯坦境内举行军演。演习以"山地联合反恐怖行动"为主要样式，围绕联合指挥决策和联合实兵行动两个阶段实施，参加演习兵力共计1100余人，动用战斗机、直升机以及坦克、步战车、自行火炮等各型武器装备200余台。此次联合军演是上合组织深化防务与安全领域合作的重要内容，是在国际和地区反恐形势更趋复杂的环境下举行的一次重要演习，其对提升上合组织成员国间团结协作，共同应对地区恐怖威胁，合力打击"三股势力"具

---

① 谭超：《和平使命-2014上合组织联演落幕》，载中国新闻网，https：//www. chinanews. com. cn/mil/2014/08-29/6545920. shtml，访问日期：2022年8月10日。

② 李垂发：《上合组织地区反恐怖机构理事会举行第27次例会》，载中国经济网，http：//intl. ce. cn/specials/zxgjzh/201509/18/t20150918_6524094. shtml，访问日期：2022年8月10日。

③ 新华社：《中俄"合作-2016"联合反恐训练圆满结束》，载新华网，http：//www. xinhuanet. com/world/2016-07/14/c_129146696. htm，访问日期：2016年7月14日。

有重要意义。①

（20）"协作-2016"中塔联合反恐军事演习，演习时间为2016年10月20—24日，演习地点为塔吉克斯坦戈尔诺-巴达赫尚自治州什哈瓦尔地区。联合演习以山地条件下如何加强营联合反恐作战行动为主题，中塔双方共414人参加了此次演习。这次演习是中塔两国自"协作-2006"联合反恐军演后，时隔十年再次举行代号为"协作"的联合反恐军事演习。②

（21）"携手-2016"中印联合军演，演习时间为2016年11月15—27日，演习地点为印度浦那。此次联训，中印双方参训兵力各为139人的步兵连，历时11天。其间，双方将打乱原有建制，混编重组成A连和B连，分观摩展示、混编训练和联合演练三个阶段实施，共同完成"半城镇条件下联合反恐作战"课题训练。这是两国陆军第6次就反恐训练进行携手，也是在印方境内展开的第3次联合训练。③

（22）"天山-3号（2017）"上海合作组织成员国中吉主管机关边防部门联合反恐演习，演习时间为2017年6月27日，演习地点为中吉边境库依鲁克区域。哈萨克斯坦、中国、吉尔吉斯斯坦、俄罗斯、塔吉克斯坦、乌兹别克斯坦6个上海合作组织成员国的边防部门代表，上合组织地区反恐怖机构执委会代表，公安部、我国新疆维吾尔自治区相关领导以及中国驻相关国家和机构警务联络官和常驻代表现场观摩了演习。④

（23）"合作-2017"中俄联合反恐演习，演习时间为2017年12月2—13日，演习地点为中国银川近郊某训练基地。这次演训是贯彻落实中俄全面战略协作伙

---

① 新华社：《"和平使命-2016"上合组织联合反恐军事演习举行三次实兵实弹合练》，载新华网，http://www.xinhuanet.com//world/2016-09/20/c_129290141.htm，访问日期：2016年9月20日。

② 李佩：《中塔举行"协作-2016"反恐军演展示维稳决心》，载澎湃网，https://www.thepaper.cn/newsDetail_forward_1549649，访问日期：2016年10月26日。

③ 新华社：《"携手-2016"中印陆军反恐联合训练开训》，载新华网，http://www.xinhuanet.com/mil/2016-11/17/c_1119935358.htm，访问日期：2016年11月17日。

④ 蒋雪娇：《上海合作组织成员国主管机关举行"天山-3号（2017）"联合反恐演习》，载央广网，http://news.cnr.cn/native/city/20170627/t20170627_523821547.shtml，访问日期：2017年7月1日。

伴关系的实际举措，是推动两支部队在安全领域交流合作取得的最新成果，是提高双方参训人员联合反恐水平和反恐作战能力的具体行动，也是继中俄"合作-2007""合作-2013""合作-2016"联合反恐演训之后的又一次高水平合作。双方参训官兵牢记使命、精诚团结、密切配合，刻苦训练、相互学习，在反恐训练理念、专业技能、战法手段、作战指挥等方面进行了深入交流，达到了预期目的。①

（24）"和平使命-2018"上合组织联合反恐军事演习，演习时间为 2018 年 8 月 24—29 日，演习地点为俄罗斯切巴尔库尔训练基地。演习以"山地联合反恐怖行动"为主要内容，分战略磋商、联合反恐战役准备和战役实施 3 个阶段实施，参演总兵力 3000 余人，动用战斗机、直升机以及坦克、步战车、自行火炮等各型武器装备 500 余台。②

（25）"合作-2019"中吉联合反恐演练，演习时间为 2019 年 8 月 6—13 日，演习地点为中国乌鲁木齐近郊某训练基地。这次联合反恐演练是中国人民武装警察部队与吉尔吉斯斯坦国民卫队落实两国元首共识、推动安全领域交流合作取得的最新成果，有效提高了双方联合反恐作战指挥和协同作战水平，提升了应对威胁、打击"三股势力"的实战能力。持续 32 个小时的联合特战分队沙漠追剿战斗是演练的"重头戏"之一。在环境复杂、"敌情"不断的联合追剿战斗中，红蓝双方自行设置动作、设计情况，自主进行对抗，重点对卡点阻击、反伏击、反袭击和围剿窝点等课目进行对抗演练。

（26）"和平使命-2020"上合组织成员国联合反恐军事演习，演习时间为 2020 年 8 月，演习地点为俄西西伯利亚最大的靶场克麦罗沃地区的尤金斯基训练场。靶场首次迎接来自中国、印度、哈萨克斯坦、吉尔吉斯斯坦、巴基斯坦、塔吉克斯坦、乌兹别克斯坦 8 个国家的军队代表。此次军事演习最大的特点为舟桥强渡托木河课目，八国军队突击坦克和装甲车将强渡百米宽的河流，包括陆航直

---

① 王玉山、杨雅雯：《中俄"合作-2017"联合反恐演训圆满结束》，载中国新闻网，https：//www. chinanews. com. cn/mil/2017/12-13/8399584. shtml，访问日期：2017 年 12 月 13 日。

② 罗顺裕、潘凯：《"和平使命-2018"联合反恐战役震撼打响》，载中国军网，http：//photo. 81. cn/pla/2018-08/29/content_9266646. htm，访问日期：2018 年 8 月 29 日。

升机部队也将遂行俄军叙利亚战场经验对地面突击。①

（27）"和平使命-2021"上合组织成员国联合反恐军事演习，演习时间为2021年9月11—25日，演习地点为俄罗斯奥伦堡州"东古兹"靶场。此次演习虽是上合组织框架内的例行性演习，但参演国数量为历次演习之最：不仅中国、俄罗斯、哈萨克斯坦、塔吉克斯坦、吉尔吉斯斯坦、印度、巴基斯坦和乌兹别克斯坦等上合组织成员国共派出4000余名兵力参演，而且上合组织观察员国白俄罗斯首次派部队参演。②

（28）"帕比-反恐-2021"上合组织成员国主管机关联合反恐演习，演习时间为2021年9月21日—10月4日，地点在巴基斯坦帕比市。演习由巴基斯坦主办，上合组织成员国主管机关派反恐执法力量参加。这是中方反恐执法力量首次实警实枪实弹出境参加上合组织成员国主管机关联合反恐演习。③

从上述联合反恐演习可看出，保障地区安全的上合组织是区域反恐合作的重要平台，而主要成员国中俄两国的反恐合作是保障区域安全的重要力量。中俄两国采取的反恐手段与反恐立场非常相似，这也是两国间相互信任并联合举行反恐演习的基础，正如俄罗斯驻华大使安德烈·杰尼索夫在接受俄新社采访时所表示的那样，北京与莫斯科正通过相关部门的信息交流在反恐方面展开有效合作，相关部门互换情报。他指出，两国在国际机构与地区组织等各个方面都在发展反恐合作。杰尼索夫说："我们与中国在联合国及安理会反恐委员会等国际机构下正进行着积极合作。双方的立场在大多数情况下是相符的，没有原则上的分歧，因为双方受到的挑战基本上是一样的。其次是在地区组织内的合作。在上合组织框架下有联合组织内所有国家并长期运作的特别反恐机构，正进行非常

---

① 梅世雄：《演兵东古兹："和平使命-2021"上合组织联合反恐军演》，载中国新闻网，https：//mil. news. sina. com. cn/world/2021-09-25/doc-iktzscyx6296057. shtml，访问日期：2021年9月25日。

② 梅世雄、刘敏：《"和平使命-2021"联合反恐军事演习正式开始》，载中国国防部官网，http：//www. mod. gov. cn/action/2021-09/20/content_4895285. htm，访问日期：2021年9月20日。

③ 《上合组织成员国主管机关举行联合反恐演习 中方反恐执法力量首次实警实枪实弹出境参加演习》，载《现代世界警察》2021年第11期。

重要的工作。"①

2. 开创网络反恐演习

以往上合组织成员国围绕反恐开展的演习多是针对传统恐怖活动采用的暗杀、爆炸、劫持人质、劫机等手段，其使用的工具多是简单微型的，如小刀、小型自动步枪或塑料炸药等。近年来，恐怖分子充分利用高科技手段进行恐怖主义活动。他们不仅拥有移动电话和无线电设备，还有加密传真机、高性能解码器、大型电脑主机等高科技设备，能够通过网络实施各种恐怖活动，进行恐怖主义宣传。特别是近年来，国际恐怖组织网上活动频繁，经常利用互联网发布恐怖视频、传播极端思想、招募人员，给地区安全与稳定带来极大威胁。② 根据《上海合作组织成员国打击恐怖主义、分裂主义和极端主义 2013 年至 2015 年合作纲要》，上合组织地区反恐怖机构理事会于 2013 年 9 月 20 日成立网络专家组，致力于加强上合组织成员国在打击"三股势力"网上活动领域的务实合作。为进一步增进互信，加强网络反恐领域的执法合作，上合组织地区反恐怖机构理事会于 2015 年 4 月 10 日通过了第 386 号决议，决定在中国厦门举行网络反恐演习。2015 年 10 月 14 日，上合组织"厦门-2015"网络反恐演习成功举行。这也是上合组织首次举行针对互联网上恐怖主义活动的联合演习。

厦门网络反恐演习的主要目的，是完善上海合作组织成员国主管机关查明和阻止利用互联网从事恐怖主义、分裂主义和极端主义活动领域的合作机制；交流各成员国主管机关在打击利用互联网从事恐怖主义、分裂主义和极端主义活动中的法律程序、组织和技术能力以及工作流程。此次演习的模拟设计是：某国际恐怖组织大肆在上合组织各成员国的网站、论坛和社交网络中发布恐怖主义、分裂主义和极端主义煽动信息，刺激潜伏在各成员国境内的极端分子实施暴恐活动。为铲除网络恐怖活动威胁，保障地区安全，上合组织地区反恐怖机构执委会启动了联合网络反恐行动，协调各国发现、清除网上恐怖煽动信息，依法打击潜伏在各成员国境内的恐怖组织成员。演习中，上合组织各成员国主管机关在地区反恐怖机构执委会的组织协调下，通过联合行动，及时发现了恐怖组织在互联网各个

---

① 转引自韩俊俊、李思其：《上合组织：加强情报交流与网络反恐势在必行》，载《祖国》2015 年第 23 期。

② 黎雪琳：《网络恐怖主义探析》，载《广西警官高等专科学校学报》2018 年第 5 期。

网站和社交平台上发布的宣传煽动信息，按照本国法律规定和流程处置了本国网站上的恐怖信息，查明了信息发布者的身份信息和活动地点，并对其实施了抓捕，最终消除了网络恐怖威胁。①

对于上合组织首次举行的针对互联网上恐怖主义活动的联合演习，时任上合组织地区反恐怖机构执委会主任张新枫表示，这次演习针对性很强，就是要通过开展更务实、无障碍、统一标准的国际合作，及时发现、及时处置三股势力通过互联网发布涉及恐怖的有害信息，最大程度减少对成员国的安全威胁，下一步还要继续拓展这种合作。上合组织厦门网络反恐演习充分体现了上合组织地区反恐怖机构执委会在协调各成员国采取联合行动中的重要作用，检验了上合组织框架下，网络反恐协作机制的有效性。

（四）保障网络信息安全的合作

上合组织成员国将继续在《上海合作组织成员国保障国际信息安全政府间合作协定》（2009 年）基础上切实加强合作，打击在网络信息空间传播恐怖主义、分裂主义和极端主义及为其开脱的行为。为此，成员国将在双、多边层面同有关国家、国际和地区组织，包括联合国相关机构开展协调。成员国支持在联合国框架内制定网络空间负责任国家行为的普遍规范、原则和准则，认为 2015 年 1 月以上合组织成员国名义将《信息安全国际行为准则》修订稿作为联合国正式文件散发是朝此方向迈出的重要一步。成员国将继续深化打击信息通信领域犯罪合作，呼吁在联合国主导协调下，制定相关国际法律文书。

（五）切断三股势力犯罪资金、物资及装备来源和渠道

成员国将继续合作打击个人及法人招募、训练、使用恐怖分子，打击公开教唆参与恐怖活动或为恐怖活动辩解，打击为恐怖活动融资。成员国重申决心设置可靠屏障，切断恐怖主义一切资金及物资、装备来源和渠道。成员国表示，愿意开展情报交流，在本国法律中将恐怖活动入刑，呼吁全面执行联合国安理会第2199 号和第 2253 号决议及国际反洗钱金融行动特别工作组（FATF）标准。同

---

① 《上合组织首次网络反恐演习在中国厦门成功举行》，载新华网，http：//news. xinhuanet. com/legal/2015-10/14/c_128317880. htm。

时，上合组织也认识到腐败威胁国家和地区安全，其各种表现形式将导致国家治理效率低下，对投资吸引力产生消极影响，阻碍经济社会持续发展。因此，成员国愿在反腐败领域开展全面国际合作，包括进行经验和信息交流，在主管部门间开展切实合作。

第八章 区域内跨国犯罪

上合组织区域内各成员国除面临"三股势力"犯罪威胁外，另一重要不稳定因素就是国际毒品、有组织犯罪和武装走私问题。中亚长期存在的制毒贩毒、武器走私、非法移民等跨国犯罪问题日趋严重，对上合组织地区安全形成严重威胁。由于中亚地区紧邻世界上第二大毒品生产基地——"金新月"，[①] 其已成为世界上最主要的毒品生产和转运中心之一，国际贩毒组织将中亚视为毒品走私的最佳中转站，大量地下的毒品生产实验室在阿富汗和巴基斯坦境内，其中的一些毒品生产实验室被搬到了靠近中亚国家南部边境地区，尤其是靠近塔吉克斯坦边境地区。而塔吉克斯坦内乱正好使国际贩毒组织有机可乘，他们将毒品通过塔吉克斯坦与阿富汗的边界运进中亚地区，再从中亚运向俄罗斯和欧洲。[②] 据联合国官员在2004年"丝绸之路国家的禁毒斗争"研讨会上透露，阿富汗的毒品有65%～70%是经独联体南部各国运出的，而30%左右从伊朗运出，塔吉克斯坦、土库曼斯坦和乌兹别克斯坦则是阿富汗毒品"出口"的转运国，每年阿富汗生产的一半以上的毒品经由这三国运出。[③]

源于阿富汗的中亚毒品走私，对中亚国家、俄罗斯及中国都造成了巨大犯罪冲击。制毒贩毒等跨国犯罪活动不仅严重影响了上合组织区域内的社会稳定，而且毒品贸易与"三股势力"的结合日益紧密，正成为"三股势力"犯罪长期稳定的资金来源，更加剧了上合组织区域特别是中亚地区发生暴力冲突

---

① 阿富汗、伊朗和巴基斯坦三个西南亚国家被统称为"金新月"，新月来源于统治这个地区的伊斯兰信仰的新月符号。

② 郭军涛：《中亚区域警务合作研究》，新疆大学2010年硕士学位论文。

③ 李昕鞾：《中亚地区的毒品形势与国际禁毒合作》，中国社会科学院2010年硕士学位论文。

的可能性。此外，毒品走私也加剧了中亚各国的腐败犯罪问题，有些贩毒集团和政府内的腐败官员形成利益链，依靠执法部门的庇护进行毒品走私，一些执法人员甚至直接参与走私。毒品泛滥也给中亚国家带来了艾滋病、吸毒等一系列社会问题。

从上合组织区域面临的安全形势看，恐怖主义、毒品犯罪等新型安全隐患对主权国家的安全及全球和平与稳定构成了严重威胁。国家之间应对新型安全威胁，应努力推动在更广泛领域的国际合作，将警务合作方式进一步引向更加广泛的空间，以实现维护主权国家和地区乃至整个人类的和平、安全与发展。从中国境内外社会安全形势看，推动建立有效的中亚区域警务合作体制与机制是现实的战略选择，以维护本区域社会安全稳定为基础，建立本区域社会安全稳定的防范系统，当前我国警界已经形成应对新的社会安全威胁、维护社会稳定、促进本地区可持续发展的新的安全战略观。

第一节 毒品犯罪

中亚地区毒品犯罪猖獗，不仅严重破坏上合组织成员国社会秩序，并且毒品犯罪能为"三股势力"犯罪提供经费来源。因此，上合组织重视对跨国毒品犯罪进行打击。

一、上合组织合作打击毒品犯罪的基础

（一）合作打击毒品犯罪的法制基础

上合组织从创建之初就将打击非法贩卖毒品、精神活性制剂及前体作为一项重要任务。上合组织已在打击毒品犯罪领域建立起一整套法律法规体系，确保合作的有效开展。比如《上海合作组织宪章》为上合组织开展打击毒品犯罪合作提供了指导方针，其第1条关于上合组织宗旨与任务的规定中明确指出："共同打击一切形式的恐怖主义、分裂主义和极端主义，打击非法贩卖毒品、武器和其他跨国犯罪活动，以及非法移民"。2004年上合组织成员国签署《上海合作组织成员国关于合作打击非法贩运麻醉药品、精神药物及其前体的协议》，2015年发表

《上海合作组织成员国元首关于应对毒品问题的声明》。① 同时，上合组织坚决支持维护和巩固以联合国三大禁毒公约（1961 年《麻醉品单一公约》、1971 年《精神药物公约》、1988 年《联合国禁止非法贩运麻醉药品和精神药物公约》）为基础、由联合国发挥中心协调作用的现行国际麻醉品监管体系，并与联合国毒品犯罪办公室合作，打击非法贩运麻醉药品、精神药物及易制毒化学品的行为。2017 年 3 月 13 日，上合组织秘书处与联合国毒品和犯罪问题办公室在维也纳举行题为"联合国与上合组织打击毒品犯罪：共同威胁与联合行动"的活动；②2017 年 4 月 19 日联合国与上合组织共同在哈萨克斯坦共和国首都阿斯塔纳举行了"为了无毒世界"国际禁毒行动。

为更好地履行国际公约所规定的义务，上合组织成员国均积极完善本国的禁毒法律，为开展禁毒合作提供法律依据。例如中国于 2007 年通过的《中华人民共和国禁毒法》专章规定了禁毒国际合作；乌兹别克斯坦制定了《麻醉品和精神药物法》；塔吉克斯坦制定了《麻醉品、精神药物及其前体法》，规定国家垄断合法的麻醉品经营。哈萨克斯坦早在 1998 年就通过了《打击非法经营和滥用麻醉药品、精神药物及其前体法》。吉尔吉斯斯坦于 1998 年制定了《麻醉品、精神药物及其前体法》等。③

（二）合作打击毒品犯罪的会晤机制

上合组织成员国历届元首峰会都高度重视加强成员国禁毒合作，禁毒始终是元首峰会通过的宣言和联合公报中的一项重要内容。2004 年 6 月，上合组织成员国元首在塔什干峰会上签署了《上海合作组织成员国关于合作打击非法贩运麻醉药品、精神药物及其前体的协议》，该协议第 13 条规定："遵循《上海合作组织成员国各部门领导人会议条例》，按照俄文字母顺序轮流在成员国境内举行被授

① 《上海合作组织成员国元首关于应对毒品问题的声明》，载新华网，http：//news. xinhuanet. com/2015-07/11/c_1115889131. htm。

② 上合组织秘书长：《上合地区有 300 万人从毒品依赖中被解救——联合国与上合组织在维也纳共同举办打击毒品活动》，载上海合作组织官网，http：//chn. sectsco. org/news/20170313/230271. html。

③ 胡江：《合作打击中亚地区毒品犯罪的若干问题分析——基于上海合作组织框架内的考察》，载《江西公安专科学校学报》2010 年第 1 期。

权机关领导人会议，每年不少于一次。""必要时，各方中央主管机关举行联合工作会晤和磋商。此类工作会晤和磋商经相互商定后一般在倡议方境内举行。"为落实协议内容，上合组织建立了经常性的会晤磋商机制。2006年4月，上合组织成员国首次缉毒执法研讨会在北京召开，会议就建立禁毒情报信息交流机制、打击通过贩毒为恐怖主义融资的犯罪行为以及如何建立上合组织禁毒合作机制等问题进行研讨，确定了禁毒部门高官级定期会晤制度和联络员机制。2008年4月，上合组织成员国秘书处首次召集禁毒领域会议，就落实上合组织禁毒合作协议和在本组织框架内建立长效禁毒机制等问题进行了研讨。① 2011年6月，上合组织成员国元首在阿斯塔纳峰会上批准了《2011—2016年上海合作组织成员国禁毒战略》及其《落实行动计划》，明确了成员国在应对阿富汗毒品威胁、禁毒预防教育、戒毒康复、国际合作等领域的相关措施及落实机制，为成员国禁毒合作指明了方向。② 2018年6月在上合组织青岛峰会上通过了《2018—2023年上海合作组织成员国禁毒战略》及其落实计划、《上海合作组织预防麻醉药物和精神药品滥用构想》。2019年6月13日上合组织成员国元首在比什凯克发表了新闻公报，公报指出2020年11月10日，上合组织成员国元首理事会发表了《上海合作组织成员国元首理事会关于应对毒品威胁的声明》。在该声明中，上合组织成员国元首重申了非法贩运和滥用麻醉药品、精神药物即贩运易制毒化学品对国际和地区安全与稳定构成严重威胁；并继续支持开展打击非法贩运麻醉药品、精神药物、易制毒化学品领域的务实合作，重视打击利用现代技术从事毒品犯罪，威胁各国和平与稳定、破坏社会安宁和国家经济可持续发展；完善打击利用互联网及其暗网非法扩散麻醉药品、精神药物及易制毒化学品，涉毒洗钱，引诱公民参与涉毒犯罪方面的国家和地区机制。

（三）合作打击毒品犯罪的专门机构

如前所述，由于解决阿富汗的毒品问题对打击中亚地区毒品犯罪具有至关重要的意义，上合组织愿积极参与在阿富汗周边构筑"反毒带"的国际努力，2005

① 刘洋：《上海合作组织成员国商定建立禁毒合作协调机制》，载《人民公安报》2009年5月21日第1版。

② 公安部：《上合组织执法安全合作成果显著》，载人民网，http：//society.people.com.cn/GB/8217/17606684.html，访问日期：2012年4月9日。

年 11 月 4 日，"上合组织-阿富汗联络小组"成立，其"目的是就上合组织与阿富汗在共同感兴趣的问题上开展合作提出建议"。该联络小组虽然不是上合组织合作打击毒品犯罪的专门机构，但是其工作的内容包括打击毒品犯罪，是上合组织在阿富汗周边建设"反毒带"的具体措施。尽管该联络小组在实际运行过程中其工作内容还相对有限，并且自 2009 年一度暂停工作，但俄罗斯总统普京在 2017 年 6 月阿斯塔纳上合组织峰会上已正式提出恢复该联络小组的各项工作。① 相信这一机构的设立及其工作的运行，将会为上合组织下一步建设专门的禁毒机构，完善上合组织框架内的禁毒合作积累有益的经验。②

此外，2015 年 9 月 14 日，时任中国国家禁毒委员会副主任、公安部部长助理刘跃进在出席第 11 届中俄禁毒合作部长级会议上表示，中俄两国应强化中俄禁毒战略沟通与协调，共同推动赋予上合组织地区反恐怖机构禁毒职能，应对新精神活性物质走私贩运，深化减少毒品需求领域合作，加强禁毒执法培训，提升上合组织禁毒合作水平。③ 考虑到阿富汗的毒品形势，有必要继续采用有效措施应对毒品威胁，包括打击非法种植毒品原植物，制造阿片类、大麻类毒品与合成毒品，通过中亚、东南亚、南亚国家及其地区过境贩运毒品。2021 年 9 月 17 日上合组织成立 20 周年之际，成员国元首理事会会议决定在杜尚别设立上合组织禁毒中心（塔吉克斯坦共和国）作为其单独常设机构。④

二、上合组织打击毒品犯罪的合作内容

（一）建立联合缴毒行动机制

上合组织成立后，为震慑国际和地区恐怖分子，提高各成员国应对恐怖主义犯罪的水平，先后开展了多次联合反恐军事演习。由于毒品犯罪本身具有跨国

---

① 《普京提议恢复上合组织与阿富汗联络小组的工作》，载俄罗斯卫星通讯社官网，http：//sputniknews. cn/politics/201706091022824242/，访问日期：2022 年 5 月 5 日。

② 胡江：《合作打击中亚地区毒品犯罪的若干问题分析——基于上海合作组织框架内的考察》，载《江西公安专科学校学报》2010 年第 1 期。

③ 《上合组织地区反恐机构或将被赋予禁毒职能》，载俄罗斯卫星通讯社官网，http：//sputniknews. cn/politics/201509151016317262/，访问日期：2015 年 9 月 15 日。

④ 《上海合作组织二十周年杜尚别宣言》，载《人民日报》2021 年 9 月 18 日第 2 版。

性，加上"金新月"地区特殊的地理和社会条件，属于"三不管地带"，使得单靠一个国家难以实现打击该地区毒品犯罪的目的。为此，应当借鉴上合组织在应对恐怖主义犯罪方面的做法，建立联合缴毒行动机制。2009 年，上合组织在莫斯科举行首次禁毒部门领导人会议，对禁毒合作作出了明确部署和总体安排，建立了禁毒部门领导人、高官、专家工作组三级禁毒合作机制和法律基础、缉毒执法、易制毒化学品管制、减少毒品需求四个专业工作组，同时研究制订了具体禁毒领域的合作方向，并着手开展联合禁毒执法合作，以有效遏制本地区毒品蔓延趋势。① 今后，上合组织应根据各成员国的请求或安排，定期采取集体行动的方式，联合实施跨国控制下交付模拟演练；联合摧毁该区域毒品加工厂；联合铲除毒品原植物；联合捣毁吸毒窝点并剿除特定国家领域的毒品犯罪团伙；组织上合组织成员国各国执法人员在本国国境线一侧，同时开展扫毒行动，收缴毒品毒资、缉拿毒品犯罪分子等综合性扫毒行动。

（二）联合缉捕涉毒犯罪分子

对于跨国毒品犯罪集团，各成员国应当通力合作，采取配合监视、协助抓捕等方式，使缉捕跨国毒品犯罪集团的行动得以顺利实施。目前上合组织区域性禁毒合作已取得一些进展。我国国家禁毒委员会和公安部从防范和打击中亚毒品向我国渗透出发，不断加强与阿富汗、巴基斯坦以及上合组织其他成员国的禁毒执法合作和情报信息交流。2008 年 11 月—2010 年 8 月，在上合组织禁毒合作框架下，中国公安部协调指挥广东、新疆、北京等地公安禁毒部门与哈萨克斯坦国家安全委员会合作，4 次实施跨国"控制下交付"行动并取得成功，共抓获在我境内实施毒品犯罪活动的外籍嫌疑人 17 名，缴获海洛因 6.7 千克、可卡因 0.67 千克。中国与俄罗斯、吉尔吉斯斯坦、塔吉克斯坦等国之间也多次成功联合实施"控制下交付"行动。同时，中国公安机关高度重视并积极打击涉"金新月"地区毒品犯罪，取得了显著战果。自 2009 年上合组织推动建立领导人、高官、专家三级禁毒合作机制以来，成员国各方之间禁毒合作进入务实发展的新阶段。2009—2011 年，中国破获"金新月"地区海洛因案件 711 起，抓获犯罪嫌疑人

---

① 公安部：《上合组织执法安全合作成果显著》，载人民网，http：//society. people. com. cn/GB/8217/17606684. html，访问日期：2012 年 4 月 9 日。

775 名，缴获各类毒品 2907.7 千克，有效打击了跨国贩毒集团的嚣张气焰。其中，仅 2009 年，公安机关就连续破获 4 起海上走私毒品案件，缴获 1 吨多阿富汗产海洛因。[①]

（三）涉毒高危人员管控

加强与中亚各国、阿富汗等涉毒人员所在国在涉毒高危人群管控方面的合作，及时将国内查获的中亚各国涉毒人员名单通知其驻华使馆和我驻外使馆，在双方使馆联络官之间和两国禁毒主管部门之间建立密切的联络渠道和工作机制，共同加强对涉毒高危人员签证、入境等环节的管理。

（四）培训禁毒执法人员

上合组织成员国各方应积极互助，共同提高本地区整体禁毒执法能力。2007—2012 年，中国已为上合组织成员国举办多边、双边禁毒执法和易制毒化学品管制培训班 11 期，累计为成员国禁毒部门培训各类人员 141 人。通过培训，进一步提高了有关成员国禁毒执法能力，加深了成员国禁毒部门对其他国家禁毒法律法规的理解和认同。此外，为推动成员国开展务实高效的情报信息交流与联合执法行动，中国在力所能及的范围内，陆续为其他成员国提供毒品查缉技术和设备支持。[②]

（五）实施禁毒领域的对外援助机制

中亚地区毒品犯罪的高发态势，与阿富汗等国家的经济较为落后有很大关系，当地人为了谋求基本的生活，不得不大量种植鸦片，甚至参与毒品贩运和走私活动。这也是中亚地区毒品犯罪蔓延的根源。但是由于受经费、人员和技术等方面的影响，诸如阿富汗等国家在开展禁毒斗争时往往力不从心，难以有效应对中亚地区毒品犯罪的严峻形势。上合组织应当积极实施对有关国家如阿富汗的禁毒经济援助，帮助其充实国内的缉毒人员力量，提高其禁毒技术水平。借鉴我国

---

① 公安部：《上合组织禁毒合作进入务实发展新阶段》，载搜狐网，http：//news. sohu. com/20120402/n339666849. shtml，访问日期：2012 年 4 月 22 日。

② 公安部：《上合组织禁毒合作进入务实发展新阶段》，载搜狐网，http：//news. sohu. com/20120402/n339666849. shtml，访问日期：2012 年 4 月 22 日。

已经运用得比较成熟的替代种植模式，从资金、人员安置、技术扶持等方面，帮助阿富汗等国家开展禁毒活动，减少鸦片的种植量，消除毒品犯罪的产生根源。①

上合组织对阿富汗未来重建和稳定的最大贡献还在于发展经济，促进民生。为推动阿富汗经济重建，上合组织各成员国已付诸行动。中国在阿富汗有很多投资项目，为阿富汗创造了大量就业机会。当前，上合组织需协调各成员国对阿富汗的援助和投资，以形成组织的合力。此外，根据上合组织秘书处和联合国秘书处的合作备忘录，上合组织可以配合联合国在阿富汗发挥维和作用。从安全合作角度看，上合组织现在可以做的就是反毒和反恐，包括帮助培训阿富汗军警。

三、上合组织打击毒品犯罪的成效

如前所述，塔吉克斯坦由于与阿富汗拥有较长的边界线而成为阿富汗毒品输出的主要通道，是中亚国家毒品重灾区。为此，塔吉克斯坦已采取各项措施打击本国的毒品犯罪。1994—2014 年上半年，该国共查缴超过 102 吨毒品，其中海洛因 33 吨、鸦片 36.1 吨、大麻制品 31.6 吨。仅 2014 年 5—11 月开展的"古柯努尔-2013"缉毒行动就查缴毒品 2.58 吨，其中海洛因 102 千克、鸦片 366.6 千克、大麻制品 2.11 吨，成果显著。自 2013 年起实施的《塔吉克斯坦 2013—2020 年国家禁毒战略》在为该国控制非法毒品交易、维护社会稳定提供有力保障的同时，也加强了塔吉克斯坦与其他国家的缉毒合作。另外，该国加强了毒品危害的公共宣传力度，2013 年塔吉克斯坦毒品监控局通过大众传媒向公众传播的禁毒信息达 130 余条。②

作为上合组织成员国之一的吉尔吉斯斯坦，同样也是备受毒品困扰的国家。2014 年 5 月在吉尔吉斯斯坦举行的主题为"阿富汗毒品对中亚国家安全影响"的圆桌会议上，时任吉尔吉斯斯坦国家毒品监控局副局长努尔兰·别伊舍科耶夫称，据官方统计，该国所掌握的吸毒人数有 9024 名，其中 5032 名吸食海洛因。吸毒者最常用的方式是注射，截至 2014 年 1 月，吉方掌握感染 HIV 的人数为

---

① 胡江：《合作打击中亚地区毒品犯罪的若干问题分析——基于上海合作组织框架内的考察》，载《江西公安专科学校学报》2010 年第 1 期。

② 史天昊：《中亚各国打击毒品犯罪效果显著》，载《法制日报》2014 年 6 月 24 日。

5272 人，其中很大一部分是吸毒者。吉尔吉斯斯坦国家毒品监控局公布的数据显示，2013 年该国有关部门共破获 1913 起毒品犯罪案，其中毒品走私案 36 起，较上一年减少 25%，贩毒案 504 起，较上一年减少 7.3%，而非法种植毒品及非法持有毒品的案件较上一年均有不同程度增加。2013 年吉尔吉斯斯坦共查缴毒品 21.9 吨，其中鸦片 132 千克、海洛因 247 千克、大麻脂 541 千克、大麻 3.59 吨、大麻属制品 12.9 吨。

近年来，上海合作组织在打击毒品走私领域取得了积极成果，有效遏制了中亚国家的毒品蔓延趋势。据统计，仅 2013 年在上合组织成员国中，哈萨克斯坦查缴毒品 28 吨，乌兹别克斯坦查缴毒品 2.3 吨。时任塔吉克斯坦毒品监控局局长鲁斯塔姆·纳扎罗夫称，在 2014 年 6 月 19 日上合组织成员国主管机关负责人第五次会议期间，各方讨论了打击跨国贩毒领域的合作问题，特别关注 2011—2016 年上合组织成员国缉毒战略行动的落实情况，并决定制定 2017—2021 年上合组织成员国新缉毒战略草案。①

第二节　跨国有组织犯罪

按照《联合国打击跨国有组织犯罪公约》的定义，有组织犯罪集团，是指由三人或多人所组成的、在一定时期内存在的、为了实施一项或多项严重犯罪②或根据本公约所确立的犯罪③以直接或间接获得金钱或其他物质利益而一直行动的有组织结果的集团。在上合组织所在区域特别是中亚地区，跨国有组织犯罪主要集中于跨国有组织毒品犯罪，跨国恐怖主义、极端主义、分裂主义犯罪，跨国有组织走私犯罪等三种类型。鉴于本书已介绍了上合组织区域内恐怖主义等"三股势力"犯罪和毒品犯罪，故本节所探讨的跨国有组织犯罪主要指除"三股势力"

---

①　史天昊：《中亚各国打击毒品犯罪效果显著》，载《法制日报》2014 年 6 月 24 日。

②　根据《联合国打击跨国有组织犯罪公约》的规定，所谓严重犯罪系指构成可受到最高刑至少四年的剥夺自由或更严厉处罚的犯罪的行为。

③　根据《联合国打击跨国有组织犯罪公约》及《联合国打击跨国有组织犯罪公约关于预防、禁止和惩治贩运人口特别是妇女和儿童行为的补充议定书》的规定，此处的犯罪包括参加有组织犯罪集团行为、洗钱行为、腐败行为、对人口的贩运，特别是贩运妇女、儿童行为等四类犯罪。

犯罪和毒品犯罪以外的其他类型的跨国有组织犯罪，如走私武器、弹药、爆炸物，有组织洗钱犯罪，有组织偷越国边境、贩卖人口等犯罪类型。

一、跨国有组织犯罪类型

（一）跨国有组织走私犯罪

由于上合组织区域处于亚欧结合部，自然条件恶劣，中亚国家多政局不稳，人民生活水平相对落后，为跨国有组织的走私犯罪活动提供了客观的便利条件。走私的物品包括：（1）武器。据吉尔吉斯斯坦执法机关介绍，该国有 20%～25%的非法枪支来自边界走私活动，30%～35%来自军队泄露。① （2）珍稀野生动物及其制品。中亚地区有着独特的地理环境和气候，野生动物资源丰富。盗猎、走私这些濒危野生保护动物及其制品成为走私集团牟取暴利的手段。（3）核材料、生化制剂。自苏联解体以来，许多跨国走私集团将目标瞄准了苏联各个加盟共和国的核武器与核材料。② 位于哈萨克斯坦东北部的塞米巴拉金斯克曾经是苏联最主要的核试验场，前后进行过 500 多次核试验。基地恐怖组织一直试图在中亚地区的黑市，通过苏联的科学家购买小型核武器。乌兹别克斯坦是世界上第三大铀矿储藏国。塔吉克斯坦也有丰富的铀矿，并具有制造浓缩铀的能力。吉尔吉斯斯坦亦有丰富的铀储量，还有大量苏联遗留下来的核废料。哈萨克斯坦、塔吉克斯坦等国近年多次发生出售放射性与核材料的案件。③ 凭借对边境地区的地理特点及人文宗教情况的熟识，走私分子与一些缉私干警内外勾结，逃避海关监管，在非设关地区将私货运出运入，这不仅容易滋生腐败，侵蚀边境地区的政权基础，更会直接造成国家税收损失，打击民族工业，破坏国家经济秩序和边境管理秩序。

（二）跨国有组织贩卖人口犯罪

中亚各国面临非法贩卖人口活动的巨大威胁，造成边境地区的劳动力严重缺

---

① 汪金国、张吉军：《论中亚地区小武器和轻武器的扩散现状及其来源》，载《俄罗斯中亚东欧研究》2011 年第 2 期。

② 杨明华：《中亚跨国有组织犯罪研究》，新疆大学 2006 年硕士学位论文。

③ 汤俊：《国际组织推进中亚地区构建反洗钱与反恐怖融资体系的努力与成效》，载《新疆社会科学》2009 年第 1 期。

乏；同时，由于人口贩卖组织还从事其他犯罪活动，造成边境地区安全形势恶化。俄罗斯《观察家报》曾披露在中亚边境地区活跃着一个规模巨大的人口黑市，专门贩卖年龄在 22~24 岁的青年男女，上万名来自乌兹别克斯坦、吉尔吉斯斯坦、哈萨克斯坦等中亚地区的居民，被卖到欧洲和俄罗斯地区从事重体力和色情行业。人口黑市由多个组织严密的人口贩卖组织构成。这些犯罪组织的首脑人物大多是一些政府机关的前工作人员或前领导人，他们利用手中的权力和便利，在边境地区进行非法的人口贩卖活动。这些犯罪组织一般以招募建筑工人和农业工人为借口，招募大量来自中亚的青年人，然后把他们低价卖到俄罗斯周边的一些地区，同时将他们的护照等身份证件全部销毁，使这些年轻人成为犯罪组织的"活商品"和奴隶。女性大部分被强行贩卖到欧洲地区从事色情业工作。根据俄罗斯记者在边境地区的调查，认为犯罪组织于 2005—2007 年，至少贩卖了 5 万名中亚地区的年轻人。犯罪组织利用边境地区信息不畅和管理不严，甚至采取武装暴力手段贩卖人口。[1]

（三）跨国有组织洗钱犯罪

中亚地区有组织犯罪涉及贩毒、走私、人口贩卖等。这些犯罪活动都产生了大量非法收益，属于国际标准中列举的洗钱上游犯罪。以哈萨克斯坦为例，根据美国国务院的报告（US Department of State, 2002, International Narcotics），该地区有超过 200 个以上的犯罪集团与美国和欧洲的类似组织有联系，从事与银行、赌场、食品加工、采掘和出口贸易有关的高利润行业，哈萨克斯坦官员认为 2000 年仅在非法原料出口方面就有超过 100 亿美元以上的业务通过有组织犯罪集团控制的企业完成。[2]

二、跨国有组织犯罪发展特点

（一）不同种类犯罪组织之间互助转化

不同种类犯罪组织之间的转换关系一般经历了：利用关系—融合—独立—各

---

[1]　钟岩、古力：《中亚边境地区人口黑市泛滥 致劳动力严重缺乏》，载中国新闻网，访问日期：2008 年 1 月 21 日。

[2]　汤俊：《国际组织推进中亚地区构建反洗钱与反恐怖融资体系的努力与成效》，载《新疆社会科学》2009 年第 1 期。

自带有双重属性的过程。犯罪种类转化的最大显性表现为与恐怖主义有染。有组织犯罪通过暴力获取经济利益的目的和恐怖主义犯罪的资金需求不谋而合。有组织犯罪团伙利用暴力、讹诈手段大量敛财，影响国民收入再分配，和国际恐怖主义组织勾结密切，如"乌兹别克伊斯兰运动"、与国家禁止的教权主义党"伊斯兰黑斯普塔赫利尔"等组织合作。①

犯罪有组织特性及成员招募原则和计划体现了社会动荡性特征基于有组织犯罪活动的多变性，招募原则取决于被招募者的经济基础、道德水平、视野和兴趣等潜质性因素，注重体力能力、使用武器技术能力等。中亚地区犯罪组织的招募则更多的是利用当地的现实条件，用经济利益为诱饵，招募对象主要集中于社会中处境艰难、没有经济来源之人，贫困农村迁入城市的人。中亚社会动荡、改革不畅、社会陷入困境，符合招募条件的人员十分多，因此，整体上，它在招募上更容易成功。

（二）犯罪逐利性与暴力性交织

一方面，社会的贫困使得中亚地区有组织犯罪都呈现强烈逐利色彩，包括50%以上的刑事盗窃和暴力犯罪。且犯罪集团暴力解决冲突时，很少以人身伤害了结，更多的是将对方致死，甚至不惜危害公共社会安全。② 另一方面，国家工业萧条，商业滞缓，使社会经济的支柱产业往往成为犯罪组织洗钱的掩体，且由于中亚国家打击洗钱犯罪机制缺失，现金交易是当今不断走向开放的中亚地区货币交易的主流，逃避税务是社会的普遍现象。③

三、上合组织打击跨国有组织犯罪的主要举措

（一）安全会议秘书会议机制推进合作专业化

上合组织成员国安全会议秘书会议机制于 2004 年 6 月建立，是上合组织安

---

① 张杰：《中亚有组织犯罪发展的潜在危险性分析》，载《新疆大学学报（哲学·人文社会科学版）》2008 年第 3 期。

② 张杰：《中亚有组织犯罪发展的潜在危险性分析》，载《新疆大学学报（哲学·人文社会科学版）》2008 年第 3 期。

③ 张杰：《中亚有组织犯罪发展的潜在危险性分析》，载《新疆大学学报（哲学·人文社会科学版）》2008 年第 3 期。

全合作的协调和磋商机制。其主要任务是研究、分析上合组织成员国所在地区安全形势；确定上合组织安全合作方向；协调成员国在打击"三股势力"、贩毒、非法武器交易、跨国有组织犯罪等方面的合作；向元首理事会提出开展安全合作的建议，协助落实峰会通过的安全合作决议等。安全会议秘书例会在成员国间轮流举行。经两个以上成员国提议和其他所有成员国同意，可举行非例行会议。会议由主办国安全会议秘书主持。上合组织成员国国家协调员、上合组织秘书长、上合组织地区反恐怖机构执委会主任可列席会议。迄今，上合组织安全会议秘书会议已举行了 16 次：①

第一次于 2004 年 6 月 4 日在乌兹别克斯坦塔什干举行，主要研究了本组织成员国合作打击"三股势力"、禁毒、应对大规模杀伤性武器的危险以及其他威胁本地区和全球安全稳定的问题。

第二次于 2005 年 6 月 2 日在哈萨克斯坦阿斯塔纳举行，主要研究了成员国合作应对新挑战、新威胁，打击非法贩运武器、弹药、爆炸物，反洗钱等问题。

第三次于 2007 年 5 月 25 日在吉尔吉斯斯坦比什凯克举行，主要研究了本组织成员国对威胁本地区和平、安全与稳定的局势的联合反应措施和机制，2008年北京奥运安保问题，以及国际信息安全等问题。

第四次于 2009 年 5 月 20 日在俄罗斯莫斯科举行，主要研究了世界金融危机对国际、地区安全的影响和应对举措，加强成员国同观察员国的反恐合作，建立突发事件应急机制等问题。

第五次于 2010 年 4 月 23 日在乌兹别克斯坦塔什干举行，主要研究了促进吉尔吉斯斯坦局势稳定、打击"三股势力"、打击毒品走私、上海世博会和广州亚运会安保合作、油气管道安保合作等问题。

第六次会议于 2011 年 4 月 29 日在哈萨克斯坦阿斯塔纳举行，主要研究了维护地区稳定、深化禁毒和信息安全合作、同国际和地区组织开展安全合作等问题。

第七次会议于 2012 年 4 月 12 日在北京举行，会议就维护上合组织及其周边

---

① 上合组织安全会议秘书会议历届会议信息均来源于中华人民共和国公安部官网，http：//www.mps.gov.cn。

地区安全，打击"三股势力"、毒品走私、跨国有组织犯罪和网络犯罪等交换了意见。各方均认为，应进一步健全上合组织安全合作体系，完善预警应急机制，加强上合组织的快速反应能力和行动能力，切实维护成员国自身和整个地区的安全与稳定。各方一致同意在执法安全领域采取措施，加强边防合作和联合执法，保障多边合作项目平安顺利推进，巩固禁毒部门三级合作机制，打击网络恐怖主义和网络犯罪。

第八次会议于 2013 年 4 月 29 日在吉尔吉斯斯坦首都比什凯克举行，主要议题仍是如何在周边形势变化背景下维护上合组织地区安全，共同打击"三股势力"、毒品走私、跨国有组织犯罪和网络犯罪等。

第九次会议于 2014 年 4 月 17 日在塔吉克斯坦首都杜尚别举行，会议建议完善合作机制，加强情报交流，加大警用技术交流和人员培训合作力度，积极研究为"三级禁毒会晤机制"配备相应工作机构；拓展新的合作领域，建立打击网络恐怖主义行动机制，在大型跨境项目安保和打击涉恐融资等方面开展务实合作；加强常设机构建设，为完善地区反恐怖机构职能，深化本组织打击"三股势力"、禁毒、打击跨国有组织犯罪、维护网络信息安全领域合作创造条件；加强执法安全领域对外交往，团结各方伙伴，共同维护地区安全稳定。

第十次会议于 2015 年 4 月 14 日在俄罗斯首都莫斯科举行，会议首次邀请观察员国代表出席并举行大范围会谈。

第十一次会议于 2016 年 4 月 13 日在乌兹别克斯坦塔什干举行，会议重申：进一步就打击恐怖主义、极端主义和分裂主义，非法贩运武器、麻醉药品、精神药物及其前体以及其他危险活动深化合作是优先方向，认为应切实落实本组织框架内在上述对全体成员国均十分重要的领域通过的文件和决定。

第十二次会议于 2017 年 4 月 6 日在哈萨克斯坦首都阿斯塔纳举行，会议听取了上合组织秘书长和地区反恐机构官员就地区安全形势所作的工作报告，并就联合打击恐怖主义、分裂主义、极端主义、跨国有组织犯罪、非法移民、非法走私枪械和毒品交易等问题达成重要共识，并为签署《上海合作组织反极端主义公约》积极做好各项筹备工作。

第十三次会议于 2018 年 5 月 21—22 日在中国北京举行。本次会议讨论了上合组织成员国进一步开展打击恐怖主义、分裂主义和极端主义、非法贩运武器、毒品走私、跨国有组织犯罪即保障国际信息安全等问题。

第十四次会议于 2019 年 5 月 15 在吉尔吉斯斯坦首都比什凯克举行。

第十五次会议于 2020 年 9 月 15 日以视频形式举行。

第十六次会议于 2021 年 6 月 24 日以视频方式举行。

(二) 构建反洗钱金融监管体系

"金钱是有组织犯罪的驱动力，没有它，有组织犯罪就无法运转。"为此，上合组织应从经济上遏制区域内跨国有组织犯罪。资金对于任何一个组织，都是其正常动作的必备前提，它也是很多中亚跨国犯罪组织建立跨中亚地区网络并自成体系的首要基础。切断中亚跨国犯罪组织经费来源，让其"断血"，是抑制和打击中亚跨国有组织犯罪发展和蔓延的有效手段之一。

随着打击跨国有组织犯罪的深入，切断跨国犯罪组织资金来源得到上合组织各成员国的高度重视。《上海合作组织二十周年杜尚别宣言》确认：打击任何形式的恐怖主义、分裂主义、极端主义，打击非法贩卖毒品、武器弹药、爆炸物，打击跨国有组织犯罪，保障国际信息安全，加强边界安全，共同打击非法移民、贩卖人口、洗钱、经济犯罪和腐败仍是本组织维护地区安全稳定的优先任务。吉尔吉斯共和国提议在上合组织地区反恐机构基础上，在比什凯克设立上合组织打击跨国有组织犯罪中心。但同时，我们也应当清醒认识到，由于中亚地区在独立后长达十余年的转型过程中，一直未能建立起有效健康的金融体系，恶性通货膨胀、政局动荡和银行信用的缺乏，导致普通民众的资金流通和结算普遍依赖现金和非正规渠道，支票、信用卡、电子转账、自动取款机等现代金融工具极为罕见，地下黑市大量存在，由于缺乏对国家货币的信任，国家甚至大量采用易货贸易的形式。这一转型国家特有的大量游离于国家经济体制之外的"影子经济"和"地下经济"给建立有效资金监管体系带来极大困难。[1] 目前，上合组织已与各成员国及其他国际或区域性反洗钱组织如欧亚反洗钱与反恐融资小组等合作，逐

---

① 汤俊：《国际组织推进中亚地区构建反洗钱与反恐怖融资体系的努力与成效》，载《新疆社会科学》2009 年第 1 期。

步推进该地区反洗钱与反恐怖融资体系建设。2005 年 4 月 21 日在雅加达签署了《上海合作组织秘书处与东南亚国家联盟秘书处谅解备忘录》，该文件确定上合组织和东盟优先合作事项包括反恐、打击毒品和武器走私、反洗钱和打击非法移民等方面。①

---

① 信息来源于上合组织官网，http：//chn. sectsco. org/cooperation/，访问日期：2022 年 5 月 9 日。

下篇　上合组织框架内警务合作实践

第九章　侦查取证合作

一国国内的侦查既包括查获物证书证等犯罪证据，也包括缉捕犯罪嫌疑人，二者没有明显的阶段和权义划分，甚至可以说缉捕嫌疑人也是获取人证的重要内容，因此，侦查人员在侦查取证过程中，如果发现犯罪嫌疑人，可立即对其实施拘留等强制措施。但国际联合侦查取证必须考虑国家主权和国际关系等因素，调查取证和缉捕嫌疑人分属于两个完全不同的阶段，其合作方式和规则也完全不同。为此，笔者将调查取证合作和缉捕嫌疑人分为两章予以论述。

第一节　委托侦查取证

委托侦查取证，即请求证据所在国警方代为调查取证后将证据移交给侦查管辖国家。① 委托侦查取证属于国际侦查合作的初级形式，其优点是实施程序简便，适用范围广泛。

一、委托查找或辨认人员和物品

为查找或辨认有关人员，请求方应当向被请求方提供有关人员的基本情况和照片等，一切有助于辨别其身份并且已掌握的个人资料。被请求方则应根据请求方的请求，采取必要的调查核实相关人员的身份。

二、委托收集证人证言、被害人陈述

无论国际犯罪和跨国犯罪如何隐蔽，其作案人在实施犯罪行为的过程中不可

---

① 荆长岭、易志华、吴兴民：《全球化时代的国际刑事警务合作》，中国人民公安大学出版社 2014 年版。

避免地会接触一些人，这些与作案人有过直接接触或者知情的人所提供的有关犯罪者的体貌特征、作案过程甚至作案人藏匿地点等，都可成为重要的证人证言。

委托调查身处别国的知情人、证人和被害人，请求国应当在取证委托书中写明调查对象的姓名、住址、工作单位等基本信息，以及委托调查事项、调查目的、调查要求和调查提纲等。① 被调查的知情人、证人或被害人在接受询问时，可以由他国警务人员制作询问笔录，或者由知情人、证人、被害人自行书写证词，或者将被调查人的口头陈述情况制作成录音录像等视听资料，经被调查人审查补正并确认准确无误后予以封存或采取其他保存措施，然后通过国际送达途径移交给请求方中央主管机关或案件侦办机关。

三、委托调取物证书证、视听资料及电子证据

实践中需要委托他国调取的物证主要有：作案人遗留或丢弃的作案工具；被犯罪行为破坏的现场以及有关物品和设施；作案人遗失在现场的随身携带物品和留下的足迹、指纹或其他痕迹；财产犯罪中的赃款赃物；毒品犯罪和非法贩运枪支弹药犯罪涉及的犯罪对象等。能够证明犯罪的书面材料包括：实施犯罪的计划、方案和地图、表册，犯罪集团组成人员名单，贩毒组织分布在世界各地的窝点和联系路线，实施犯罪的联络信号、通信密码及其书信、电报，分赃、洗钱和财产放置情况的记录，贪污犯罪的账簿、收支凭证，等等。② 需要注意的是，由于调取的书证材料主要是由政府机构、司法机关、银行等金融机构提供，或者属于其他法人、团体或个人保管的文件或材料，可能涉及一系列权利和保密问题。

四、委托鉴定、委托搜查、扣押证据

与其他取证方式相比，委托搜查、扣押证据是一种具有代表性的强制调查方式，直接关系被执行对象的人身权利和财产权利，因此除遵照刑事司法协助的一般规则外，还需要具备以下要求：一是双重犯罪原则，即被请求方审查请求书后，认为已发生的犯罪属于双重犯罪，且请求方对案件拥有管辖权；二是有合理根据，即在本国某一场所或地点，可能藏有犯罪证据或可以揭露犯罪的线索和有

---

① 齐文远、刘代华：《国际犯罪与跨国犯罪研究》，北京大学出版社 2004 年版。
② 齐文远、刘代华：《国际犯罪与跨国犯罪研究》，北京大学出版社 2004 年版。

关材料；三是具有不可替代性，即其他措施不足以防止证据被转移、毁灭；四是不能损害第三人合法权益。执行搜查、扣押证据的程序依照被请求方法律进行，如果所涉及的证据还包括犯罪所得财物且需要返还给请求方，而被请求方法律规定返还财物必须由本国法院作出裁定且需要较长时间，被请求方可将扣押或冻结的财物清单、实物照片，移交给请求方作为证据使用，财物返还问题留在下一步解决。

五、委托缉捕犯罪嫌疑人

2013 年 7 月中国与哈萨克斯坦两国警方就曾密切配合，相继抓获对方通缉的在逃人员，并在短期内相互移交。中方犯罪嫌疑人李某 2008 年利用为一公司办理注册资本变更手续之机，抽逃注册资本 950 万元人民币，并于 2009 年潜逃至哈萨克斯坦。案发后，中国警方立即组织开展境外追逃工作，并请哈警方协助抓捕。2013 年 5 月李某被哈警方拘留。中方立即协调外交部和驻哈使馆，通过外交途径正式提出了引渡请求。哈总检察院同意引渡，并派员于 7 月初将李某代为押解回中国。2013 年 4 月，哈萨克斯坦国家安全委员会请求中国警方协查抓捕一哈籍经济犯罪嫌疑人，该人涉嫌利用职务之便，伙同他人诈骗公司 2.09 亿坚戈（约合 900 万元人民币）后逃匿至中国。哈方曾于 2010 年通过国际刑警组织对该人发布红色通缉令。2013 年 6 月，中国警方成功抓获该犯罪嫌疑人后将其依法移交哈方。[1]

第二节　域外侦查取证

一、域外调查取证概念和意义

域外调查取证，也有研究者将其称为跨国调查取证，是指具有侦查管辖权国家的中央主管机关或地方警察机关为查清特定的国际性犯罪，基于合作协议和具体案件的临时安排，派遣警务人员到他国境内，在他国警方配合下开展调查取证

---

① 郭坤泽：《中国与哈萨克斯坦警方开展执法合作相互移交一名犯罪嫌疑人》，载《人民公安报》2013 年 7 月 9 日第 1 版。

活动。

域外调查取证与委托调查取证在取证目的、范围、内容上有很多相似之处，但二者在性质上有很大不同：委托调查取证是被请求国在本国境内代请求国开展的侦查活动，具有委托和被动性，甚至可能因被请求方执行人员缺乏对犯罪背景和事实的直接或详尽了解，而导致调查取证的机械性和笼统性；而域外调查取证是一国警方派员直接进入外国境内，与外国警方共同开展调查取证活动，请求国警方直接参与，可以帮助被请求国警方比较详细和深入地了解案情，从而使取证活动更有针对性，所获得的证据也更易符合请求方刑事诉讼的需要和程序性要求。①

域外调查取证，也成为中国近些年来同周边国家开展双边或区域警务合作的一项重要内容。从这些年来的域外调查取证合作实践来看，案件类型主要集中于以下三类：一是本国公民在域外犯罪的案件；二是本国公民潜逃对方境内的犯罪案件；三是对方国家公民在本国境内犯罪后又潜逃回对方国家，且影响重大的案件。②

二、域外调查取证的实施

对于请求国的警察机关而言，域外调查取证的一般实施步骤为：（1）提出并获得批准。（2）精选域外调查取证人员。（3）指导被派遣人员熟悉被请求国的情况。（4）向被请求方报告自己的安排。（5）取得本国驻外使馆的支持配合。（6）对域外调查取证的全程指导和协调。③

三、域外调查取证的原则与要求

（1）请求方主管机关应向被请求方，明确提出派员参加取证活动的要求，在请求和调查计划获得被请求方主管机关同意后，才能实施域外调查取证。未经被

---

① 荆长岭、易志华、吴兴民：《全球化时代的国际刑事警务合作》，中国人民公安大学出版社 2014 年版。

② 王莉、赵宇主编：《国际警务合作理论研究综述》，中国人民公安大学出版社 2014 年版。

③ 荆长岭、易志华、吴兴民：《全球化时代的国际刑事警务合作》，中国人民公安大学出版社 2014 年版。

请求方同意和安排，不得擅自派人前往请求方境内开展调查取证活动。

（2）在被请求方境内开展的调查取证活动以被请求方为主导。域外调查取证只是委托调查取证的补充措施，更准确地讲，请求方是域外参与调查取证而非完全地独立调查取证。因此，客随主便，被请求方境内的调查取证活动应由被请求方主持，请求方参加人的提问应经被请求方主持人员许可。有关提问和回答应当翻译成被请求方主持人员能够听懂的语言，除非后者明确同意不翻译有关的询问对话。

（3）请求方参加调查取证活动的人员必须遵守被请求方的法律。请求方的侦查人员在被请求方境内参加取证活动期间，也同所有外国人一样应遵守被请求国的相关法律，不享有刑事豁免权，也不享有任何未经被请求方特许的执法权力，因而不得随意采取调查取证措施。

第三节　联合侦查取证

一、联合侦查的概念和意义

联合侦查指两个以上国家或地区的警察机关为打击国际犯罪和跨国犯罪等，通过直接联系方式组建临时侦查机构或临时侦查指挥机构，共同开展的侦查取证活动。① 具体而言，联合侦查可采用以下两种途径展开：一是两个以上国家或地区的警察在一国或地区境内携手行动，即集中联合侦查；二是参与联合侦查取证的各国或地区警察在本国境内分头行动，即协同联合侦查。

长期以来，囿于国家主权和司法专有权，各国或地区的警察机关都难以在本国主权范围以外或本地区范围以外行使侦查权。这种侦查上的相互封闭严重制约了各国各地区打击犯罪的有效性。在跨国犯罪日益增多的情况下，各国各地区的警务机关必须打破传统观念，在尊重主权和司法权的基础上，按照平等互惠和国际礼让原则，互相让渡域内部分侦查权，以使集中联合侦查、共同破案成为可能。但这种让渡也是有限度的，即在他国或地区境内的外国侦查人员不享有完全

---

① 荆长岭、易志华、吴兴民：《全球化时代的国际刑事警务合作》，中国人民公安大学出版社 2014 年版。

独立的侦查权，绝不能超越他国主权范围或地区司法权独立开展侦查取证活动。

二、联合侦查的特征

(一) 紧密性和直接性

相比委托侦查和域外侦查，联合侦查是最直接、最有效率的国际侦查合作模式。在合作程序上，简化了各当事国或地区主管机关的联络与协商，使各国或地区的案件侦查机关能够及时联络、直接对话，更符合"抓住战机、积极侦查、及时破案"的侦查规律，对侦查恐怖主义犯罪、跨国走私、跨国贩卖毒品武器等犯罪具有特别重要的意义。①

(二) 侦查地国主导性

依据侦查管辖的属地原则，集中联合侦查应由主要犯罪行为所在国或地区主管机关主导，其他国家或地区警务部门配合。若一国或数国警务部门派员到他国或地区境内进行集中联合侦查，无论派遣国警方出于对侦查地区主权或地区司法权的尊重，还是侦查地国或地区警方出于对本国主权或地区司法权的维护，联合侦查都只能由侦查地国或地区的主管机关主导。派遣国警方能够实施哪些具体的侦查措施，参与哪些方面的侦查活动，都应依据事先的协议、约定或临时授权。

(三) 内容综合多样性

联合侦查可采取范围广泛的各类侦查取证活动。具体而言，其既可以共同实施搜查、检查、现场勘查、询问证人、被害人、讯问嫌疑人、扣押或冻结财产等常规侦查措施，也可共同实施监听监视等特殊的秘密侦查措施。

三、联合侦查的基本要求

(一) 组建联合侦查组或联合侦查指挥部

集中联合侦查应组建联合侦查组。联合侦查组由组长、组员和附属组员组

---

① 荆长岭、易志华、吴兴民：《全球化时代的国际刑事警务合作》，中国人民公安大学出版社 2014 年版。

成，组长应当从侦查地国家主管机关或地区侦查首脑机关的官员中选派，其在联合侦查组中处于关键和核心地位，起着领导作用。组员来自侦查地国家的主管机关或地方侦查机关。附属组员来自侦查地国家以外国家的主管机关或地区侦查机关。

协同联合侦查应组建联合侦查指挥部。联合侦查指挥部由主要犯罪行为所在国从本国主管机关的官员中选派，若干副指挥长由其他国家或地区从主管机关的官员中选派。协同联合侦查由指挥长集中统一指挥，副指挥长协助落实本国、本地区境内的侦查活动，各国或地区警方按照联合侦查指挥部的指令统一协调行动。

（二）遵守侦查地国家或地区的法律

集中联合侦查的开展以遵守侦查地国家或地区的法律，尊重侦查地国家或地区的主权或司法权独立为前提。

（三）建立相对稳定的请求磋商和授权机制

一方面，来自侦查地国家或地区以外国家或地区的附属组员，有权像来自侦查地国家的主管机关或地区侦查机关的组员一样，参加在侦查地国或地区境内进行的侦查活动，其甚至可以根据组长的授权在侦查地国家或地区境内采取某些侦查手段或执行特殊任务；另一方面，联合侦查组也可以在附属国组员所属国家或地区境内实施某些侦查行动或采取某些侦查措施。但这些侦查活动实施，离不开良好的请求磋商和授权机制。此外，通过联合侦查获得的证据材料或情报，在预先协商或授权的情况下，也可由参加联合侦查的各国或地区主管机关用于侦查或起诉特定案件。

对此，各国应积极通过缔约方式拓展联合侦查取证的适用范围，在无合作协议的情况下，可采用临时约定的方法进行联系和协商。同时，各国应通过互派警务联络官的方式固定联络渠道，协调侦查行动。

四、联合侦查的特殊形式

（一）联合巡逻

自 2011 年"10·5"湄公河惨案后，中、老、缅、泰开始在湄公河流域开展多边联合巡逻执法模式，以共同维护和保障湄公河流域的安全稳定。① 中、老、缅、泰湄公河联合巡逻执法联合指挥部设在中国关累港。② 此外，老挝班相果和孟莫联络点、缅甸万崩水警分局、泰国清盛县水警局也设立了报警点，建立报警就近联处机制。截至 2021 年，中老缅泰四国执法部门累计开展水陆查缉、分段巡航等各类联合行动 182 次，在湄公河沿岸及边境地区破获毒品案件 36173 起，缴获毒品 136.93 吨，破获人口贩卖案件 66 起，抓获犯罪嫌疑人 107 人，抓获偷渡人员 2659 人，遣返"三非"人员 4643 人。各国执法艇平均每月江面巡逻 25天，江面见警率平均达到 80% 以上，重点时间节点见警率达到 100%。③

（二）控制下交付

控制下交付指在两个以上国家或地区的警务机关知情或监督下，允许跨国运输的货物中非法或可疑的毒品运出、通过或运入其领域，以期尽可能多地查明毒品作案人的一种特殊侦查措施。1988 年 12 月 19 日联合国大会通过的《联合国禁止非法贩运麻醉药品和精神药物公约》设立了这项特殊侦查措施。该公约在第 1条定义中明确规定"控制下交付"系指一种技术，即在一国或多国的主管当局知情或监督下，允许货物中非法或可疑的麻醉药品、精神药物、本公约表 1 和表 2所列物质或它们的替代物质运出、通过或运入其领土，以期查明涉及按本公约第 3 条第 1 款确定的犯罪的人。

控制下交付是当前联合侦查取证中最为常见的一种侦查手段，该措施主要针对毒品犯罪案件开展，是欲擒故纵等侦查策略在国际侦查方法中的具体体现。由于毒品案件通常由国际犯罪组织集团控制，最初发现犯罪线索的一国或地区警方，在其领域内难以将其一网打尽，实施控制下交付，可将跨越各国或地区的贩毒活动全程纳入视线进行全程跟踪，有效防止其他国家或地区的犯罪集团成员漏网，保证了案件侦破的高效性和彻底性。

---

① 《中国积极参与大湄公河次区域禁毒国际合作》，载《人民日报》2016 年 4 月 19 日。

② 张青磊：《大湄公河次区域警务合作与中国的角色身份》，载《湖北警官学院学报》2013 年第 12 期。

③ 《中老缅泰湄公河联合巡逻执法十年回望：命运与共 守望安澜》，载中国新闻网，https：//baijiahao. baidu. com/s？id = 17184949722221564847&wfr = spider&for = pc，访问日期：2022 年 5 月 9 日。

1. 控制下交付的实施方案

为达到控制下交付的预期目的，各国或地区警方应做好以下工作：

（1）相互协商达成协定。毒品运出国或地区、过境国或地区与最终运入国或地区，应在双边或多边协定（如禁毒协定、司法协助条约、警务合作协议等）中写明实施控制下交付的事宜，如果不存在具有控制下交付内容的双边或多边协议，则需通过上海合作组织作出安排。这些国家或地区经过协商，取得一致合作意向，相互提供法律协助，及时向过境国或地区提供准确的详细情报、财政援助和技术援助。

（2）坚持"一案一决"原则。《联合国禁止非法贩运麻醉药品和精神药物公约》第 11 条第 2 款还规定，"使用控制下交付的决定应在逐案基础上作出，并可在必要时考虑财务安排和关于由有关缔约国行使管辖权的谅解。"因此，控制下交付应坚持一案一议、一案一决的原则。即当一国或地区警方发现跨国或跨地区犯罪活动时，是采取及时破案的方式，立即拘捕毒贩、没收毒品，还是与相关国家或地区警方实施联合控制下交付，应视案件而定。具体而言，首先应考察该案件有没有深入侦查的必要，如案件中毒品的种类及数量、贩毒人员是否属于跨国犯罪集团；其次应考虑隐匿毒品的货物运输过程中的涉及的国家或地区能否予以通力合作，即过境国和运入国的法律原则、合作意向、过去合作的记录、联络系统、协调行动等问题；最后，合作各国或地区相互间应通过协商对管辖权作出谅解性安排，以便其他国家或地区能在过境国或地区继续实行监控。

（3）选择适当方式。对控制下交付的物品实行监督主要有两种方式：一是将毒品原封不动地继续运送；二是将其完全或部分取出或替代后继续运送。在确保诱饵有效的前提下，各国或地区可结合案情的动态发展、毒品运输危险程度、相关国家的海关规则、有无取出或替代的时机和合适地点等因素进行协商，最终决定采取何种监督方式以确保货物安全到达运入国或地区。

（4）周密协调、全程监督。控制下交付实施成功与否，取决于整个监督行动的周密和协调程度。为保证监督的全程性和有效性，除应满足前述联合侦查的基本要求如组建联合侦查指挥部、确保行动的隐蔽性外，还应注意以下几点：一是对藏匿毒品的发货人、运输人进行严密监控；二是整个行动应取得途径国或地区海关的支持与配合。三是确保货物在运送途中的安全，防被调包或不见踪影；四是抓住战机，需要收网抓捕时应立即全力以赴。

2. 交付方式

如今很多毒品运输都通过国际快递的方式进行，许多装有毒品的包裹外表看似合理合法，并通过正规国际快递公司投递。毒贩还可以借助网络登录查询快递公司留存包裹跟踪系统。包裹在邮寄过程中出现任何延误，都会导致收货人因惧怕执法干预而拒绝收货。为了保持包裹正常运输的表象，必须避免包裹出现不必要的延误。

当实际交付发生时，侦查人员通常会扮作快递人员，驾驶一辆该快递公司的投递交通工具，穿着官方制服，登门将包裹送达收件人。在没人应门的情况下，留一张快递书面通知单，要其重新预约下一次投递时间，或安排收件人到快递公司取件的时间。在进行第二次投递之前，侦查人员通常会从包裹中取出大部分受管制药品，只留存一小部分在里面。在重新封装之前，把电子警报装置放到包裹里。电子报警系统是证明打开包裹的人知道里面藏有毒品的一个重要因素。只要收货人一打开包裹，报警装置就会向侦查人员所监视的接收器发射信号。侦查人员会及时到场，在犯罪嫌疑人发现报警装置，处理毒品证据之前，立即送达事先获得的预期搜查令，重新追回包裹。①

可见，控制下交付实施的关键还是交付的速度。任何延误，都会让犯罪嫌疑人警觉到执法部门可能已经查获了包裹，并在对包裹进行控制下的运输投递。尤其网络跟踪系统能实时提示毒贩包裹目前所处的位置，任何无法解释的延误，都会导致犯罪嫌疑人拒绝提取已运送到的包裹。

（三）联合秘密侦查

联合侦查取证除控制下交付这一侦查手段外，还包括一些其他特殊侦查措施。依据《联合国打击跨国有组织犯罪公约》第 20 条规定："各缔约国均应在其本国法律基本原则许可的情况下，视可能并根据本国法律所规定的条件采取必要措施，允许其主管当局在其境内适当使用控制下交付并在其认为适当的情况下使用其他特殊侦查手段，如电子或其他形式的监视和特工行动，以有效地打击有

---

① ［美］格雷戈里·D. 李：《全球缉毒实用侦查技术》，郭颖译，中国人民公安大学出版社 2015 年版。

组织犯罪。"

1. 联合监听监视

在侦查取证过程中，一国中央主管机关根据另一国中央主管机关或地区侦查首脑机关的请求，对处于本国领域内的侦查对象或与侦查对象有关的场所进行电子监听或视频监视，并将由此获取的监听监视资料提供给请求方。这种监听监视既可以表现为被请求方将截获或摄取的信号或图像直接传输给请求方，或者由请求方派员到被请求方国内与请求方侦查人员共同实施，抑或是被请求方将截获或者摄取的信号或图像进行录制后，将有关录音或录像资料提交给请求方。

因监听监视属于秘密侦查手段，涉及个人隐私权法律保护和侦查手段合法性审查问题，联合监听监视的请求应由被请求方"主管机关"根据本国的有关法律进行审查和执行，特别是应遵守被请求方有关电子监听监视的适用条件及程序的法律规定。如果一方对侦查对象及其相关场所监听监视，但因对象地点转移而发生在另一方境内，即使监听监视不需要后一方的技术支持，也应通知另一方。[1]

2. 联合跨境跟踪

跨境跟踪是一国或地区警方，借助另一国或地区警方的协助，对跨越本国与另一国或地区边境的犯罪嫌疑人，继续进行的跟踪监视。跨境跟踪需要满足的条件包括两方面：一方面，有关刑事案件所涉及的犯罪为特定类型且达到一定严重程度，属于可引渡的犯罪；另一方面，相关证据表明被跟踪的对象是特定犯罪嫌疑人或被告人。[2]

跨境跟踪通常应由请求方中央主管机关，委托被请求方中央主管机关安排在其领域内进行。双边或多边刑事司法协助条约或警务合作协议，已明文规定可由国家边境地区相邻警察机关直接联系的，可由请求方边境地区警察机关，直接与被请求方边境地区警察机关联系并作出安排，但事后应各自向本国中央主管机关备案。实行跨境跟踪的侦查人员，在进入另一国边境后应遵守另一国或地区的法律，向另一国跟踪地警察机关报告自己的一切活动，并能随时提交表明自己官方身份的证明文件，不得进入私人住宅及其他不向公众开放的场所。

---

① 荆长岭、易志华、郭睿：《中国区际刑事警务合作》，中国人民公安大学出版社 2016 年版。

② 荆长岭、易志华、吴兴民：《全球化时代的国际刑事警务合作》，中国人民公安大学出版社 2014 年版。

第四节 实时远程取证

一、实时远程取证概念

实时远程取证指侦查合作执行主体间，通过各种远程通信系统传送的数字或模拟信号，实时连接分处于请求方和被请求方司法管辖区域内的侦查人员、证人犯罪嫌疑人或被告人、鉴定人、翻译人员以及其他诉讼参与人或辅助人员，就特定案件事实作证，并将由此产生的言词证据予以固定、保全的一种国际侦查合作形式。① 也有学者将其称为"远程视频听证""国际远程视像合作""跨国视频音频取证""证人远程作证""跨国电视电话会议取证"等。

二、实时远程取证性质和特点

实时远程取证作为国际侦查合作的形式之一，其所获证据的证明效力与委托取证、域外调查取证等方式相同，且取证过程更加便捷高效，也因此在国际侦查合作领域发挥越来越大的作用。

1. 跨国性

实时远程取证合作的双方位于不同国家境内，其取证行为的跨国性，使其与一国之内实时远程取证活动，在适用原则、程序步骤，以及具体操作程序等方面具有较大差异。

2. 交互性

随着直接言词规则与交叉询问规则，在各国证据法中的地位不断巩固和加强，原本适用于国内取证规则的最低标准，被延伸到跨国取证合作领域。直接言词规则与交叉询问规则，对远程取证提出的直接要求，就是交互性或实时性。在实时远程取证的全过程中，连接的任何一端都不是被动的信息接收者，而是依照法定程序、积极行使己方权利，实现诉讼目的的参与者，缺少实时交互性这一关键要素，会使全部取证活动丧失赖以存在的客观基础。

3. 规则性

---

① 吴瑞：《国际侦查合作基本特征简论》，载《河南警察学院学报》2012年第4期。

实时远程取证的根本性质与核心内容，就是言词证据的收集、固定、保全和传递，这属于刑事诉讼法的范畴，因此其应该置于相关的证据规则和程序步骤之中，特别要考虑到跨国因素和技术因素的融入问题。

三、实时远程取证的前提条件

开展实时远程取证的前提条件，应该包括客观要件和主观要件两个方面。一方面，客观要件主要解决实时远程取证的必要性问题，即作证主体如证人、鉴定人、被告人、犯罪嫌疑人无法或不宜直接作证的各种客观情况；另一方面是主观要件，解决实时远程取证的可能性问题，即作证主体配合侦查主体取证的主观意愿。实时远程取证的启动程序，与其他侦查取证合作形式相同，都需要经过提出动议、正式请求、审查决定、执行预备等前置性程序，最后才会进入到实时远程取证的实际执行阶段。[①]

四、实时远程取证的实施

实时远程取证的实施，需要注意并解决以下四个方面的问题：

一是远程通信系统传送的数字或模拟信号，必须达到清晰、流畅、稳定的技术指标，并且符合保密性的要求，这是开展实时远程取证的基本技术要求。

二是实时远程取证的全部过程，可以直接记录为计算机视频或音频文件，也可以转录为各类音像制品（视听资料），还可以对取证过程制作传统形式的书面笔录。

三是不同国家间时差安排的问题。实时远程取证的两端大多时差很大，必须剔除任何一端处于深夜的时段来安排取证时间，这就可能与某些国家侦查机关正常的办公时间发生冲突，需要在该国法律框架内作出特殊的时间安排。

四是取证活动的费用承担问题。尽管有关国际刑事司法合作的费用承担，已有原则性的总括规定，但实时远程取证就费用而言具有相当的特殊性，主要表现在可能发生的购置、租赁远程通信系统硬件设备以及相应的通信费用，这是采取其他侦查取证合作形式所不会发生的。因此，实施前应对实时远程取证的费用作

[①]　吴瑞：《实时远程取证程序研究——基于国际侦查合作的全球视角》，载《公安学刊——浙江警察学院学报》2013 年第 2 期。

出安排。通常情况下，建立视频连接以及与此相关的费用、被请求国内翻译人员的报酬、证人和鉴定人的补贴以及差旅费，应全部由请求国偿还给被请求国，除非后者愿意免除全部或部分费用。①

　　一方面，实时远程取证的具体规则，将在刑事诉讼法的基本原则与理念的指导下进一步细化，适用于言词证据的各种取证规则，会在实时远程取证的各个环节中得到体现和强化；另一方面，远程通信技术的进步，会促进实时远程取证的程序更加具有可操作性，客观限制条件的不断减少，将使这一合作形式具有更加广阔的适用范围和适应能力。② 当然，实时远程取证并不会导致传统的委托询问证人、证人出国作证、解送在押人员出国作证、派员出国调查取证等侦查合作形式的消亡，而是作为一种替代性或补充性措施，在国际侦查合作领域中发挥其独特作用。

---

　　① 吴瑞：《实时远程取证程序研究——基于国际侦查合作的全球视角》，载《公安学刊——浙江警察学院学报》2013 年第 2 期。

　　② 吴瑞：《实时远程取证程序研究——基于国际侦查合作的全球视角》，载《公安学刊——浙江警察学院学报》2013 年第 2 期。

第十章　追逃追缴合作

　　恐怖主义及相关犯罪所得跨境转移，既是国际社会面临的共同挑战，更是上合组织成员国遇到的突出问题。许多跨国犯罪案件中的首要犯罪分子、主要犯罪成员都在国外。而国外涉案银行账户无法查询、冻结，本国侦查人员不熟悉外国地理环境、翻译人员不懂警务等，这些因素都增加了跨国追逃追缴工作的难度。为此，在上合组织元首理事会第 15 次会议上，成员国领导人讨论未来一段时间内上合组织主要发展战略和发展方向时，特别强调为共同应对地区和全球性安全威胁，"将加强司法鉴定领域协作，采取包括各种应急行动在内的协调措施，深化在追查、逮捕、引渡与移管各类相关犯罪嫌疑人、被告人及被判刑人方面的协作。"①

　　中国警务部门，作为负责经济犯罪及恐怖主义活动犯罪资产追查追缴的重要部门，近年来坚持追逃和追赃同步进行，积极拓展国际执法合作渠道，持续加大海外追逃和追缴工作力度。特别是公安部部署开展"猎狐 2015"海外追逃追缴专项行动以来，2015 年 4 月至 12 月底即专项行动期间，全国公安机关共向境外派出 50 余个工作组，在境外执法机构、我驻外使领馆大力协助配合下，从 66 个国家和地区成功抓获各类外逃人员 857 名。其中，缉捕归案 477 名，投案自首 366 名，异地追诉 14 名；从抓获在逃人员的涉案金额看，千万元以上的 212 名，其中，超过亿元的 58 名。从潜逃境外时间看，抓获潜逃 5 年以上的 667 名，其中，10 年以上的 39 名，逃跑时间最长的 21 年。② 从而最大限度地运用了法律武器追缴赃款，有力打击和震慑了犯罪分子。通过海外追逃追缴专项行动，中国从

---

　　①　新华社：《上海合作组织成员国元首乌法宣言》，载中国政府网，http：//www. gov. cn/xinwen/2015-07/11/content_2895381. htm，访问日期：2022 年 8 月 10 日。

　　②　张璁：《"猎狐 2015"共抓获外逃人员 857 名》，载中国政府网，http：//www. gov. cn/xinwen/2016-01/29/content_5037030. htm，访问日期：2022 年 8 月 10 日。

美国遣返外逃人员 2 名，从意大利、希腊、保加利亚、西班牙、匈牙利引渡犯罪嫌疑人 6 名，这些外逃人员的成功缉捕为今后中国与世界各国深化国际警务合作、创新合作方式提供了成功借鉴；对藏匿逃犯数量比较多、缉捕条件比较好的国家和地区，公安机关派出专门工作组，会同逃犯藏匿国执法部门，组织集中抓捕，行动期间共从泰国、菲律宾、马来西亚、印度尼西亚、柬埔寨等东南亚国家缉捕逃犯 283 名，占全部抓获人数的 33%。作为中央"天网"行动的重要组成部分，"猎狐 2015"专项行动期间，全国公安机关协助纪检、检察机关抓获涉嫌各类职务犯罪外逃人员 122 名，全面深化国际追逃追赃工作。

且为进一步推进追逃追赃的国际合作，中国一方面完善国内刑事立法，增设没收违法所得特别程序，严密犯罪资产追回的刑事法网；另一方面通过签订双边司法协助条约、批准加入国际公约等，夯实合作平台，拓宽合作途径。[①] 2016 年，中国公安部正式成立境外缉捕工作局（Department of Overseas Fugitives Affairs）。未来，中国公安机关要在上合组织框架下创造性地开展更广泛的双边多边追逃追缴合作，还需在系统总结中国前期追逃追赃经验教训的基础上，汲取国际刑警组织、欧盟等其他国际或区域性组织在缉捕犯罪嫌疑人和追缴犯罪所得方面的成功经验。

第一节　查缉犯罪嫌疑人

查缉犯罪嫌疑人主要解决的问题是发现、控制并将外逃的犯罪嫌疑人缉拿回国，即我们通常所说的境外追逃。在上合组织框架下的区域警务合作领域，境外追逃可能涉及以下三种方式：第一种是通过各种侦查合作渠道，对潜逃或者藏匿在境外的犯罪嫌疑人，发布国际通缉文件，以请求有关国家对其进行控制；第二种是在有关国家的协助下，将犯罪嫌疑人以引渡、遣返或驱逐出境等引渡的替代方式移交回国；第三种是在有关国家侦查机关的协助下，直接跨境追捕逃犯。

一、国际通缉

即国际刑警组织在全球范围内实施的犯罪嫌疑人通缉制度。若国际刑警组织

---

① 蒋皓：《加强犯罪资产追回惩治腐败和恐怖活动》，载《法制日报》2014 年 10 月 11 日。

的成员国发生了刑事犯罪案件，而犯罪嫌疑人或被告已经逃往他国，需要他国协助逮捕归案时，便可以通过国际刑警渠道将某一通缉令直接发送到所有其他成员国。对于发布国际通缉令的国家，通缉令的发出意味着国内司法机关将逮捕某一犯罪嫌疑人的权力临时授予国际刑警组织及相关成员国，任何成员国接到红色通缉令以后，都应立即部署本国警察力量及时予以查证，倘若发现被通缉者的下落应迅速组织逮捕行动，将其缉拿归案。

　　如今"I-24/7"全球警用通信系统的应用也使红色通缉令的发布更为快捷高效，该系统也是国际刑警组织抓捕犯罪嫌疑人经常使用的工具，由国家中心局通过国际刑警组织的全球警察通信系统发布消息，或以成员国的要求逮捕，或提供疑犯位置，或帮助提供警察调查的相关人员的其他信息。"I-24/7"全球警用通信系统是国际刑警组织新一代警务专用计算机网络与信息系统，覆盖全部 190 个成员国，为有关警务执法机构开展国际合作和打击跨国犯罪提供便捷、安全、有效的服务。① 国际刑警组织通过发布红色通缉令来识别、锁定以及抓捕国际在逃人员。红色通缉令的广泛运用使得更多的国际在逃人员归案。此外，"I-24/7"全球警用通信系统，还可通过国际刑警组织的失盗旅行证件数据库，对比查询发现并锁定犯罪嫌疑人。失盗旅行证件数据库建于 2002 年，至 2011 年已收录了来自 165 个国家的超过 3400 万条失盗旅行证件信息。2011 年，国际刑警组织收到了超过 6 亿条检索记录，其中有 4.7 万项匹配。国际刑警组织各成员国，每天都可以通过该系统直接或间接地协助本国机场移民官员，发现入境人员所持护照是否是失盗证件；使边境或海关执法人员检索车辆牌照以识别车辆是否为失盗车，便于执法人员辨识欲入境人员是否为被通缉人员。

二、犯罪嫌疑人引渡及其替代性措施

（一）引渡的实施与合作

　　引渡即通过外交途径和刑事司法协助途径，将犯罪嫌疑人移交给对方。警察在引渡中主要负责前期调查，即相互协助查找犯罪嫌疑人，接受成员国的请求调

---

　　① 《"I-24/7"全球警用通信系统简介》，载中国警营文化网，http：//www.cpcnets.com/bencandy.php？fid＝52&aid＝14235&page＝2，访问日期：2014 年 5 月 20 日。

查犯罪嫌疑人。在引渡之前，为了保障引渡的安全进行，被请求国主管机关可以对被引渡人采取羁押措施，虽然该羁押措施也由警察机关执行，但引渡本身却具有司法性质，一直是国际刑事司法合作的重要内容。①

2013年，上合组织成员国中国与哈萨克斯坦两国警方，就曾成功开展司法和执法合作，相互移交了一名犯罪嫌疑人。哈方将涉嫌抽逃注册资本罪的犯罪嫌疑人李某引渡并代为押解回中国；中方也将一名哈籍经济犯罪嫌疑人移交哈方。中方犯罪嫌疑人李某2008年利用为一公司办理注册资本变更手续之机，抽逃注册资本950万元人民币，并于2009年潜逃至哈萨克斯坦。案发后，中国警方立即组织开展境外追逃工作，并请国际刑警组织哈萨克斯坦中心局查找其下落、协助抓捕。2013年5月21日，李某被哈警方拘留。5月28日，我方协调外交部和驻哈使馆通过外交途径正式提出了引渡请求。经多方努力，哈总检察院决定同意引渡，并派员于7月4日将李某代为押解回中国。同年4月，哈萨克斯坦国家安全委员会和内务部国际刑警组织哈萨克斯坦国家中心局先后致函中国公安部，请求中国警方协查抓捕一哈籍经济犯罪嫌疑人。该人涉嫌利用职务之便伙同他人诈骗公司2.09亿坚戈（约合900万元人民币），并于2009年10月逃匿至中国，哈方曾于2010年通过国际刑警组织对该人发布红色通缉令。6月17日，北京市公安局成功抓获该犯罪嫌疑人。经双方协商，中方于7月7日在首都国际机场将其依法移交哈方押解小组带回哈萨克斯坦。②

中国公安部与哈萨克斯坦警方密切配合，相继抓获对方通缉的在逃人员，并在短期内相互移交，体现了中哈引渡和相关执法合作的成果。但在境外追逃的实践中，由于引渡容易受到条约前置主义、双重犯罪原则、死刑犯不引渡等因素的影响，大部分案件无法通过正式引渡合作方式完成，加之正式的引渡往往程序繁杂、耗时持久，需要借助更为灵活的方式，比较典型的就是通过移民法或出入境管理法中的驱逐出境来代替烦琐的引渡。

---

① 张杰：《反恐国际警务合作——以上海合作组织地区合作为视角》，中国政法大学出版社2013年版。

② 郭坤泽：《中国与哈萨克斯坦警方开展执法合作相互移交一名犯罪嫌疑人》，载《人民公安报》2013年7月9日第1版。

（二）驱逐出境的实施与合作

驱逐出境是指违反一国边境管理法规或者因为违法或犯罪行为，被该国边防警察勒令限期出境。① 就驱逐出境的法律属性而言，具有刑事和行政性两大类别，即包括刑事处罚的驱逐出境、行政处罚的驱逐出境、一般行政措施的驱逐出境和外交措施的驱逐出境。因此，其法律渊源散见于相关刑事法律和行政法规中。以中国为例，驱逐出境的法律渊源包括《中华人民共和国出境入境管理法》《中华人民共和国外国人入境出境管理条例》《中华人民共和国国家安全法》《中华人民共和国治安管理处罚法》等。有学者指出，由于中国刑事驱逐出境和行政性驱逐出境并存，容易造成对驱逐出境性质认知的错位，而且法律具体适用条件和程序的不明确，易使其实施尺度不易把握，应在今后的立法中予以明确。事实上，大陆法系国家多为刑事驱逐出境和行政性驱逐出境并存；刑事驱逐出境具有惩罚性，而行政驱逐出境不以违法为要件。英美法系多数国家并不存在刑事性驱逐出境，即驱逐出境是一种典型的行政执法行为。②

正因为实践中的驱逐出境与具有司法性质的引渡不同，是一种行政行为，属于典型的警务合作内容，警务机构是实施这种方式的重要主体。驱逐出境可以在无引渡条约的情况下达到遣返犯罪嫌疑人的目的，同时整个程序也显得更为简便与迅速，已经逐渐成为国际侦查合作中遣返犯罪嫌疑人的重要手段之一。

驱逐出境可划分为单方面的和双方或多方合作的驱逐出境两种。单方面的驱逐出境是指非法移民或逃犯所在国，在无意或无法与逃犯追诉国或国籍所属国合作的情况下，根据本国法律作出决定并实施的驱逐出境。双方或多方合作的驱逐出境，是指逃犯所在国以驱逐出境为掩护将逃犯移交给对其进行刑事追诉的国家，或者将逃犯引诱至某一便于达到遣返或引渡目的的第三国，然后再由该第三国将该逃犯遣返或引渡给追诉国的一种驱逐出境。因此，双方或多方合作的驱逐出境是由驱逐国与逃犯追诉国经过精心设计后作出的默契安排，目的不在于驱逐出境，而是规避某些法律障碍将其迂回绕道遣返或引渡给追诉国，因此也被称为

---

① 付凤：《全球化条件下的国际刑事警务合作》，载《安庆师范学院学报（社会科学版）》2007 年第 3 期。

② 荆长岭、易志华、吴兴民：《全球化时代的国际刑事警务合作》，中国人民公安大学出版社 2014 年版。

"伪装引渡"。①

（三）遣返的实施与合作

遣返，是指非法移民目的国政府对于没有取得入境许可或者是超期居留的非法移民强制地送回原籍国的一种制度。② 可见，其主要是针对非法移民的行政措施，也是世界各国打击非法移民的各项手段中使用较多较直接的一种措施。遣返与驱逐出境的区别在于，遣返是将非法移民遣送回国籍国或经常居住所在地国，或其他来源国家。而驱逐出境是把非法移民或已构成其他违法犯罪的外国人从所在国强制遣送出境，而不是将其遣送到任何一个特定的其他国家，被驱逐出境的外国人可以自己选择一个愿意接收他的国家。

此外，与引渡相比，遣返在法律属性、实施目的、法律渊源、法律程序和适用对象上都与其有很大不同。但在实施效果上，对非法移民的遣返措施却常常移植于引渡逃犯。其在实践中与驱逐出境一起，被认为是引渡的替代方式，或称为事实引渡。③

《国际偷渡公约》及许多有关非法移民遣返的国际双边、多边条约规定了国家遣返与接收非法移民的法律义务。例如，《中华人民共和国公安部和俄罗斯联邦边防总局合作协议》规定"双方应协助遣返经确认的非法出境人员"。中国公安机关也曾根据犯罪人所在国警方的要求，将犯罪后逃到中国来"避风"的逃犯抓捕，并适时遣返出境。④ 具体而言，在警务合作的过程中，要通过遣返非法移民的方式实现对国际逃犯的遣返的实施包括遣返决定和遣返接收两个方面。其实施过程大致为：一国在接到遣返逃犯的请求后，首先认定该逃犯属于非法移民或以其他理由取消其居留资格。如以逃犯身份有问题为由，认定其所持护照或者申

---

① 荆长岭、易志华、吴兴民：《全球化时代的国际刑事警务合作》，中国人民公安大学出版社 2014 年版。
② 荆长岭、易志华、吴兴民：《全球化时代的国际刑事警务合作》，中国人民公安大学出版社 2014 年版。
③ 荆长岭、易志华、吴兴民：《全球化时代的国际刑事警务合作》，中国人民公安大学出版社 2014 年版。
④ 荆长岭、易志华、吴兴民：《全球化时代的国际刑事警务合作》，中国人民公安大学出版社 2014 年版。

请签证的资料存在虚假事实或欺骗性因素，对其施以遣返；或根据其既往的犯罪事实，认定其品行存在问题，不适宜在本国定居或长期居留，即通过撤销其未到期的签证，或者在其签证到期后拒绝给予延期，使其丧失居留资格，然后实施遣返。①

中国目前费时最长，费力最大的遣返要属通过加拿大正席对远华特大走私案主犯赖某的遣返。在依据加拿大《移民与难民保护法》的遣返程序中，中国主管机关积极协助加方主管机关来中国取证，为其提供多方面的便利，为有关诉讼提供证据材料，并安排证人前往加拿大出庭作证，从而大大提高了赖某难民申请被驳回的可能性并促进了遣返审查程序的进行，经过长达 12 年的努力，最终使加拿大主管机关通过遣返非法移民的方式将赖某移交给中国，使得中加两国在不存在双边引渡条约的情况下采用比较现实的手段实现对犯罪嫌疑人外逃的遏制。②

（四）区域逮捕令——欧盟逮捕令借鉴

由于欧盟是世界上经济一体化程度最高的一个区域国家联合体，人流和物流几乎实现完全自由，随着国界限制的打破，犯罪分子的行动也摆脱了疆界的束缚，在欧洲范围内的跨国境犯罪呈现增长的趋势。在这个背景下，依靠传统的缉捕、引渡的方式打击犯罪显得过于烦琐和效率低下，一种结合了跨境缉捕和引渡的更加简便易行的刑事追逃模式慢慢形成，即欧洲逮捕令（European Arrest Warrant）制度。2002 年，欧盟理事会通过了《关于成员国之间使用欧洲逮捕令和缉捕制度的框架决议》（*Council Framework Decision on the European Arrest Warrant and the Surrender Procedures Between the Member States*）（简称《逮捕令决议》），该决议明确了将在欧盟成员国中使用欧洲逮捕令（European Arrest Warrant，EAW）制度，以逐渐取代和代替传统的引渡制度。该制度已于 2004 年 1 月 1 日起正式实施。欧洲逮捕令制度最大的特色就在于其快速、便捷和变通。它通过将欧盟内部的相互承认原则发挥到了极致，极大地释放了欧盟各国在迥异的刑事法律中所蕴含的程序便利化的能量，化繁为简地免去了许多刑事程序中的协调和调

---

① 荆长岭、易志华、吴兴民：《全球化时代的国际刑事警务合作》，中国人民公安大学出版社 2014 年版。

② 黄风：《国际刑事司法合作的规则与实践》，北京大学出版社 2008 年版。

度工作，是欧盟刑事司法合作领域的重要成果。其实施的主要内容就是赋予了欧盟成员国一项必须履行的跨国境逮捕义务，具体而言包括：（1）追逃程序得以简化。根据《逮捕令决议》第1条之规定，欧盟内某一成员国一旦发出了要求另一成员国配合追诉或执行刑事强制措施的逮捕令后，则该被请求国应当在进行简单的合法性审查后，除非出现了《逮捕令决议》第3、4条可以拒绝执行的情形外，应当立即执行该逮捕令。这样一来，原来需要通过引渡程序经过层层上报、传达和审查的执法流程得到了极大的简化，相比于传统的引渡及其替代性措施而言，追逃效率有了实质性的提高。（2）不引渡原则的豁免。在传统的引渡模式中，有几类犯罪是不予引渡的，比如死刑犯不引渡、政治犯不引渡、军事犯不引渡等。而欧洲逮捕令模式则对该等特殊限制作出了豁免，它允许各欧盟成员国不得以政治犯不引渡为由拒绝执行该命令。而这样的做法，也能明显地打击到那些假借政治迫害，寻求政治庇护的犯罪分子的要害。这也是符合欧盟刑事法律体系，打击贪污腐败和欺诈犯罪的宗旨的。此外，欧洲逮捕令制度在双重犯罪原则的弱化、欧洲一体化原则的强化等方面优势明显，这些机制的创新及其成功运转，使刑事司法合作更加简便高效，释放出极大的犯罪打击能力。①

目前，欧洲逮捕令在所有欧盟成员国间得以全面实施，这一措施不仅是对传统引渡制度的变革，也为欧盟成员国开展警务合作，有效地打击各种有组织犯罪、跨国犯罪创造了良好的条件。欧洲逮捕令最明显的特点体现在两个方面，一方面是"司法"机构决定移交的进程，而"政治"机构没有决定权；另一方面是程序简捷，行动迅速，并限定了实施移交的时间，通常在一个月之内完成，最慢也会在罪犯被监禁了两个月之后引渡回国。②

需要说明的是，欧洲逮捕令与刑警组织红色通缉令，虽然二者都是执法机构合作的缉捕-移交制度，但二者具有本质上的不同：欧洲逮捕令创设了一种执法义务，成员国接到他国请求的逮捕令后，除非符合法定的拒绝情形，否则必须履行逮捕嫌犯的义务；而红色通缉令只是国际刑警组织推出的一种合作通报机制，

①　彭胜娟：《论欧洲逮捕令制度及其对中国刑事司法合作的借鉴意义》，载黄风、赵琳娜主编：《境外追逃追赃与国际司法合作》，中国政法大学出版社2008年版。
②　沈澄：《中国跨境追逃追赃的法律障碍及其突破路径》，华东政法大学2016年硕士学位论文。

并不会给任何国家带来逮捕嫌犯的义务。①

三、跨境追捕犯罪嫌疑人

(一) 跨境追捕犯罪嫌疑人的概念

通常情况下，直接在其他主权国家的领土上缉拿犯罪嫌疑人的行为不属于也不应属于刑事警务合作的范围。理由在于，该行为没有尊重其他国家主权，不符合国际法基本原则。没有主权国家会允许其他国家警务人员在本国领土上缉拿犯罪嫌疑人，无论犯罪嫌疑人是否是本国公民。不仅如此，在其他成员国开展侦查工作，侦查人员地形不熟悉，语言不通，难以得到当地居民的协助。此外，允许其他国家警务人员在本国抓捕犯罪嫌疑人，本国国防安全也得不到保障。因此，通常情况下，一国警务人员在他国领土上直接缉捕犯罪嫌疑人是不被允许的，应当按照引渡程序，首先通过请求国的主管机关提出申请，得到被请求国批准后，由被请求国警务人员执行抓捕工作，对犯罪嫌疑人进行询问，根据被引渡人是否同意，决定按照简易引渡程序还是正常引渡程序来引渡被引渡人。

只有在边境相邻两个国家间，一国警务人员在特殊紧急情况下，对已逃往国外的犯罪嫌疑人可以继续跨境进行追捕，即跨境追捕犯罪嫌疑人。因此，跨境追捕犯罪嫌疑人是指一国侦查机关按照犯罪嫌疑人从本国或他国逃跑的方向、路线或地方，直接进入相邻另一国境内继续进行追缉的一项特殊侦查措施。这一措施旨在惩治在本国境内犯罪后潜逃到外国的犯罪嫌疑人，它可以加快案件侦破的速度，及时打击各类严重的犯罪活动，还可以防止犯罪嫌疑人继续实施犯罪活动而造成新的危害。这种缉捕犯罪嫌疑人的工作既可以由发现犯罪嫌疑人国家即追缉方国家的侦查机关单独进行，也可由追缉方和追缉协助方共同进行。即在边境相邻的地区，由两国相邻地区的主管机关签署合作协议或特别授权，在一方犯罪嫌疑人逃入另一方领域内时，向另一方提出缉捕请求，当被缉捕犯罪嫌疑人是非缉捕方国民时，不必征得同意，直接适用简易引渡程序。只有在特别情况下，经双方边境地区主管机构的批准，在特定范围内才可能有条件允许对方警务人员进入

---

① 沈澄：《中国跨境追逃追赃的法律障碍及其突破路径》，华东政法大学 2016 年硕士学位论文。

另一方边境缉捕犯罪嫌疑人，而后可以不征得被引渡人同意，按照简易程序向请求国移交被引渡人。

（二）跨境追捕犯罪嫌疑人的法律要求

自 20 世纪 80 年代以来，相邻国家间开展跨境追捕犯罪嫌疑人已被很多国家和地区接受而出现在国际条约中，允许相邻国家侦查人员进入本国追缉逃犯也已成为较为常见的国际和区域警务合作方式。如北欧五国签订的合作协定中规定：北欧五国实行犯罪情报共享，武装跨境执法，五国中任何一国的警察都可以携带武器着装进入其他四国领土执法。再如申根国家签订的《申根协定》和《关于执行申根协定的协定》对跨境监控、缉捕本国犯罪嫌疑人作了详细规定。如"过境监视权、过境追捕罪犯权、可携带仅能用于自卫的武器""法国警察可在德国和比利时的全部领土内行使追缉权；其他国家间追捕权限于越过其边境 10 千米地带内行使。这些适用于能提出引渡依据的那些犯罪或者诸如谋杀、强奸、纵火、伪造货币、绑架和劫持人质、毒品交易、有关武器、炸药的犯罪、制造爆炸、非法运输有毒物品等严重犯罪。"[1]

目前，上合组织章程及相关文件中尚无关于跨境缉捕犯罪嫌疑人的明确规定。在中国与相邻国家签订的国际警务合作协议中，与跨境缉捕直接相关的法律条款也不多见。除个别协议严格禁止对方进入本国境内进行追缉活动之外，[2] 多数协议对对方进入本国境内进行追缉活动采取了不明确禁止的做法。[3] 在警务合作实践方面，中国与上合组织相邻国家如俄罗斯、吉尔吉斯斯坦等国成功地组织过跨国追缉逃犯活动，但相比而言，在跨国追缉方面的合作还是相对有条件、有限度的合作。

在总结相关国际条约的基础上，笔者认为，上合组织在未来签署警务合作协

---

① 荆长岭、易志华、吴兴民：《全球化时代的国际刑事警务合作》，中国人民公安大学出版社 2014 年版。

② 如中国公安部和朝鲜国家保卫部签订的《中华人民共和国公安部　朝鲜民主主义人民共和国国家保卫部关于在边境地区维护国家安全和社会秩序的工作中相互合作的议定书》规定："一方对逃入对方境内的犯罪嫌疑人员，不准越入对方境内追捕和搜查，可委托对方调查缉捕。"

③ 荆长岭、易志华、吴兴民：《全球化时代的国际刑事警务合作》，中国人民公安大学出版社 2014 年版。

议方面，应尽快补充完善跨境缉捕方面的合作内容，明确规定两个相邻成员国间紧急情况下要进行跨境缉捕犯罪嫌疑人，应满足以下几方面法律要求：

其一，双方应签订有司法协助条约或警务合作协议，即便这些条约或协议没有明确规定可相互进入对方境内进行追缉的具体条款，但只要没有明确禁止，就可以通过协商进行。

其二，缉捕方警务人员从本国领土开始缉拿犯罪嫌疑人，在缉捕过程中，犯罪嫌疑人潜逃入另一国领土，且被缉捕的犯罪嫌疑人非另一国国民。

其三，缉捕的犯罪嫌疑人或逃犯实施了双方国家都认可的犯罪行为。

其四，缉捕工作必须限定在边境地区一定范围内，例如，距离边境线 10 千米内可以直接缉捕。如果超过这个范围，不得继续入境缉捕。

其五，警务人员必须不迟延地通知对方警务机关或者双方的警务联络官员，通报该缉捕事件。

其六，缉捕方持有具有法律效力的文书，如逮捕证、逮捕决定书或拘留证等。

其七，将缉捕的犯罪嫌疑人交入境国有关受理机关审核。在对方主管机关的审查并同意下，将犯罪嫌疑人通过简易引渡程序引渡回国。简易引渡审核和批准程序能够保障被请求国的国家利益和其他合法利益。①

第二节　追缴犯罪所得

追缴犯罪收益即我们俗称的境外追赃，是指各国侦查机关或其他司法机关之间通过开展合作，对犯罪嫌疑人转移至国外的非法所得及其收益采取追查、扣押、冻结或没收的一项措施。作为与境外追逃紧密关联的境外追赃，也是当今警务合作的一项重要基础内容。但各国在开展境外追赃的合作过程中，普遍反映出追赃难度较大，追赃效率不高等特点。中国经过多年的努力，虽然在境外追逃工作方面初见成效，将一大批境外在逃的犯罪嫌疑人缉捕归案，但是在境外追赃方面的成果却并不显著。与此同时，大量非法转移的资金滞留境外金融机构，犯罪

---

① 付凤：《全球化条件下的国际刑事警务合作》，载《安庆师范学院学报（社会科学版）》2007 年第 3 期。

嫌疑人在境外大肆购置汽车、房产等固定资产现象较为严重，极大损害了中国的经济利益。①

作为一种国际侦查合作手段，追缴犯罪所得具有十分重要的作用：既能有效证明犯罪嫌疑人的犯罪活动，又能削弱阻断犯罪嫌疑人继续从事犯罪活动的经济基础，并为国家和受害人挽回财产损失。目前，上合组织成员国国家警务合作的内容仅限于调查和获取证据，对如何追缴犯罪所得或者犯罪收益尚未深入开展合作。也鉴于此，我们有必要在今后的上合组织警务合作中建立有效合作途径，强化追缴工作的合作力度。

一、追缴范围及措施

犯罪所得即指犯罪者直接或间接地通过犯罪而产生或获得的任何财产，其既包括土地使用权、土地上的附着物如建筑物、自然附属物、机器设备等固定资产，也包括现金存款、金银首饰、有价证券、家用电器等流动资产和专利权、商标权、著作权等知识产权以及保险、赠予等所有权或债权凭证。

追缴是对上述犯罪所得进行识别、调查、搜寻、扣押、冻结、没收、返还或上缴国库的过程，其重点在于没收和返还，目的是使犯罪人丧失通过犯罪所得取得的经济利益。由于追缴犯罪所既可以是刑事措施，也可以是民事行政措施；从步骤上讲可分为追查、冻结或扣押、没收或返还三个阶段，因此各国的警察、检察、法院或其他机关都有与本机关职责范围相应的追缴范围和追缴权力。

二、追缴合作途径

境外追赃最早运用于各国共同打击毒品犯罪，1988 年通过的《联合国禁止非法贩运麻醉药品和精神药物公约》，就确立了追缴毒品犯罪收益的规则。随着各国在境外追赃领域合作的不断深化，追缴的范围逐步向惩治洗钱犯罪等多领域扩展。通过境外追赃追缴的各项犯罪收益，是指直接或间接地通过犯罪取得的任何财产，包括由犯罪所得转化或者变换的财产，或是已经与犯罪所得相混合的财产。追缴犯罪所得或者收益，已经是《联合国反腐败公约》和《联合国打击跨

---

① 德丽娜尔·塔依甫、张尧：《中国境外追逃工作难点及对策分析——以"猎狐 2014"专项行动为视角》，载《净月学刊》2015 年第 4 期。

国有组织犯罪公约》中规定的刑事司法协助的新中心。①

中国公安机关积极探索境外追赃的实施措施，通过不断加强在全球范围内的对外合作，努力追缴被转移至境外的犯罪资产。具体而言，中国公安机关进行境外追赃的途径主要有以下几种：

一是依据警务合作协议。中国警方已与 50 个国家的内政警务部门签署了双边警务合作协议，可以直接提出追赃并协助返还的请求。②

二是依据刑事司法协助条约。对于协助追缴赃款赃物，以签署刑事司法协助条约为前提的国家，可通过刑事司法协助的方式，请求该国在其法律许可范围内进行追赃。我国刑事诉讼法在 2012 年修改时增设了"犯罪嫌疑人、被告人逃匿、死亡案件违法所得的没收程序"，对外逃一年或死亡的犯罪嫌疑人、被告人因涉嫌犯罪的违法所得，经人民检察院申请，人民法院可以作出没收违法所得的刑事裁决。因此，在我国审判机关作出了特别没收的刑事裁决之后，就可以以刑事裁决书作为依据，请求账款赃物流入国按照刑事司法协助程序，协助追回犯罪违法所得。

三是依据引渡条约，对于已同中国签署引渡条约的国家，可在该国同意引渡犯罪嫌疑人时，在被请求国的法律允许的范围内，将涉案的犯罪工具、犯罪所得和犯罪收益等，一切与犯罪有关的财物进行移交。

四是直接民事诉讼。如果赃款赃物有明确的合法所有人或具体受害人，且债权债务清晰，则可以由被害人直接在境外提出民事诉讼。相比于通过刑事司法协助的方法追赃，在境外提起民事诉讼具有法律依据完备、证明标准宽松、可以提出财产保全请求、进行缺席判决、裁决在其他国家容易被承认和执行等优点，能更有效地限制犯罪嫌疑人的资金活动，有利于公安机关开展境外追赃。③

五是利用赃款赃物所在国犯罪所得追缴法或其他国内法进行追赃。目前，各个国家关于犯罪所得的追缴都有法可依，比如英国 2002 年通过的《犯罪收益（追缴）法》，对赃款赃物的追缴有专门的法律规定。中国先后加入的《联合国

---

① 王君祥：《中国-东盟区域刑事合作机制研究》，中国人民公安大学出版社 2012 年版。

② 赵阳、蒋皓：《中国公安机关境外追赃 5 条路可走》，载《法制日报》2012 年 11 月 30 日第 5 版。

③ 孙婧惠：《经济犯罪侦查中境外追赃的难点及对策》，载《湖北警官学院学报》2015 年第 10 期。

打击跨国有组织犯罪公约》和《联合国反腐败公约》，也都规定了关于追缴犯罪所得的"没收事宜的国际合作"条款，便可通过刑事司法协助"直接追回财产的措施"和"通过没收事宜的国际合作追回资产的机制"等方式，进行追赃。运用刑事政策，促使犯罪嫌疑人或其亲属自动退赃。2014年10月10日，中国最高人民法院、最高人民检察院、公安部、外交部等四部门，联合发布《关于敦促在逃境外经济犯罪人员投案自首的通告》。该通告中规定，积极挽回受害单位或受害人经济损失的，可以减轻处罚。在犯罪嫌疑人尚未被抓获时，利用此种方式最为经济、快捷，可以消除引渡、遣返和刑事司法协助方面存在的法律困难，以及因文化差异产生的障碍，还可以产生良好的示范效应和自动退赃的连锁反应。对于那些顽固分子，可以通过境外执法部门发布消息，对其进行施压，迫使其自动返还赃款赃物。对于已经被中国采取强制措施或者已经押解回国的犯罪分子，可以委托亲友或者境外机构与公安部门接洽，以归还犯罪所得。

2018年10月26日新修订的刑事诉讼法增加了缺席审判制度，对于贪污受贿犯罪以及需要经最高人民检察院核准的严重危害国家安全犯罪、恐怖活动犯罪案件，犯罪嫌疑人、被告人在境外，经监察机关、公安机关移送起诉，人民检察院在审查起诉后决定向人民法院提起公诉的，可以进行缺席审判。缺席审判中当然可以按照刑法第64条的规定，在判决犯罪嫌疑人、被告人有罪之后，在判决书中作出追缴违法所得的决定。

三、追缴合作存在的难点及解决建议

结合中国公安机关境外追赃实践，当前警务合作过程中追赃效率和成功率不高的原因，可归为以下几个方面：

第一，赃款赃物认定方面的问题。在国际刑事司法协助中，被请求国需要查询、扣押、冻结、转交赃款时，通常需要出示相关证据，以证明要协助的款项是犯罪所得或者犯罪所得产生的收益。一方面，查找到犯罪分子转移出境的财物所在地本就困难重重。另一方面，要证明所查找到的财物属于犯罪分子的违法所得就更加困难重重。犯罪分子多以钱款为其他来源为由否定赃款的性质，使追缴工作陷入僵局。在实际追赃中，中国对于违法犯罪所得的证据认定，存在一定难度，因为犯罪嫌疑人在通常情况下，采用洗钱的方式，将在境内获取的大量非法

所得，迅速转移到境外，且具备资金量大、速度快等特点，让侦查部门难以应对。对于境外已通过洗钱方式"漂白"过的犯罪收益，由于非法所得部分难以认定，更难证明资产的非法性，也就难以实现对犯罪收益的追缴。针对中国银行广东开平支行原行长余某贪污、挪用公款案，中国司法、外交和金融等多部门、美国联邦调查局、美国移民海关执法局特别专员、加拿大皇家骑警和香港特别行政区警察署等部门联合对余某转移赃款行为进行了联合调查，认定余某所转移出境的赃款系犯罪违法所得，并最终由美国联邦副检察官和司法部控诉检察官以洗钱罪起诉余某。①

第二，司法裁决及相关法律法规完善问题。国外的法律，往往将司法机关作出的关于冻结、扣押、没收财产的生效裁决，作为协助追缴和返还赃款赃物的前提条件。但根据中国现行法律，公安机关享有对赃款赃物的查询、冻结和扣押权，对犯罪证据的调取权，对被害人的合法财产未经司法裁决的先行返还权。

再如，根据《中华人民共和国刑法》规定，对犯罪分子非法所得的财物采取全部没收的方法，但是，现阶段各国在扣押、冻结和没收资产等问题上实行的证据标准，具有一定的差异性，增大了中国公安机关境外追查、扣押、冻结犯罪所得的难度。

第三，刑事合作主动性问题。以洗钱案件为例，中国在反洗钱的国际合作方面存在着逆差。根据中国人民银行发布的《2013 年中国反洗钱报告》，中国应外国刑事司法协助请求，办理的涉及跨国洗钱犯罪的刑事案件 17 起，公安部全年协助境外警方调查的涉嫌洗钱的案件 404 起，而中国对外发出的涉嫌洗钱案件的刑事协查请求只有 4 起。② 上述数据表明，境外追赃警务合作过程中，中国对外协助较为积极主动，但在请求其他国家协助方面则比较被动。

第四，建立合理的扣除和分享机制的问题。由于赃款往往涉及巨大经济利

---

①　关于余某案中美等多部门合作认定余某转移出境的资金系犯罪违法所得的报道参见：《第一个从美国引渡回中国受审的外逃巨贪是谁?》，载网易网，https：//www. 163. com/dy/article/GVU0CHKB0543OM0R. html，访问日期：2022 年 5 月 8 日。《透视巨贪余某被引渡，中美协商打击外逃贪官》，载新浪网，https：//news. sina. com. cn/c/2004-04-20/03542349992s. shtml，访问日期：2022 年 5 月 8 日。

②　转引自孙婧惠：《经济犯罪侦查中境外追赃的难点及对策》，载《湖北警官学院学报》2015 年第 10 期。

益，任何国家都不会愿意将已经流入本国的资产再退回去。因此，只有建立合理的资产扣除和分享机制，才能得到其他国家执法部门的积极配合。境外追赃多是间接追赃，资产流入国会根据本国的法律和在配合中所占的成果比例收取一定的费用。在这种情况下，中国应根据被请求国付出的努力、资产追回的比例等情况，合理地扣除。对于资产最后的分享，中国应借鉴美国、欧盟等国家签订的协议，改进这方面的不足。《联合国反腐败公约》第 57 条规定：在适当的情况下，除非缔约国另有决定，被请求缔约国可以在依照本条规定返还或者处分没收的财产之前，扣除为此进行侦查、起诉或者审判程序而发生的合理费用……在适当的情况下，缔约国还可以特别考虑就所没收财产的最后处分逐案订立协定或者可以共同接受的安排。该公约规定了赃款追缴中合理的资产扣除和分享机制，值得中国在境外追赃中借鉴。中国在资金扣除和分享方面也已有所改变。2007 年，中国禁毒法首次以立法形式对违法犯罪所得作出分享规定，明确中国在与他国共同合作破获毒品犯罪案件时，可与他国共同分享非法所得、收益等财物。2013 年，中国与加拿大签订了收益追缴和分享机制，初步建立了符合中国国情的资产扣除与分享机制。① 2018 年，《中华人民共和国国际刑事司法协助法》在第 49 条和第 54 条，规定了中国与外国相互开展国际刑事司法协助，可以分享违法所得及其相关财物，分享数额或者比例应考虑各国在合作中提供一般便利条件、重要情报信息、重大协助等因素，由对外联系机关会同主管机关与外国协商确定。

---

① 孙婧惠：《经济犯罪侦查中境外追赃的难点及对策》，载《湖北警官学院学报》2015 年第 10 期。

第十一章　情报信息合作

当前中国与上合组织成员国正积极共建"一带一路"，促使这一地区的能源开发、矿产资源开采、基础设施建设方兴未艾，中国派出的工程技术人员和劳务人员规模不断扩大。同时，随着双（多）边国际关系提升，领导人出访、大型国际会议和经贸文化交流促进活动日益频繁；在发展前景持续向好的情况下，安全的重要性越来越不容忽视，尤其是在中国与上合组织成员国共同建设的油气管道、铁路、公路、发电厂等大型合作项目方面，以及涉及双（多）边共同参与的大型国际活动方面，安保措施和安全服务不可或缺，需要中国与上合组织成员国警务部门深化合作，使中国派驻警务联络官和项目管理方，能与当地警方相互依存、高效合作，以共同防止恐怖袭击、群体性事件和盗窃等外部因素的威胁破坏。且这种依存与合作，以上合组织成员国信息共享、专业知识交流、刑事法律和调查程序标准化为前提。

对一个警察的联合体来说，情报和信息的交流是一切警务合作的开端，更是开启以预防为主的新警务理念时代的重要工具。这一目标的实现，没有情报的全面合作是不可想象的。情报合作的领域，包括恐怖主义、有组织犯罪、洗钱、贩毒、非法走私武器、非法移民等犯罪领域的情报信息。

第一节　情报合作机制

一、情报信息合作机制

（一）上合组织情报合作法律依据

情报合作是推动区域警务合作走向实质性和务实性进程的重要途径，而法律基础的不健全或缺失则会导致情报互换内容、程度和方式等受到限制。因此，上合组织成员国就情报交流合作达成了许多相关协议。

《上海公约》第7条规定上合组织成员国中央主管机关交换情报的范围包括以下几个方面：（1）准备实施及已经实施恐怖主义行为的情报，已经查明及破获的企图实施上述行为的情报；（2）对国家元首及其他国家领导人，外交代表机构、领事机构和国际组织的工作人员，其他受国际保护人员以及国事访问，国际和国家政治、体育等其他活动的参加者准备实施恐怖主义行为的情报；（3）准备、实施及以其他方式参与恐怖主义行为的组织、团体和个人的情报，包括其目的、任务、联络和其他信息；（4）为实施恐怖主义行为，非法制造、获取、储存、转让、运输、贩卖和使用烈性有毒和爆炸物质、放射性材料、武器、引爆装置、枪支、弹药、核武器、化学武器、生物武器和其他大规模杀伤性武器，可用于制造上述武器的原料和设备的情报；（5）已查明涉及或可能涉及恐怖主义行为的资金来源的情报；（6）实施恐怖主义行为的形式、方法和手段的情报。

再如《上海合作组织成员国关于合作打击非法贩运麻醉药品、精神药物及其前体的协议》，规定成员国交换以下有关防止非法贩运麻醉品及其前体问题的情报：①（1）所有在各方领土上已经实施或准备实施的非法贩运麻醉品及其前体的犯罪行为；（2）与非法贩运麻醉品及其前体有关的犯罪嫌疑人；（3）从各方中的一方领土向另一方领土非法运输或准备运输麻醉品及其前体的具体事实和经过；（4）参与非法贩运麻醉品及其前体的带有跨国性质的犯罪集团的机构、人员名单、活动范围、管理和联络情况；（5）个人与在各方领土上实施非法贩运麻醉品及其前体的犯罪团伙接触或可能接触的情况；（6）有关非法贩运麻醉品及其前体犯罪活动的形式和方法；（7）将非法贩运麻醉品及其前体获取的收入合法化的活动（洗钱）；（8）发现流入非法贩运渠道的麻醉品及其前体来源的形式和方法以及制止其非法贩运的措施；（9）违法者对非法贩运的麻醉品及其前体所采用的藏匿和掩护的手法及查缉方法；（10）其他共同关心的问题。

此外，上合组织的其他许多协议如《上海合作组织成员国打击恐怖主义、分

---

① 《上海合作组织成员国关于合作打击非法贩运麻醉药品、精神药物及其前体的协议》，载中国人大网，http://www.npc.gov.cn/wxzl/gongbao/2005-02/24/content_5337666.htm，访问日期：2022年8月10日。

裂主义和极端主义 2007 年至 2009 年合作纲要》等，都对情报交换的范围及内容作了更为细致的规定。

上合组织区域内恐怖主义与毒品犯罪具有典型的共生关系，犯罪案件的多样性也决定了警务情报合作范围的广泛性。目前，警务情报合作核心主要围绕打击"三股势力"，但不应局限于此领域，还应包括毒品犯罪、有组织犯罪、跨国非法融资、走私武器弹药等领域的情报与信息交换。

（二）上合组织情报合作流程与成果

上合组织地区反恐怖机构成立以来，大部分会议内容围绕情报交流展开。例如上海合作组织成员国主管机关代表于 2019 年 12 月 11—12 日在乌兹别克斯坦共和国塔什干市召开的打击恐怖主义、分裂主义和极端主义情报交流会议，就叙利亚、伊拉克和阿富汗反恐形势及其对上合组织成员国安全的影响，上合组织成员国境内国际恐怖主义和极端主义组织违法活动情况，以及各方主管机关打击外国武装恐怖分子的工作情况等，进行了情报交流。[1] 就情报交流过程而言，其大体分为以下三个阶段。

1. 情报收集

收集并建库是情报机制发展的重要方法。国际刑警组织和欧盟刑警组织在这方面的经验对于上合组织的警务情报合作实践具有借鉴意义。一方面，强调警务情报工作的专门性和整体性，注重情报工作的方式方法；另一方面，重视各国情报需求和互换，充分发挥协调引导作用，以便激发成员国收集提供情报的积极性和主动性。在此，我们应特别注意上合组织地区情报收集自身的特点，其表现在以下三个方面：

一是，地域特点决定情报难以通过技术性手段获取。[2] 相比中国和其他文明古国，中亚地区没有数千年一脉相承或凝聚的主流政治文化传统积淀，而是在不断接受外来各种语言、文化、政治、宗教的渗透情况下发展而来。除了塔吉克斯坦地区保持了伊斯兰文明和伊斯兰种族外，其他大部分中亚地区国内矛盾纷争激

---

① 王辉：《上海合作组织地区反恐怖机构及其反恐实践研究》，兰州大学 2020 年硕士学位论文。

② 张杰：《反恐国际警务合作——以上海合作组织地区合作为视角》，中国政法大学出版社 2013 年版。

烈、国家频繁更迭、语言变更、种族变异、宗教全盘伊斯兰化，其政治、经济、文化都表现出更强的分散性、附属性、脆弱性，这使得情报信息难以通过技术手段获取，而更适合人力收集。

二是，复杂的语言环境增加了情报收集的难度。俄语、汉语、吉尔吉斯语、哈萨克语、乌兹别克语等众多民族语言使中亚地区形成复杂的语言环境。一方面，由于政治经济等因素，社会交往中人们多采取俄语，如大部分教科书、文字资料等用俄语；人们接触到的大部分电视、广播节目，音乐、艺术等多源自俄罗斯媒体频道；另一方面，除俄语之外的其他民族语言在社会底层和偏远地区广泛使用，成为当地居民日常交流的唯一工具，而这些地区又相继成为恐怖分子长期活跃的地方，由于学习和掌握这些民族语言的途径有限，几乎没有专门的资料，收集这些地区的情报信息十分困难。但毫无疑问，对于反恐情报收集而言，收集过程中以何种语言为工具不是以主流文化语言来确定，而是以恐怖分子所善用的语言为主导，且对这种语言的使用和掌握程度也决定了所收集情报的准确性和广泛性。①

三是，情报收集的本土化和平民化特性。基于中亚地区语种、民族的多样性，情报收集过程必须适应本土化、世俗化的特点，才能保证情报收集的全面性和真实性。仍以恐怖主义犯罪为例，恐怖分子在中亚地区发展和信息传播方式并不局限于技术手段，而是保留着大量人力方式，尤其用向青年群体进行意识形态渗透的方式。因此，情报的收集也不应局限于专业人员，而应扩展到商人、民间组织、社团甚至学者学生等各个层次。

2. 情报协调与管理

及时把来自不同成员国和经过不同途径获得的情报汇总即情报的协调和管理，是后续情报分析和利用的前提，也是成员国情报合作的关键环节和难点所在。由于地区情报组织收集渠道繁多、价值、容量各异，需要上合组织建立专门机构并运用科技手段对各类情报加以快速集中管理和整合，消除成员国个体差异，增强情报在成员国侦查部门间的流动性。

但上合组织早期情报事务的展开主要以泛式的情报交流为主，时间周期上以

---

① 张杰：《反恐国际警务合作——以上海合作组织地区合作为视角》，中国政法大学出版社 2013 年版。

若干个月的定期情报互换交流为主，尚未达到以日为单位的常态化情报互换交流程度。且由于各国情报信息技术发展的不平衡性，极大影响了成员国间的警务情报合作。目前上合组织成员国中，只有俄罗斯的情报信息系统化、网络化程度较高，中国和中亚各国内部的警务网络信息系统建设尚处于起步阶段。今后需以国际刑警组织情报技术的研发应用为榜样，建立上合组织区域较完备的跨国犯罪数据库。

3. 情报分析与研判

没有分析的情报是没有价值的情报。实践中对很多突发恐怖袭击事件进行倒查，不难发现往往事件发生前有关部门就已经找到了事件爆发的信号和情报，但因未及时整理、分析或传递而降低了行动部门反应速度。情报分析制度的建立需要从几方面着手：

一是建立情报分析专家库。情报分析专家来自各国情报部门、成员国专家团、行动部门、技术部门及决策部门。经过专家共同分析与评估得出结论并按期提交给决策部门，通过加密网络实施传输。

二是情报分析制度。包括即时分析制度、每日分析制度和定期分析制度。即时分析是接到情报的专家即时进行分析研判，对可能有重大威胁的情报即时传递，即时分析尽管发生频率不高，但却是专业人员应具备的职业素养。每日分析作为基本的情报分析制度，应结合定期评估会议对一段时期的定量情报进行定性描述。情报部门不仅要给决策者提供战略性情报，还应提供高精度的战术情报。

三是情报分析研究。分析情报来源的可靠性和内容的准确性、有效性，有时情报的来源可靠，但内容却非常不准确；有时不可靠的情报来源，其提供的情报内容却很准确。在对情报的这两个重要属性进行分析后，进一步对情报进行战术性和战略性研判。以恐怖主义情报分析为例，战略性研判即研究预测恐怖主义的趋势、恐怖主义活动现状、发展演变状况、恐怖主义犯罪短期、中期和长期趋势，提出可供选择的决策预选方案；战术性研判包括分析恐怖分子的作案时间、方式、地点、手段，总结侦破的经验教训，形成书面材料，经各国专家组成员的综合评估及分析形成报告，提交政策制定部门。正如有学者指出的，对上合组织而言，反恐情报机制最终目标就是形成反恐预警系统，一方面预警可能发生的恐怖主义活动，在恐怖事件发生前尽可能减少恐怖效应；另一方面，预警可能发生的恐怖袭击细节，预警可能发生的恐怖活动特征，如规模、行为、地点、组织方式、武装情况、下一次的目标、时间及时差、可能发动袭击的方式等。[①]

目前，上合组织地区反恐怖机构理事会批准并运行有《统一的上海合作组织成员国执法、安全部门国际通缉的实施或涉嫌实施恐怖主义、分裂主义或极端主义犯罪人员名单》，该统一通缉名单内共列入 3000 余名人员。同时还运行有《上海合作组织成员国境内禁止活动的恐怖主义、分裂主义和极端主义组织清单》，该组织清单内共列入包括"伊扎布特""塔吉克斯坦伊斯兰复兴党"和"安萨鲁洛林""伊斯兰国""努斯拉阵线"等在内的 100 余个组织。统一通缉名单和组织清单，基于上海合作组织成员国有关情报和本国法律判决，进行系统化更新管理。[②] 这些名单和清单也展示了地区反恐怖机构情报工作的有效性。

二、情报信息共享系统

情报共享要求上合组织成员国能树立组织责任意识，淡化情报"所有权"观念。各成员国在情报收集获取过程中，发挥自己最大的优势，尽可能地收集到更加全面、更加有效的信息情报，主动与其他成员国进行情报的分享与利用。上合组织也应更加注重与其他国际组织之间的情报信息的共享，利用自己在情报搜集和情报分析方面的优势，积极主动地与其他组织建立共享机制，以共同打击恐怖主义、极端主义等一系列威胁人类安全的犯罪。

随着互联网的普及，恐怖分子会利用互联网传播速度快的特点，在网络上故意散布虚假信息，利用人们对恐怖事件的惧怕心理，控制舆论导向，以此来制造恐怖氛围，扰乱正常社会管理秩序。上海合作组织地区反恐怖机构可利用各类数据分析平台，实现各成员国之间的线上信息的共享，时刻监督和关注网络信息，为搜集准确、可靠的反恐情报和提升反恐工作提供帮助。除了线上信息的共享之外，上合组织还应该做好线下信息，即现实生活中的信息共享。如提供现场信息、过去的历史信息等，对现场信息的共享，可以使反恐组织很快掌握涉及人员的数量、波及范围的大小以及受伤害程度等，使其作出最有效的判断和决策，可

---

① 张杰：《反恐国际警务合作——以上海合作组织地区合作为视角》，中国政法大学出版社 2013 年版。

② 王辉：《上海合作组织地区反恐怖机构及其反恐实践研究》，兰州大学 2020 年硕士学位论文。

以提高反恐机构和组织的反应力，为有效、及时地开展现场救援活动，顺利解除危机提供依据。① 各成员国之间形成共同负责的信息共享观念和构建健康的情报共享文化，通过确定共同的情报共享原则和共享观念，加强对业务人员的训练和培养实践交流能力，促使其形成主动共享情报的意识，通过一系列的奖惩措施，来达到反恐怖情报共享、共荣的良好环境和氛围。

（一）情报信息共享系统范例

1. 国际刑警组织"I-24/7"全球警用通信系统和数字犯罪中心

国际刑警组织核心功能之一，就是确保世界各国警察安全、快捷交换警务情报信息。I-24/7 是一套全天 24 小时、每周 7 天永不停息的"全天候"信息处理系统。其根据互联网协议，运用加密、病毒保护、访问控制以及互联网保护技术，在 1‰秒内获取相关信息，为所有执法人员提供联系手段和实时信息查询，使其能够共享犯罪分子和犯罪活动的重要资料，连接所有会员国的警方系统。I-24/7 全球警务信息交流系统，使授权用户共享重要警务信息，搜索国际刑警组织数据库，获取国际刑警组织警务协助及服务。国际刑警组织正逐步放宽成员国对于 I-24/7 的使用权限，尽可能使更多国家的警察能直接连接到国际刑警组织的操作系统和服务中。

国际刑警组织的第一代专用通信网络采用传真和无线短波技术。20 世纪 90 年代初转向数据网络，于 1994 年开始建设基于 X.25 网络与 X.400 电子邮件技术的第二代专用通信网络。20 世纪 90 年代后期，互联网技术发展及应用突飞猛进，国际刑警组织开始筹划通信网络的升级换代。2003 年 1 月，基于互联网技术的国际刑警第三代专用通信网络建设工程拉开帷幕，因其技术实用、安全可靠、费用低廉、成效显著而迅速取得成功，建成了连接国际刑警组织总秘书处（含地区局、驻欧盟与联合国代表处等派出机构）和各国家中心局的 I-24/7 网络主干，而各国家中心局又根据自己的需要，从其中心局向本国国内执法机构进一步延伸扩展 I-24/7 网络。②

---

① 王辉：《上海合作组织地区反恐怖机构及其反恐实践研究》，兰州大学 2020 年硕士学位论文。

② 伊文：《国际刑警组织情报信息系统概况——"I-24/7 系统"简介》，载《公安研究》2005 年第 8 期。

I-24/7 网络主干采用虚拟专用网（VPN）技术，构建于互联网之上。网络主干呈星形结构，位于法国里昂的国际刑警组织总秘书处作为网络核心，辐射各成员国中心局。为了进一步提高网络主干及信息服务的可靠性，国际刑警组织于2014 年启用位于新加坡的"全球综合创新中心"。总秘书处在该中心建立第二个网络核心及相应的信息系统，作为总秘书处网络核心及信息系统的完整备份。各国家中心局作为 I-24/7 国内网络的中心，可灵活运用多种方式扩展 I-24/7 网络和信息服务覆盖范围，横向延伸至各执法机构，纵向延伸至一线执法岗位。

按照 I-24/7 国内网络的建设规模和使用范围，一般将 I-24/7 国内网络划分为三种类型：一是小型独立网络。只有国家中心局接入 I-24/7 网络，未扩展到国内其他执法机构。二是中型网络。国家中心局配备了电子邮件、文件存储等服务器，并与本国警察内部网络进行有限的互通。目前，中国中心局 I-24/7 系统为中型网络配置，设有电子邮件、文件存储、数据库等服务器，网络延伸粗具规模。国际刑警组织中国国家中心局北京、上海、广东、黑龙江联络处（办），公安部主要业务局，天津、广州、深圳、武汉、苏州等市公安机关和海关总署缉私局等单位已接通 I-24/7 系统。三是大型网络。I-24/7 网络与本国警察内部网络互通，网络互联安全可控，警察内网用户可根据授权使用 I-24/7 网络提供的相关信息服务。

国际刑警组织总秘书处在 I-24/7 网络上设立了门户网站，总秘书处和成员国的 I-24/7 用户按照授权，浏览网站发布的信息。国际刑警开发的应用系统，也通过该门户网站运作，用户可以查询警务数据库、获取情报信息，也可以上传、下载、修改数据库信息，实时发布国际刑警红色通缉令。此外，I-24/7 网络提供内部电子邮件服务，今后还将提供 IP 电话和 IP 视频会议等增值服务。I-24/7 网络是国际刑警组织传输、交换警务信息的主要媒体，网络安全和网络运行质量至关重要。I-24/7 网络应用商用加密技术，通过加密链路传输信息，网络内置多重防病毒、防入侵设施，用户上网权限管理严格。总秘书处设有网络运行和网络安全部门，由专业技术人员全天候负责 I-24/7 网络运行维护和安全监测与事故处置，确保网络运行稳定、安全。

I-24/7 系统从根本上变革了全球执法机构的合作形式，使侦查人员应用国际刑警组织的先进工具，在看似毫无关联的情报信息中建立联系，从而便利警方的侦查活动并协助侦破案件。授权用户可以直接进入犯罪嫌疑人或通缉犯数据库、失盗旅行证件数据库、失盗机动车数据库、指纹、DNA、失盗公文及失盗艺术品数据库，并在几秒钟内搜索和确认信息。成员国工作人员可提交申请查询数据库中的信息，只需通过扫描仪扫描护照或手动输入其身份证号码，与数据库中的信息进行对比。同时，经过查询国家数据库，如果信息存在，要么在国际刑警组织总秘书处找到，要么通过国际刑警组织 I-24/7 全球警察通信网络的数据中心，在本地副本数据库中找到，有关人员将在收到答复的几秒钟内通过电子警报系统，通知有关会员国可能的匹配信息。

I-24/7 系统也使各成员国能够访问彼此国家的数据库，使用的是用户对用户的连接，且用户可以将系统界面用语自行转换为各成员国语言。各成员国国家中心局工作人员还可以自行增加或修正，各自提供给国际刑警组织的数据信息。I-24/7 系统支持中心配有高级技术人员，为成员国提供 24 小时不间断服务。所有成员国国家中心局不仅都已与 I-24/7 系统实现连接，而且正进一步延伸至各成员国主要执法机构，如边境关口、机场口岸、海关及移民口岸等，从而使执法人员能够直接访问国际刑警组织三大关键数据库：犯罪人员信息数据库、失盗旅行证件及失盗机动车数据库，提高侦查效率。[1]

2014 年，亚洲航空首先使用了国际刑警组织 I-Checkit 系统，涵盖 100 个亚洲机场及每天 600 个国际航班，横跨超过 20 个国家，以此减少因失窃护照对国际安全造成的风险。乘客在乘坐飞机出境时会被要求进行护照扫描，以确定其所持有的证件是否进入了国际刑警组织的失窃及遗失旅游文件（SLTD）资料库，护照号码会与资料库中来自 190 多个国家的数千万记录进行比对，比对所需时间仅 0.5 秒。I-Checkit 可让航空公司比对失窃及遗失旅游文件资料库，但并不能直接存取资料。有关计划将遵从国家资料保护法相关法令，任何个人资料将不会连接至国际刑警组织。仅旅游文件上的号码、文件格式和国家编号，将与失窃及遗失旅游文件资料库进行比对。当乘客的护照与资料库资料吻合时，经进一步确认，警报将传至法国里昂的国际刑警组织总部总秘书处和拥有该旅游文件资料的国家的中心局。亚航也将依照程序将乘客交由地方执法单位。[2]

---

[1]　吴新明、刘昭：《什么是 I-24/7？》，载《人民公安》2012 年第 24 期。

[2]　《航空公司引入国际刑警组织 I-Checkit 系统》，载《劳动报》2014 年 5 月 14 日。

此外，设在新加坡的国际刑警组织全球创新大厦（INTERPOL Global Complex for Innovation，IGCI）的数字犯罪中心，也已成为打击跨国网络犯罪的国际枢纽和中心。该中心旨在协助国家和部门开展跨国执法行动，同时将与打击跨国网络犯罪相关的执法、公司企业和学术科研等机构的专家开展合作，引进和利用其相关的专业技术、工具和基础设施，避免重复性活动，并借助其专业资源和条件协助全球执法行动，有效打击跨国网络犯罪，增强网络安全。国际刑警组织还提供专门培训，开通 24 小时不间断网络支持系统，为成员国警方提供证据调查和收集以及专家咨询等服务。① 国际刑警组织多次组织召开国际研讨会，进行跨国网络犯罪情报交流和调查研究，预测跨国网络犯罪的发展趋势，开展联合行动，提高各成员国执法能力和情报交流水平。

2. 欧洲刑警组织情报信息系统

《欧洲刑警组织公约》第 3 款明确了欧洲刑警组织的 7 项任务：（1）促进成员国间信息交流；（2）收集、整合及分析情报和信息；（3）一旦获得涉及成员国的情报信息第一时间通知相关成员国；（4）向成员国国家局提供所有有关情报和信息以协助成员国进行侦查；（5）建立和维持用于信息收集的计算机系统；（6）协助联合侦查行动；（7）请求有关成员国对特殊案件采取行动或特供协助。可见，这 7 项任务中，有 5 项涉及情报信息的收集、整合、分析与交流。

2000 年，欧洲刑警组织成员国通过管理董事会，共同将"整合、分析和共享情报信息"，确认为欧洲刑警组织的核心业务。核心业务的确定，直接影响欧洲刑警组织的发展趋势和重心。为此，欧洲刑警组织大力发展用于情报信息收集、整合、分析和交流的专业 IT 系统，升级原有系统的同时，持续研发新系统，欧洲刑警组织使用的信息系统有 Secure Information Exchange Network Application（SIENA）、Europol Information System（EIS）、Europol Analysis System（EAS）、Analysis Work Files（AWFs）、Overall Analysis System for Investigation Support（OASIS）等。② 2010 年，欧洲刑警组织正式成为欧盟常设机构，其情报管理中心（Europol Knowledge Management Centre）的数据库和 ICT（Information and

①　薛忠杰：《国际刑警组织——打击跨国网络犯罪之戟》，载《中国公共安全·学术版》2014 年第 4 期。

②　牛家玮：《欧洲刑警组织历史沿革浅析》，载《江苏警官学院学报》2014 年第 4 期。

Communication Technology）系统也得到飞速发展。

为进一步加强欧盟国家反恐情报信息共享的实时性和有效性，2016 年 1 月，欧洲刑警组织正式启动欧洲反恐中心。该中心成立的宗旨，就是协助欧盟成员国在打击外籍"圣战"分子、追查恐怖组织资金来源、打击互联网煽动行为和武器走私等方面，加强情报共享与行动协调。①

3. 申根信息系统

为了保障安全，《申根协议》成员国于 20 世纪 90 年代中期提出了共同建立通缉信息数据库，也就是申根信息系统（SIS）的构想。从 1995 年开始生效的申根协议使人员和货物在没有边境检查的环境下自由流动成为可能。除了英国、爱尔兰、塞浦路斯、罗马尼亚和保加利亚以外，所有欧盟成员国都是申根国家。此外，加入申根协议的还包括像列支敦士登、冰岛、挪威和瑞士这样的非欧盟成员国。申根地区内的民众可以自由出入，但进入申根国家之前仍需要面对边境检查。申根信息系统第一代联合数据库中储存的信息主要包括通缉、失踪或者被监视人员的信息。随着欧盟 2004 年的扩张，新成员国也被囊括到这一信息系统中。除此以外，信息库从那时开始还存储了与生物识别、指纹和照片有关的信息，并建立起相互关联。借此，欧洲各国的海关、边境检查以及司法机关不仅可以掌握失踪以及犯罪嫌疑人的信息，还可以追踪汽车以及武器的去向。时任德国内政部发言人拜尔-波洛克（Markus Beyer-Pollok）曾指出：在取消了申根国之间的边境检查后，各国在共同打击犯罪的过程中能够紧密合作，交流信息尤为重要。为进一步维护欧盟境内的自由与安全，第二代申根信息系统于 2013 年投入运营，集中储存数据，且和其他一些正在成形的登记系统实现关联。比如说，所有出入申根地区的旅客信息都将被存储在一套欧盟出入境登记系统中，一个国家发出的通缉令，能够在几分钟内进入其他所有申根国家的信息处理系统。这样，所有申根国家的边境检查机构，能够在最短的时间内收到紧急预警信息。

（二）情报信息共享面临的现实问题及经验借鉴

情报信息系统为警务合作带来信息共享便利的同时，也面临维护民权及信息

---

① 《欧洲刑警组织说欧盟国家反恐情报共享得到加强》，载新华社网，http：//news. xinhuanet. com/2017-01/31/c_1120395228. htm，访问日期：2017 年 1 月 31 日。

安全等诸多挑战，目前这些现实问题，也影响着区域警务合作中情报信息共享的效率。特别是由于近年来欧洲地区发生的一系列恐怖袭击事件，犹如星星之火般呈现蔓延态势，如瑞典首都斯德哥尔摩的卡车冲撞人群、德国柏林的卡车冲撞圣诞集市，以及英国伦敦的汽车冲撞人等恐怖袭击事件，所使用的攻击手法也如出一辙。欧盟认为各成员国边境简单的目测检查已远远不够，于 2017 年 4 月 7 日批准了一项新的反恐法规，规定欧盟所有出入境人员都须接受证件检查，且必须同时利用三个不同的数据库，即申根信息系统 SIS、国际刑警组织数据库、成员国相关数据库等，对出入境人员的证件有效性进行仔细检查。①

1. 信息安全与情报共享的现实矛盾

德国马歇尔基金会的研究员施瓦策尔说："一些国家拒绝分享机密情报，导致这方面的进展一直受限。"内部安全、法律事务及情报向来由成员国各自掌控，而欧洲大国德国、法国和英国，都拒绝把这方面的权力移交给布鲁塞尔。格朗指出："欧盟成员国的反恐事务，倾向于透过双边管道或以小组的形式进行。"欧盟成员国都不大信任像欧洲刑警组织或国际刑警组织这些跨边界机构，担心一旦和它们分享情报，这些情报就会传开来让更多人知道而失去了隐秘性。② 在这种背景下，对全欧洲范围内的警方数据进行统一的高水准保密，就显得更为重要。即必须用一套欧洲统一的标准，规定哪些类型的信息可以被存储，谁有权翻阅这些信息。各国以及欧盟的数据保护机构必须给予协助，检查第二代申根信息系统储存数据的合法性。

2. 个人隐私信息数据保护问题

（1）明确规定计算机系统可存储资料的类别与范围。欧洲警察组织的信息资料处理基本围绕三大系统展开：信息系统、以分析为目的的工作档案（分析系统）和检索系统。信息系统只能存储、修改和使用属于欧洲警察组织管辖的犯罪活动的信息情报，与所管辖之犯罪相关联的其他犯罪活动的资料信息，不得纳入其中。存入信息系统的资料必须与下述人有关：a. 根据成员国国内法，涉嫌犯有或参与欧洲警察组织有权管辖的犯罪的人，或者已经因这类犯罪被定罪的人；

---

① 《欧盟反恐新规强化边检 申根名存实亡》，载搜狐网，http：//www.sohu.com/a/132836428_427664？_f=v2-index-feeds，访问日期：2017 年 4 月 9 日。

② 《欧洲国家对情报分享存顾虑 集体反恐效率降低》，载《联合早报》2015 年 1 月 14 日，http：//news.nen.com.cn/system/2015/01/14/015258696.shtml。

b. 根据成员国国内法，有重大理由确信其将犯欧洲警察组织有权管辖之犯罪的人。被存入信息系统的上述人的个人资料，只能包括：a. 姓、婚前姓、教名和化名或假名；b. 出生日期和出生地点；c. 国籍；d. 性别；e. 在必要时，其他能够协助进行同一认定的特征，包括任何特殊的不易改变的客观生理特征；f. 犯罪行为、被指控的犯罪及其实施的时间、地点；g. 被用于或可能被用于实施犯罪的手段；h. 案件处理部门及其整理的档案材料；i. 涉嫌为犯罪组织的成员；j. 与欧洲警察组织有权管辖之犯罪有关的有罪判决等。分析系统只能存储、修改和使用欧洲警察组织管辖权限范围内的有关非犯罪活动的个人资料（包括关联犯罪的相关信息）。工作档案为分析（包括资料的收集、加工或利用）目的而开放，但只有分析专家才有权向有关档案输入和撤回数据。为了突出对个人基本人权的保护，分析系统运作时需要提取个人资料的，必须经管理委员会的事先同意并作出决定后，方可用于分析。①

（2）专章规定信息处理的一般规则

Convention on the Establishment of a European Police Office（简称《欧洲警察组织公约》）第四章专章提供了资料信息在交换、使用、处理、保密等各个环节的法律规则。在资料提供和使用方面，欧洲警察组织和成员国都有资料保护的法律责任，所有处理资料的过程，均须制成日志以供追查。成员国输入、传送本国资料给欧洲警察组织时，应确保收集与传送的合法性，资料的正确性、真实性，存储期间的合法性，并随时更新；欧洲警察组织负责由第三国接收资料信息的合法性，分析所获信息的正确性，并监督成员国或第三国所分析资料的过滤、存储程序。从欧洲警察组织的信息系统、检索系统，以及分析系统中获取的个人资料，以及以任何恰当方式交流之资料，只能由各成员国有权当局根据国内法，为预防和打击欧洲警察组织管辖范围之内的犯罪，或者打击其他严重犯罪类型而使用。为其他目的而使用的，必须由资料输送国根据国内法事先批准。由成员国提供的原始资料，在传送第三国前，也应征得该成员国同意，欧洲警察组织必须考虑资料的传送，是否危害该成员国的国家安全与公共秩序。第三国必须保证该资料仅

---

① 刘为军：《欧洲刑事警察组织个人资料保护制度研究》，载《北京人民警察学院学报》2006 年第 6 期。

用于所请求的目的，并且遵守保密规定。①

再如，个人有权获取本人信息的规则。《欧洲警察组织公约》第 19 条规定，任何个人都有权根据基本人权，请求获取或查询欧洲警察组织储存或正在审查的关于他本人的信息。除非要求获取的资料具备下列情形，不得拒绝申请人的请求：a. 有关资料为欧洲警察组织适当履行义务所必需；b. 有关资料为保护成员国安全与公共秩序或预防犯罪所必需；c. 为保护第三方的权利与自由所必需。如果欧洲警察组织在 3 个月内未对申请人的请求作出任何答复或者拒绝查询的，申请人可向联合监督机构上诉，后者必须进行审查。该规定也适用于存放在欧洲警察组织系统中的以纸本档案形式管理的非自动化数据。根据《欧洲警察组织公约》第 20 条规定，当事者还可以请求欧洲警察组织更正或删除错误或过时的资料。《欧洲警察组织公约》第 22 条将个人资料的存储时限，设定为仅为"欧洲警察组织工作所必需"，并应执行定期检查制度，检查并删除不必要的档案。此外，欧洲警察组织的内部机构和工作人员，在任职期间和离职后，均负有言行谨慎和保密的义务。各成员国应对违反谨慎和保密义务的工作人员依国内法追究法律责任。

（3）明确不当使用资料的赔偿责任。《欧洲警察组织公约》第 38 条规定，成员国因不正确的资料或非法保有个人资料，造成个人损害的，应承担赔偿责任。不正确的资料经欧洲警察组织传送第三方的，或是由于欧洲警察组织的分析结论导致错误的，欧洲警察组织应承担赔偿责任。

（4）确立资料保护的执法监督机制。监督欧洲警察组织是否确实遵守了资料保护的相关规定，是管理委员会、各成员国监督机构和联合监督机构的主要任务。各成员国监督机构，负责监督欧洲警察组织是否依据本国法律处理信息，监督本国中心局与联络官处理个人查询请求。联合监督机构设有专门的申诉听证与复核委员会，负责核查欧洲警察组织的活动，是否合乎《欧洲警察组织公约》规定，确保个人权利不受欧洲警察组织的不法侵犯。②

---

① 刘为军：《欧洲刑事警察组织个人资料保护制度研究》，载《北京人民警察学院学报》2006 年第 6 期。

② 刘为军：《欧洲刑事警察组织个人资料保护制度研究》，载《北京人民警察学院学报》2006 年第 6 期。

第二节 驻外警务联络官

我们将警务合作分成三个层次进行解读：第一层次即宏观层面，属于政治精英型警务，如制定宪法问题、协议的遵守、立法与国内法的协调等。这一层面的行为者制定政策，谈判并签订协议；同时又要坚持各自国家权力至上的立场。第二层次即微观层面，属于操作行动型警务，包括具体犯罪调查，以及对特定犯罪类型的预防和控制等。这些任务由警官和警察管理者完成，他们的任务就是单边执法或是与外国警察机构合作执法。在宏观和微观层面之间还有非常重要的一个层次，即第三层次中观层面，属于专业协调型警务，包括执行机构，合作实践以及警察和执法机构等相关程序。处于中观水平行为者居于政治行为者与单纯执行人员之间以及各自利益间的缓冲者地位。警务联络官是技术熟练但数量不多的警察专业人士，他们在中观层面上把政策制定者与调查者和执法行为的功能联系起来。因此，警务联络官的地位相对于各自国家内部警察机构的总体执法任务来说较为边缘，但显然他们的活动舞台是国际化的，即在国际层面上为操作行动型警务制定规则使之制度化，同时通过说服各国政治行为者将相关做法变为国内法，从而将一些调查合作方法机构化、法制化。①

一、驻外警务联络官的特点

驻外警务联络官（Police Liaison Officers）起源于 20 世纪 70 年代的欧洲，是指一国警察机构派驻到另一国，以外交人员身份代表本国与驻在国（地区）开展警务联络等各项工作的警察，其也因此被称为"警察外交官"或"境外 110"。中国驻外警务联络官是公安部派驻境外的中国警察，在中国驻当地使馆的领导下，开展警务、执法等方面的协调。他们工作在国际执法合作前沿，在境外追逃一线，其核心目标是实现国际执法合作的"直接快捷、务实有效"。在协调和联络工作中具有自身的特点和优势。

1. 身份双重性

---

① ［加］弗里德里克·勒米厄编著：《国际警务合作的理论与实践》，曾范敬译，中国人民公安大学出版社 2016 年版。

警务联络官既是外交官又是职业警官，且其熟悉本国国内公安业务、执法体系和司法程序，在处理涉及警务内容的外交工作时，能发挥其他外交官无法比拟的专业优势。即联络官与普通外交官有所不同，联络官有警察身份，更容易得到其他国家对口部门，像警察局、内政、情报等部门的认可；且警务联络官自身具备的侦查意识使其比一般的外交官更具有职业敏感性，在保障使领馆安全，了解海外公民安全形势方面更能发挥其优势。

2. 职位的专属性

警务联络官除熟悉本国国内公安业务外，还掌握驻在国的相关司法程序和执法情况，其专职负责国家间警务执法合作过程中的沟通、协调与联络，从而能够寻找出更加快捷有效的合作途径。因为对警务联络官的基本要求就是，在所驻国有事必须能"找得到人，说得上话，办得成事"。警务合作实践中很多案件办理"需要人脉，如果按程序，可能连人都见不到，更别说办事了。这就要求联络官能有自己的捷径。通过关系网的建立，发挥很多特殊的作用"。①

3. 岗位的固定性

警务联络官长期派驻使领馆，可以保障工作的相对稳定和连续性，这样更容易促成一种良性的联络合作机制形成。与临时出访相比，警务联络官有更多的精力去研究驻在国的法律体制和刑事司法协助体系，这不仅有利于促进警务执法合作的顺利进行，也有利于学习驻在国先进的警务管理理念，掌握世界警务执法方面的发展动态，推动本国警务工作的改革创新。

二、驻外警务联络官的职责

联络官在国外的职责主要包括以下几个方面。

1. 情报信息交流

一方面，警务联络官要与所在国的警察、内政等部门进行信息交流，有计划、有针对性地进行对外宣传，介绍本国警务执法情况，增进驻在国与本国执法部门的了解和友谊；另一方面，警务联络官也应调查研究驻在国（地区）治安、执法情况，了解和掌握驻外使领馆及旅居国外的本国公民面临的安全形势，及时

① 《公安部驻外警务联络官遍布31国62名警务大使建立关系网以发挥特殊作用》，载《重庆法制报》2016年1月29日，http://www.pacq.gov.cn/pajss/2016/0129/56882.html。

向派出国汇报并提出意见和建议。2016 年 8 月 30 日，中国驻吉国使馆曾发生恐袭爆炸案，警务联络官蔡志雄积极发挥协调联络作用，落实双方在执法安全领域的情报交流、案件协查、能力提升等合作机制。蔡志雄为此获得吉国国家安全委员会颁发的"促进合作"奖章，肯定其为促进吉国与外国执法安全合作所作贡献。①

2. 协助调查取证

警务联络官还应积极协调办理有关涉外案件，如涉及两国跨国案件的调查取证、追逃追赃。当前实践中涉及较多的有涉毒案件、反恐、电信诈骗、洗钱、假币、拐卖妇女儿童、走私等。特别是在近些年的追逃追赃执法合作中，驻外警务联络官协调沟通更起着至关重要的作用。

3. 保护境外企业、公民人身及财产安全

随着中国"一带一路"倡议的持续推进，中国企业和公民走出去的频率，呈快速上升趋势。与此同时，境外安全形势日趋严峻复杂，各种突发事件时有发生，特别是在目前恐怖袭击威胁日益严峻的情况下，涉及中国公民和企业的安全事件日益增多。保护本国企业和公民在海外的合法权益，也是警务联络官的一项重要工作。以中国驻巴基斯坦大使馆警务联络官为例，由于巴国内政局和社会治安状况不稳定，暴恐袭击事件频发，涉及中国公民和华人华侨的治安案件、绑架等刑事案件时有发生，驻巴大使馆警务联络官可以为中资企业机构、中国公民和华人华侨，与巴基斯坦当地警方之间，担任联络员和协调人的作用。因为巴基斯坦国语为乌尔都语，官方语言为英语，部分中国公民和华人华侨并不熟悉当地语言，也不了解当地的风俗习惯和法律法规，导致他们一旦遭受侵害，与当地警方沟通不畅，难以及时有效维护自身的合法权益。但驻巴大使馆警务联络官熟悉巴基斯坦语言，并与巴基斯坦警方建立了常态化的工作联系和良好的人际关系，可为中国公民和华人华侨提供援助，并协助巴基斯坦警方侦破和处理在巴中国人受侵害案件。同时驻巴大使馆警务联络官也代表中国政府和驻巴大使馆，可要求巴基斯坦政府和警方，尽力维护中国公民和华人华侨的合法权益。②

---

① 敏娇：《中国驻外警务联络官的荣耀时刻》，载《现代世界警察》2019 年第 11 期。

② 谯冉、罗升鸿：《中国——巴基斯坦警务执法合作研究》，载《公安教育》2019 年第 10 期。

4. 警察业务的交流和培训

驻外警务联络官工作还包括提供必要的警务培训和援助，调查所在国社情民情、当地警务执法开展情况等基础工作，做好国内警务决策的辅助工作。①

三、驻外警务联络官选拔与派遣

因为联络官的双重身份，所以对其本身的要求较高。中国联络官的选拔任用，首先要政治上可靠，基本的要求包括有 5 年以上的工作经验，精通外语，具有一定的法律知识，有办案经验，即是"四懂人才"。为此，公安部会在公安部机关和地方公安机关挑选懂外语的人才进行摸底考试。考试合格者，在北京外国语大学进行短期的外语培训，然后再次进行培训和考核，产生一批合格的后备人才进入人才库。一旦需要外派，要到国际合作局实习 3~6 个月，之后会再进行一次考核，合格后才会考虑外派。与外交人员一样，警务联络官的一届任期也是2~4 年，享受驻外人员的待遇。

自 1998 年中国公安部首次向驻美国使馆派驻警务联络官（时称缉毒联络官）始，中国境外警务执法合作快速发展。2004 年，公安部在国际合作局设立警务联络官工作处，进一步理顺外派警务联络官工作机制。至 2016 年，公安部已向31 个国家、36 个驻外使（领）馆派驻了 62 名联络官，驻外警务执法合作网络初步形成。外派警务联络官在打击跨国犯罪，协调各国警务执法活动方面功不可没，其也显示了中国加强警务执法合作的决心和能力，提升了中国在各种国际事务上的话语权和影响力，强化了中国的"软实力"。

随着上合组织成员国间企业、机构和人员往来数量、频率的增加，驻外警务联络官在加强恐怖袭击、暴力犯罪等防范工作，保护上合组织其他成员国企业、机构和人员安全方面的作用更加凸显。2011 年，巴基斯坦内政部为实施喀喇昆仑改线项目的中方人员编制安保实施手册，内容包括项目安全总联络官和分段安全联络官的联系方式、巴基斯坦各安全机构责任与分工、安保费用来源、工地与营地安保措施及中方人员外出途中安保措施等;② 在中国驻巴使领馆警务联络官

---

① 卢曦、揭萍、刘肖辉：《打击跨国毒品犯罪警务合作机制之完善——基于"一带一路"战略背景下的思考》，载《广西警察学院学报》2017 年第 3 期。

② 谯冉、罗升鸿：《中国——巴基斯坦警务执法合作研究》，载《公安教育》2019 年第10 期。

协调和巴方支持下，在巴基斯坦首都伊斯兰堡成功建立"警民论坛"，相继邀请巴基斯坦国家警察局、伊斯兰堡警察局等警务机构官员为在巴中资企业机构及华人华侨举办安全讲座，宣传巴方安全防范措施，提升当地华人华侨安全防范意识。

当前，中国驻外警务联络官的选用也仍存在许多制约其发展的因素，一方面，以驻巴警务联络官的选派为例，该国是一个多民族、多部落的国家，除了官方语言英语和国语乌尔都语以外，还有巴丹人的普什图语等其他少数民族语言，但中国国内只有很少一部分人学习巴基斯坦的乌尔都语，更不用说其他少数民族语言，这给中巴两国拓宽执法安全合作的地域与空间构成了语言障碍。另一方面，警务联络官要求既熟悉其他国家风俗习惯和法律法规，又熟悉驻在国语言文化交流，同时还懂得执法办案，这样的"四懂人才"稀缺，能胜任者并不多。此外，警务联络官在处理警务工作时，往往面对的地域广阔、机构和人员众多，工作内容复杂艰巨。① 受这些因素影响，中国驻外警务联络官增加幅度仍难以满足现实需求。

---

① 谯冉、罗升鸿：《中国——巴基斯坦警务执法合作研究》，载《公安教育》2019 年第 10 期。

第十二章　警务培训与技术交流

为加强上海合作组织司法和执法交流与合作，维护上海合作组织成员国安全稳定和本地区长治久安，2014 年 5 月 20 日，中国-上海合作组织国际司法交流合作培训基地奠基仪式在上海政法学院举行，毋庸置疑，培训基地的建立将开辟上海合作组织安全合作新平台。① 同时，培训基地选址并落成在中国，也彰显中国在司法合作与警务培训方面的"软实力"和国际影响力。特别是近些年来，为塑造负责任的发展中大国的良好形象，中国已将外警培训作为开展国际执法合作的重要组成部分予以高度重视，通过培训传播中国政治法律价值观，执法理念和经验，积极开展执法人脉资源建设。如公安部聚焦反恐、禁毒、追逃等公安核心工作，持续为上合组织成员国及东盟成员国执法人员，举办多次反恐、禁毒及各类刑侦技术培训班。务实高效的外警培训项目，不仅展示了中国公安机关的良好形象，受到参训国执法人员的好评和欢迎，而且培养了一批对华友好的国际执法人员，为我境外追逃和公民保护建立了人脉关系，增进中国与其他国家的警务执法合作。因此，外警培训已成为中国国际警务执法合作的重要组成部分，发挥着不可替代的作用。

此外，对外警务培训已成为中国对外援助的重要内容，成为中国外交实践的重要组成部分。随着中国外警培训规模的逐步扩大和培训质量的日益提高，外警培训对于服务国家"一带一路"发展，服务国家整体外交，服务国际执法合作的作用也日益凸显。② 因此，在未来几年，如何充分发挥中国-上海合作组织国际

---

① 郭洪平：《孟建柱郭声琨出席中国-上海合作组织国际司法交流合作培训基地奠基仪式》，载中国政府网，http：//www.gov.cn/xinwen/2014-05/20/content_2683284.htm，访问日期：2017 年 8 月 10 日。

② 双春亮：《略论"角色模拟教学模式"在外警培训中的应用》，载《武警学院学报》2016 年第 5 期。

司法交流合作培训基地这一智力平台的效用，提升上合组织成员国警察业务与互助合作的整体水平，是我们当下应当积极思考的现实问题。

第一节 警务培训

一、上合组织警务培训现状

警务合作最重要的部分就是人才的博弈，即从教育、培育与培训中挖掘警务合作的成本空间。而在上合组织区域警务合作框架内，各国警务培训意识与培养理念也影响着警务培训工作的具体开展。相较而言，俄罗斯在警务合作中表现出其重视教育与培训的特点，在反恐合作领域的高等教育培训上也相对更为成熟，不仅在本组织内积极倡导警务培训，在上合组织外的国家反恐合作中也积极推进培训合作。如为加强与美国武装力量的反恐合作，两国联合在各自相关军事类院校战术和训练教研室开设专门的反恐课程，确立一系列联合课程培训，互换教学大纲、互派反恐领域的教师和专家等。① 中国亦依托高等教育积极开展警务实践教学及科研活动。目前，上合组织成员国间的警务培训正从最初以自我培养与自我培训为主，发展到以中国、俄罗斯提供教育资源和资金为主，并相互利用各自优势领域提供可能的培训，以实现警务合作的专业化。

2006 年 5 月 10—25 日，来自哈萨克斯坦、俄罗斯、吉尔吉斯斯坦、乌兹别克斯坦、塔吉克斯坦等 5 个上海合作组织成员国家的高级警官，在山东警察学院进行半个月的封闭培训。培训内容涉及国际警务执法合作、中国及山东省概况、中国警察管理体制、警务指挥者的素质与品格、信息主导警务、社会治安防控体系和信息警务时代的警务指挥体系等方面，并组织学员实地考察了山东省济南市公安局、泰安市公安局、曲阜市公安局的警务工作情况，参观了济南泉城文化、泰安泰山文化、曲阜孔子儒家文化等。此次研修班是由商务部主办的对外援助培训项目，旨在进一步促进上海合作组织成员国间的警务交流与合作。为此，山东警察学院专门编写了外警培训手册，对管理人员和学员的行为进行了规范，并针

---

① 张杰：《反恐国际警务合作——以上海合作组织地区合作为视角》，中国政法大学出版社 2013 年版。

对培训期间可能遇到的学员水土不服等各种情况，制订了相关的预案。① 培训班学员加深了对中国社会发展程度和现行社会制度的了解与认同。通过学习和考察，各期培训班学员普遍对中国经济、社会发展程度和水平，都有了更全面深入的了解。

正如"上海合作组织高级警官研修班"学员、来自俄罗斯联邦内务部办公厅国际合作局瓦列夫果所说："来华之前我也曾听说中国发展很快，似没有想到发展是如此之快，我们已经远远落在后面。"学习考察期间的所见所闻，给各国学员留下了深刻印象，澄清和改变了此前部分学员对中国的误解与偏见。时任塔吉克斯坦哈特洛州国家警卫局警卫处长阿勃杜勒洛叶夫说："所有这些都证明，中华人民共和国是尊重自己的邻国，热爱全世界和平的，上海合作组织，就是例子。"②培训班学员加深了对中国警务体系和警察执法思想及水平的了解。各期培训班学员普遍认为中国警务体系完备，特别是"统一领导，分级管理，条块结合，以块为主"的管理体制，不仅符合中国国情，而且是保障中国社会治安形势稳定和经济社会持续快速发展的关键，中国的警务体系和特点，对完善其他国家警务工作，都有很好的借鉴和参考价值。

通过对基层公安机关的实地考察，各国学员对中国警察装备水平印象深刻。时任吉尔吉斯国家安全总局边防部队南方边检站站长盖尔济巴耶夫说："民警的训练、教学、教育和公务活动始终处于最高水平，各种技术设备、通信器材都有保障。特别是在技术中心能够观察到地区的各个地段，发出和及时接受信息。"尤其是通过考察派出所、社区警务室和街头警察执法，各国学员对中国警察的执法水平和执法理念给予了高度评价。时任哈萨克斯坦内务部公共安全局局长穆萨哈诺夫说："可以看出，各城市对犯罪的控制水平很高，特别是在街道上能及时做出反应。"③ 培训班学员与学院和中国警方建立了深厚的友情，为以后进一步开展警务交流与合作打下了坚实的基础。

---

① 《我院成功举办上海合作组织高级警官研修班》，载《山东警察学院学报》2006 年第 4 期。

② 王培韧、王立军：《统筹国际国内两个大局 不断提高外警培训工作质量》，载《山东警察学院学报》2007 年第 4 期。

③ 王培韧、王立军：《统筹国际国内两个大局 不断提高外警培训工作质量》，载《山东警察学院学报》2007 年第 4 期。

2007 年，新疆乌鲁木齐依托新疆警察学院，建立中亚警务合作中心，充分利用新疆毗邻中亚、靠近"三股势力"影响较大的地区等地域优势、处于反恐前沿的人才优势等，加强同中亚各国在反恐培训方面的合作，实现中国-中亚地区间警务信息与资源共享，警务人员专项能力培训等，共同应对和打击跨国恐怖犯罪活动和恐怖势力，实现区域安全稳定。区域合作人才能力培养不断突破。近年来，新疆警察学院立足公安院校特点和优势，建设有警察业务工作特点的中亚语种、俄语等特色教学模式，面向国际警务合作及涉外警务工作，为这一地区国际警务合作输送人才。①

此外，自 2002 年起，中国政府在力所能及的范围内向上合组织有关国家提供了多次禁毒执法培训、网络安全培训等专项培训课程。中国公安机关依托云南警官学院、新疆警察学院、福建警官学院等对毗邻毒源地有关国家禁毒官员开展贴近实战的执法培训。例如 2019 年 7 月、8 月、9 月，分别在上海、吉林、北京为吉尔吉斯斯坦执法安全部门举办了"内务部禁毒执法培训班""内务部比什凯克市内务总局综合警务培训班""国安委特警培训班"和"内务部刑侦技术培训班"，提升两国间警务合作的水平。② 同时，中国政府还加大禁毒战略投入，如向巴基斯坦援助查毒设备和缉毒犬，向哈萨克斯坦、乌兹别克斯坦、塔吉克斯坦等国提供了毒品实验室设备等。③ 2019 年 11 月，中国人民公安大学为上合组织成员国开展为期两周的网络安全培训，为学员讲解中国网络借贷和网络传销犯罪现状、网络空间安全态势、信息化强国与网络安全建设等有关内容。④

二、上合组织警务培训存在的问题

从整个发展阶段上看，由于上合组织警务合作时间还不长，尚属刚刚开始阶段，也凸显了以下几方面亟待解决的问题。

---

① 安选选、朱玫：《"一带一路"战略下的国际警务执法合作实践及其创新》，载《广西警官高等专科学校学报》2015 年第 3 期。
② 罗升鸿：《中国—中亚国家警务合作：共建地区安全与繁荣》，载《北京警察学院学报》2020 年第 4 期。
③ 张璁：《责任共担合作共赢——中国禁毒国际合作成绩斐然》，载《人民日报》2016 年 4 月 18 日。
④ 《2019 上海合作组织成员国网络安全培训班成功在我校举办》，载中国人民公安大学官网，https：//www.ppsuc.edu.cn/info/1016/8146.htm，访问日期：2020 年 12 月 10 日。

（一）警务培训法律法规较为粗陋

上合组织关于警务培训的法律法规散见于公约和各类文件中。如《上海公约》第 6 条第 9 款中指出："通过各种形式，培训、再培训各自专家并提高其专业素质。"2009 年上合组织签署的《行动计划》规定由成员国研究建立地区禁毒中心以及专门负责为禁毒部门人员进行培训；在禁毒方面为上合组织成员国和阿富汗主管机关提供物质技术和人员培训支持。

（二）培训内容及计划针对性有待加强

以中国承担的上合组织警务培训工作为例，一方面，尽管警务培训内容和形式已较为丰富，但警务培训课程体系建设和培训内容的针对性相对欠缺，尚不能根据学员的身份、专业和工作背景等信息调整培训目标和培养计划。另一方面，针对警务培训的效果也尚未建立科学全面的综合评估体系，评估内容缺少客观的评估标准和细化的量化指标，且外警培训回国后的实战运用效果也未纳入评估范围。为有效打击防范和迅速应对新安全形势下跨国恐怖主义、毒品犯罪、生态犯罪、网络犯罪，上合组织警务合作中，应着力搭建战略性和先进性并举、针对性与灵活性兼顾的警务培训论坛、研修班等稳定的培训合作平台，构建多边、多层级、全方位的警察教育区域合作形式，并增强外警培训评价机制的针对性和科学性。

（三）警务执法合作高端人才缺乏

随着上合组织区域警务合作的需求不断增长，需要一批具备国际意识，能胜任国际警务执法合作的复合型高层次专门人才。当前中国国际组织专业人才储备不足，尤其是国际警务执法合作领域的国际化人才稀缺，难以满足当前上合组织警务合作需要。值得称赞的是，2014 年中国人民公安大学警务硕士招生中设立了国际警务执法合作方向上海合作组织专项计划。① 当然，这种国际警务执法合

---

① 安选选、朱玫：《"一带一路"战略下的国际警务执法合作实践及其创新》，载《广西警官高等专科学校学报》2015 年第 3 期。

作高端人才的培养机制，才刚刚起步，有待进一步完善。

三、欧盟执法培训署经验借鉴

为提高欧洲警察业务与互助合作的整体水平，建设欧洲区域内警务教育与培训的主要智力资源，欧盟执法培训署（European Union Agency for Law Enforcement Training，CEPOL）于 2005 年正式成立。尽管它并非一个完全实体意义上的培训机构，但其作为欧洲地区集教育培训、学术科研等功能为一体的重要警务沟通平台，能将欧洲各国警察部门中的高级警官汇聚在一起，通过组织训练与科研活动，促进欧洲各国警察在惩治犯罪、维护公众安全与社会秩序等方面的跨国合作。欧盟执法培训署的各类课程、研讨会及其他会议等相关培训活动，通常利用各成员国的国家高级警察教育机构，以网络化的结构开展。学院开展工作所需经费由欧盟委员会批准划拨，平均每年要组织 80～100 门/次的课程与会议，其主题内容覆盖了与当前欧洲警务实践活动密切相关的所有热点问题。经过十多年的发展，欧盟执法培训署现已成为受各成员国警务部门与学术界普遍认可的一流机构。其成功的组织模式和运行经验，无疑对刚刚起步的上合组织警务培训具有极大的借鉴意义。

（一）完整高效的培训组织架构

欧盟执法培训署在职能分工上已形成了理事会、秘书处、委员会等各类角色明晰、分工明确的组织架构：

（1）理事会。作为最高决策机构，通常一年举行四次会议，成员一般由各成员国警察培训机构的校长或院长担任，每一名代表拥有一次投票权，理事会主席则由举办欧盟理事会的成员国代表担任。理事会对事关学院的重大议题进行磋商，议题包括课程设计、教学方法、预算草案等各个方面，并通过表决形成决议。

（2）秘书处。作为欧盟执法培训署唯一常驻机构，主要负责学院实施年度规划与额外计划所必要的行政管理工作，其分成学术、科学、研究与发展部和公关服务部两个部门处理日常事务。

（3）委员会。欧盟执法培训署理事会现已成立了四个委员会①协助开展工作，委员会的总体任务是向理事会提出建议和方案。

（4）组群，包括业务组、笔者和工作小组，共同负责支持委员会完成各项工作。其中，业务组是具有固定性质的专家组，笔者是临时性质的专家组，它们都直接向委员会报告工作情况；工作小组隶属于业务组。

（5）成员国国家警察学校。成员国国家警察学校是指欧盟执法培训署中各个成员国已有的警察教育与培训机构。在欧盟执法培训署形成的整体网络中，成员国国家警察学校是最终将其工作规划落实到位的基础单位。欧盟执法培训署各项计划的实现，依赖各个成员国国家警察学校之间的互相配合与协调。同时，欧盟执法培训署的主要课程也被欧盟各成员国引入到本国的警务培训工作中，包括履行欧盟执法培训署年度工作计划；通过提供本国相关专业知识及实践经验，建立欧盟学术网络与同步课程；设计标准一致的学术环境；以及支持欧盟执法培训署 e-Net 电子网络的建设。此外，欧盟执法培训署还有国家联络点、国家培训协调员、管理员、电子图书馆科研通信员等众多服务人员，保障着机构各项工作的顺利进行。

可见，欧盟执法培训署形成了以秘书处为支点，以成员国国家警察教育培训机构为基本单元的区域性培训网络，成为欧洲各国改革警务模式、提升警务水平的重要科研基地和信息平台。

（二）明确清晰的培训任务和职责

欧盟执法培训署致力于通过系统的组织管理，培养以维护公共安全和法律秩序为职责的高级警官，并建立一个针对欧盟成员国执法人员的信息网络，提供有关安全重点和执法合作渠道，促进知识共享和信息交流，以最大力量整合应对最严重的安全威胁，保证欧洲集体安全。

为了实现欧盟赋予的职责，欧盟执法培训署将抽象的总体任务落实到具体的行动中。诸如，为成员国高级警官提供以学期制为基础的培训课程；为成员国某

---

① 四个委员会为：年度规划委员会，负责向理事会提出学院工作计划与提议；预算与管理委员会，负责提出财政与管理事务方面的建议方案；策略委员会，负责提供政策意见与支持，并对策略的执行与监管提供必要的信息；培训与研究委员会，负责教育培训与科研方面为理事会提出相关意见与建议。

一业务领域的中级警官的培训准备同步课程，并建立适当的进阶培训课程；为在打击跨国犯罪、有组织犯罪中起重要作用的警官提供专业培训；传播最优良的警务实践经验与科研成果；对欧盟各国警察进行有关公共危机处理方面的教学与培训；在教学培训环境中促进警员之间的人力资源交流，增进各成员国间警务配合的默契度等。①

(三) 自主互动的网络学习模式

为满足网络培训和自主学习的时代需求，欧盟执法培训署还研发了电子网络平台，并于 2009 年正式启用。该系统是欧盟执法培训署向自定义式与混合式教学改革的一大举措，其使学员可以选择适合自己的学习进度与时段，进而产生不同的学习体验。具体而言，e-Net 可以提供以下功能：

(1) 欧盟执法培训署官方网站公共页面允许互联网用户自由浏览有关欧盟执法培训署各项活动的概括情况、欧盟执法培训署的组织情况、科学研究的总体情况、各种培训活动的信息发布、公开出版物以及秘书处联络方式等方面的内容。成员国也会将其国家单位链接到欧盟执法培训署官网页面上，形成庞大的培训网络。受限访问页面则只提供注册用户使用密码进行访问，详细了解到有关欧盟执法培训署各项活动的具体信息，以及各类培训会议的资料和视频等。

(2) 电子图书馆。欧盟执法培训署的电子图书馆是一个由数据库系统支持的学术知识库，用来传播有助于推动欧洲本土特色的警察学术与科学进步的研究新发现、成功的实践经验与调查项目。内容上，CEPOL 电子图书馆较为注重来源于欧洲本地与具备欧洲视角的材料与档案。目前电子图书馆只对欧盟执法培训署成员国的高级警官、经授权的警务专业研究员及警务科学家等人员开放。虽然成员国官方语言各异，某些资料的原始文本也以不同的语言撰写，但是图书馆提供文档标题与摘要的英文翻译以供参考。只要在版权规定的允许范围内，文档全文均可访问浏览。

(3) 学术管理系统，其可以为所有欧盟执法培训署的网络用户提供关于课程、研讨会、网上自学模块及其他欧盟执法培训署学术项目的在线管理工具。每

---

① 续磊、陈志锋：《欧洲警察学院研究综述》，载《云南警官学院学报》2011 年第 6 期。

一项欧盟执法培训署的学术项目，在该系统中都有相应的"进程"支持，便于项目参与者和进程管理员随时查看进度，且每个培训活动都配备相关学习资源和实践社区。[1]

（4）论坛。论坛与聊天功能为用户提供相关话题自由讨论的版块，用户可以在相应论坛版块里发帖，也可以通过在在线聊天窗口交流。管理员可以对论坛访问规则与权限进行设置，从而对用户群进行区别与划分。对于网络用户来说，论坛是他们深入了解欧盟执法培训署的窗口，对于官方来说，论坛则是推广学校与征集意见的平台。[2]

此外，在警务人才培养训练方面，欧盟还配备了"欧洲警察维和部队"，从欧盟内部的警察部队包括具有军事地位的宪兵或国家警察等中招募，经特别训练后执行任务，以帮助成员国处理各种危机情况。[3]

综上，对于刚刚起步的上合组织警务合作而言，需要一支经过专业训练且具备国际执法能力的职业化区域警察执法队伍。而科学的警官培养体制是打造一支专业化区域警察执法队伍的保证。为此，上合组织各成员国除应加强国内警官教育培养体系外，还应共同建立类似"欧盟执法培训署"一样的培训平台，在广泛论证、调研的基础上，设置不同的专题，对来自上合组织成员国的警官进行定期专业化的培训，以培养高层次的区域警务合作执法人才。

四、区域合作警务培训中的中国作为

（一）中国对外警务培训的基础和经验

1. 中国外警培训院校基础

作为未来警官的摇篮，警察院校是上合组织执法能力建设与合作的基础，关乎未来执法合作的水平。从 2002 年开始，中国云南警官学院率先在全国高校中开展外警培训工作，并先后举办了中短期、双边或多边国际警察培训班和学历学

---

① 崔秋灏、叶氢：《欧盟执法培训局（下）》，载《现代世界警察》2020 年第 8 期。

② 续磊、陈志锋：《欧洲警察学院研究综述》，载《云南警官学院学报》2011 年第 6 期。

③ 陈华、李芳：《论中国-东盟区域警务合作机制的建构》，载《广西社会科学》2014 年第 1 期。

位教育研修班。截至 2016 年底，仅云南警官学院一所院校就已执行公安部、云南省政府等下达的来自 59 个发展中国家共计 105 期 2319 名各类执法官员的培训任务，为国际警务交流与合作打下了良好的基础。① 20 多年来，中国高等警察院校承担的外警培训工作取得了长足发展，规模不断扩大，质量稳步提升。2015 年，经公安部批准，中国高等院校还开始招收培养外国警务硕士留学生，其中就有不少来自上合组织成员国国家的留学生。② 到现在，公安部已初步形成了以公安部物证鉴定中心、中国人民公安大学、中国刑事警察学院、海警高等专科学校、山东警察学院、云南警官学院、浙江警察学院、新疆警察高等专科学校等中央和地方警察院校、科研机构为基地的外警培训网络。可以预见，随着外警培训体系建设的完善、规模的扩大，以及各承办单位对外警培训工作重视程度的不断提高，中国的外警培训工作正驶入规范有序、科学高效的快速发展轨道。③

2. 中国与东盟及周边国家开展警务培训的成功经验

（1）警务培训使执法合作主体间的关系更为紧密

当前国际社会传统安全和非传统安全因素越来越复杂，为维护社会治安秩序，警察更需具备国际视野，全方位提高自身的执法的能力和素质。因此，非常有必要加强世界各个国家执法部门及警察院校之间的交流合作，借此加强共识、互相了解，提高执法队伍的综合素质。中国在湄公河流域执法安全合作中已积累了许多有关警务培训交流的成功经验。中老缅泰四国务实开展情报交流与联合调研，定期召开中央和边境地区执法部门情报信息交流会，及时分享流域跨国犯罪情报数据，为开展各项联合行动提供了有力的情报支撑。2012—2015 年，中国在此合作区域内大力开展执法能力建设合作，开展情报交流、船艇驾驶、边防业务各类执法培训项目 35 个，培训执法人员超过 500 余名，中方援助各国警务装备物资和设施价值超过 1.1 亿元人民币，极大提升了四国执法能力和合作水平。④

---

① 伍平、蒋敏：《国际警务合作的云南实践》，载《云南日报》2017 年 7 月 15 日，http：//yndaily. yunnan. cn/html/2017-07/15/content_1162250. htm？div=-1。

② 伍平、蒋敏：《国际警务合作的云南实践》，载《云南日报》2017 年 7 月 15 日，http：//yndaily. yunnan. cn/html/2017-07/15/content_1162250. htm？div=-1。

③ 寿远景、许韬：《中国外警培训工作开展现状探究》，载《公安教育》2010 年第 11 期。

④ 周斌：《中老缅泰开辟前所未有区域执法安全合作道路 4 年湄公河联合执法查缉 110 次》，载《法制日报》2015 年 10 月 22 日第 5 版。

此外，中国与东盟各国在警务人员培训交流方面亦取得丰硕成果，自 2004 年开始，不到十年时间，中国公安部共邀请 1500 名东盟国家警务人员访华，先后举办刑事技术、禁毒执法、出入境管理、海上执法、网络犯罪侦查、案例研讨等培训、研修项目 60 余个。2006 年，公安部连续 5 年，每年举办一期东盟执法联络员项目，共有 92 名来自东盟各国的警官在中国进行了为期 1 年的汉语和中国警务知识学习。①

中国警方通过与这些国家警方开展警务培训，使得彼此关系更加紧密，警务合作趋于常态化。"10·5"湄公河惨案发生后，案件之所以破案神速，国际联合执法活动之所以高效有序，在一定程度上也得益于很多执法人员曾在中国接受过警务培训。据泰国皇家警察尉官大学副校长鹏潘·旺那帕曾介绍，湄公河巡航从中国云南西双版纳开始，泰国负责后半部分，主要由泰国第五警区、水上支队和海军共同负责巡航。四国护航后，湄公河的航运秩序非常好，从泰国出发的货船满载着泰国的水果和特产，一路进入中国，大大拉动了泰国经济的发展，这一切都要归功于参与护航的四国巡航人员。而泰国参与湄公河联合执法的很多警察在参与执法期间，都会到云南警官学院接受培训。②

（2）警务培训使执法合作能力大幅提升

曾被授予孟加拉国警察勋章和总统勋章的孟加拉警察学院副院长穆罕默德·易卜拉欣·法特米表示，社会的发展变化正在向警察提出新的要求，比如当前恐怖分子的最新犯罪趋势是在一个国家组织，在另一个国家筹资，然后在第三个国家实施牵扯多个国家的犯罪。以区域合作打击犯罪和恐怖主义已成为必需。为此，警察还必须精通现代技术，学习足够知识，掌握足够技能，现代警察教育和培训对于满足这些要求和挑战，以及提供相关专业知识都十分必要。为此，东盟及周边许多国家的警察院校都已与中国相关警察院校建立了长期警务培训合作关系。如柬埔寨警察学院与云南警官学院共同开展警察培训合作，其内容为派遣柬埔寨核心骨干培训教师前来学习警务技能，通过与中国开展警务培训方面的合作，学院教师提高了专业知识水平、增加了相关经验，并编写教学用书，运用于

---

① 陈华：《中国—东盟区域警务合作的现状、问题与展望》，载《净月学刊》2014 年第 1 期。

② 伍平、蒋敏：《国际警务合作的云南实践》，载《云南日报》2017 年 7 月 15 日，http：//yndaily. yunnan. cn/html/2017-07-15/content_1162250. htm? div=-1。

教学大纲和教学课程上，增强学员执法能力。此外，柬埔寨警察学院派遣学生进行"3+1"模式学习培训，即学生在柬埔寨警察学院学习三年，之后再到云南警官学院学习一年，最后学士学位由两校共同授予。

一方面，外籍警察培训参与范围不断扩大。涉及的国家包括泰国、印度尼西亚、菲律宾、越南、老挝、缅甸、泰国和柬埔寨等东盟国家，突尼斯、津巴布韦、肯尼亚、埃及和南苏丹等非洲国家，巴拿马、墨西哥、哥伦比亚、多米尼克、安提瓜和巴布达、牙买加和委内瑞拉等美洲国家，伊拉克、沙特阿拉伯和孟加拉国等亚洲国家，保加利亚、摩尔多瓦和白俄罗斯等欧洲国家以及巴布亚新几内亚等大洋洲国家的警务执法人员，警务培训内容涵盖禁毒、易制毒化学品管理、反恐怖、反电信诈骗、网络犯罪与侦破、反假币、边境管理等数十个专题执法领域。另一方面，外籍警察学历教育规模不断扩大。在学习交流和教育培训过程中，学员们互学共进，彼此交流成功经验，分享有益做法，开阔了视野，提升了整体素质。

（二）两大培训基地承担上合组织警务合作培训任务

1. 中国-上海合作组织国际司法交流合作培训基地

中国-上海合作组织国际司法交流合作培训基地于2014年5月20日正式在上海政法学院奠基揭牌，并于2017年全面建成。2013年9月13日，在上海合作组织成员国元首理事会第13次会议上，中国国家主席习近平在题为《弘扬"上海精神"，促进共同发展》的发言中宣布，中方将在上海政法学院设立"中国-上海合作组织国际司法交流合作培训基地"，愿意利用这一平台为其他成员国培养司法人才。2014年9月12日，习近平主席在上海合作组织成员国元首理事会第14次会议上再次宣布，"中方将依托中国-上海合作组织国际司法交流合作培训基地，协助成员国培训司法人才。"[①] 该培训基地主要服务于上合组织成员国的司法、执法部门官员以及律师、反恐维稳界人士的业务交流。培训基地还担负国际合作研究，汇集上海乃至整个中国、世界外交领域的资深专家，形成多元化、开放式的研究队伍，建设欧亚安全研究、上合组织研究以及"一带一路"研究等方

---

① 王川：《跨国反恐警务交流合作成常态》，载《上海法治报》2015年2月22日。

面的理论和外交智库。① 设立中国-上海合作组织国际司法交流合作培训基地是中央从国际和国内两个大局战略需要出发作出的重要决策。一是可以成为上海合作组织外交建设新的着力点，二是可以成为推动长三角地区协同发展的新亮点，三是可以成为推动上海进一步改革开放、走向世界的发力点。

培训基地的重要功能定位之一即是警务合作培训。② 上合组织成立以来，面对中亚地区严峻复杂的安全形势，上合组织在打击恐怖主义、极端主义、分裂主义"三股势力"方面已经做了很多工作。培训基地也通过反恐培训，在一体化的框架下加强中国与上合组织成员国在打击恐怖主义、分裂主义和极端主义方面的合作，积极承担警方反恐警备合作等培训任务，维护成员国之间边境稳定。一系列诸如"上合组织成员国主管机关反恐安保交流研修班"③ 等警务培训得以成功举办，其培训内容包括反恐理论知识、反恐技能方法、信息安全、人员安全、程序安全、设施安全、区域安全等多个方面。

近些年，培训基地以上合组织成员国安全事务和警务合作为重点，具体承担成员国警察的各类专业培训任务，并逐步带动其他各领域全面合作。例如，为加强中乌两国在旅游安全方面的合作与交流，2019 年 11 月 26 日—12 月 8 日上合基地举办了乌兹别克斯坦旅游警察研修班，研修内容包括中国国情与中国传统文化、大型城市治理与公共安全、警务理论与警务实践等课程，研修班成员还实地考察了上海、长白及长春三地的景区治安管理模式，对中国旅游警察尤其对景区采用人脸识别技术维持秩序及景区等级评估等实践经验大为赞赏。④

2. 中亚警务合作中心

① 中国-上海合作组织国际司法交流合作培训基地官网，http：//cnisco. shupl. edu. cn/main. htm，访问日期：2017 年 7 月 10 日。

② 此外，该培训机构在功能定位上还包括举办高层论坛、律师培训、政府官员培训、开展学术交流、提供决策咨询等。参见中国-上海合作组织国际司法交流合作培训基地官网，http：//cisco. shupl. edu. cn/html/dwgk/gndw/1. html，访问日期：2022 年 8 月 10 日。

③ 《上合组织成员国反恐研修班结业典礼在我校隆重举行》，载中国-上海合作组织国际司法交流合作培训基地官网，https：//www. shupl. edu. cn/zfglxy/2019/0925/c1614a56165/page. htm，访问日期：2020 年 12 月 10 日。

④ 《乌兹别克斯坦旅游警察研修班在中国上合基地顺利开班》，载中国-上海合作组织国际司法交流合作培训基地官网，http：//cnisco. shupl. edu. cn/2020/0922/c94a1434/page. htm，访问日期：2020 年 12 月 10 日。

为充分利用新疆公安机关在打击"三股势力"方面的地域、人才和教育资源优势，2007 年 5 月，中亚警务合作中心在新疆正式建立，目的是实现地区间警务信息与资源共享，共同打击跨国恐怖犯罪活动，实现多方安全稳定。中亚警务合作中心依托新疆警察学院建立，总投资 12.25 亿元人民币，分两期建设。警务合作中心总面积逾 500 公顷。整个校园分为教学区、国际交流区、野外训练区等部分，野外训练区主要建在山区丘陵地带，规划有特技驾驶训练区、轻重武器射击靶场、反劫机训练场、模拟训练社区街区、反车辆劫持训练区等。中亚警务合作中心采取以安全事务和警务合作为重点，逐步带动其他领域全面合作的发展思路，大量承担了中亚、南亚各国警方反恐警备合作等培训任务；承担上海合作组织教育基地培训任务；承担国内反对"三股势力"分裂、渗透，打击恐怖犯罪的研究和培训以及新疆公安民警的各类专业培训任务。①

(三) 中国主导上合组织警务培训应注意的问题

未来，中国参与并主导上合组织警务培训工作，应重点关注以下几方面的问题。

1. 培训组织规划与管理

警务培训项目的组织规划与设计是其能否取得实效的关键。为此，上合组织警务培训项目的目标定位，既要符合区域组织警务交流与合作工作的实际需要，同时又要考虑接受培训国家的特殊需求，才能对其本国的警务工作产生良好的推动作用。警务培训的组织规划涵盖培训的国别计划、培训的内容或专题计划、院校以及师资的统筹安排、教材的组织编写、经费的调拨、教育教学设施的配备等方面。外警培训项目不同于外国代表团、考察团的组织管理工作。实施外警培训项目，是根据中国警务工作的重点和实际需要，同时结合中国总体外交工作实际，帮助有关国家培训警务人才，使他们更全面地了解中国的执法理念、警务管理体制和警务工作具体情况，较直观地感受中国经济社会发展的实际和发展道路，促进中国与相关国家的国际执法交流与合作。对这些外国警察学员，中国应切实保证他们在学习期间获取有益的知识，感受到中国的文化魅力。此外，在管

---

① 《新疆建立中亚警务合作中心打击跨国恐怖犯罪》，载中国新闻网，http：// news. sina. com. cn/c/2007-05-21/112411861911s. shtml，访问日期：2020 年 9 月 10 日。

理外国警察学员过程中，要以友谊、和平、合作、发展为宗旨，本着不涉及政治、军事、宗教、种族事务的原则，切实为学员提供优质的教学和服务。坚持合作限于警察教育，且不违背本国法律。加强外警培训教学管理的制度建设，建立外警培训班教学规范和对外学术交流规范。工作中严格按照计划、预案执行，明确分工，责任到人，做到有章可循，有案可依。

2. 培训课程设计与教学方法

各成员国警察由于语言、思维方式、地域文化等方面的差异，在培训过程中沟通相对比较困难，因此，在设计培训环节和具体内容时，应以实战交流、前沿务实的警察理念和案例情景式的教学方法为主导，充分运用先进技术装备和教学手段，借鉴现代职业教育的最新方法开展互动式教学。此外，当前对外警培训班课程设计，各承办单位主要是根据培训主题要求，同时结合自身情况各自为战，临时确定培训班课程，且未形成相对完善的外警培训专门课程体系和专门教材。为提升外警培训工作的针对性和实效性，今后培训单位在设计教学内容时，应认真分析各国警察业务间的差异，围绕各国警察培训的需求点授课，在不断完善充实的基础上形成成熟的教学体系。培训教师也需深入公安实际，着力课程开发，从基层工作中提取出先进的经验和做法，获取翔实、生动的实际案例；掌握国际警务发展趋势，关注理论前沿，结合警察所掌握的各种科学技术、破案方法等开展交流，取长补短，互相借鉴。[1]

3. 后勤服务与安全保障

外警培训工作的对象是人，因此要提倡以人为本、亲情化服务，既体现出中华民族热情、礼貌、谦逊、包容的美德，又尊重学员的宗教信仰和文化习俗。同时，任何外警培训项目都必须把学员安全放在首位。学员培训期间是否安全健康，是评价外警培训班成功与否的重要衡量标准。学员行期的确定、转机、接机、报到、食宿、上课、购物、外出考察、离境等各环节都需要大量的组织协调工作，任何小的失误，都可能对学员的安全健康和整个外警培训工作，带来不可弥补的损失。此外，培训单位必须合理设置训练科目，使培训内容张弛有度，劳逸结合，在确保训练质量的同时，避免因疲劳训练而发生意外及伤病。对擒拿格

---

① 寿远景、许韬：《中国外警培训工作开展现状探究》，载《公安教育》2010 年第 11 期。

斗、射击、攀登、专项素质等易造成运动损伤训练科目，既要求教官在课前必须进行专门的安全教育，提醒培训学员做好自我保护，又要求教官在授课过程中时刻观察，及时化解风险。

4. 培训效果跟踪评估

培训结束后要密切跟踪评估，及时发现和改正课程教学中存在的问题，并形成定期反馈与回访的机制，全面了解参训国的警务现状、参训学员实践应用情况和培训效果等，从而更有针对性地开展外警培训工作，不断调整项目定位和目标，形成上合组织成员国进行警务交流与合作的经典项目和优质培训品牌。

第二节　技术交流

现代科学技术的发展促进人类物质文明的同时，也为国际犯罪提供了可利用的最新技术和工具。为预防和控制国际犯罪，各国政府都不断研发新的技术手段，增添新的武器装备。因此，上合组织区域警务合作，也理应包括各成员国间针对前沿刑事技术方法的交流与合作。

尤其是面对中亚地区日益严峻的安全形势，中亚各国迫切期望建立多层次、多领域的国际警务合作渠道，特别是刑事技术和警用装备方面的合作。刑事技术即诉讼法意义上的法庭科学，包括的种类繁多，如现场勘查、取证、各种痕迹、文件物证检验、毒物、毒品检验、各种法医学检验（尸体临床和物证）以及精神病学鉴定等诸多专业领域。警用装备包括两大类，一类是特殊技术装备，指的是公安侦查、反恐、安检等工作中使用的科技含量高、专业性较强的业务装备，如刑事技术装备、行动技术装备、网络侦查装备、通信装备、反恐装备、防暴装备、禁毒装备等。这些装备突出"技术"二字，具有较高的科技含量，且主要限于某一个部门或者以某一个部门为主使用。另一类是常规装备，如通用的武器、警械、单警个人防护、非致命性武器、警用交通工具等；与技术装备不同，常规装备可供多个部门使用，属于通用装备。① 随着打击犯罪的任务越来越重，警务部门对装备的要求越来越高，尤其是对手段建设的需求越来越迫切。比如刑事案

---

① 李海昕：《在新的起点上加快推进警用技术装备的规范化建设》，载《警察技术》2010 年第 1 期。

件中，DNA技术的应用在确定犯罪嫌疑人的过程中所发挥的作用非常大；而许多重大系列案件侦破都离不开行动技术；互联网的迅猛发展，使网上这种虚拟社会的犯罪形势也越来越严峻，网络诈骗、网络赌球、网络恐怖主义等犯罪形式开始显露，并有层出不穷之势。因此，上合区域警务合作过程中，各成员国应共同开展技术装备的研发，对警用装备和刑事侦查技术，共同投资，共同享有和利用研究成果，以实现资源的最大化利用。①

一、上合组织刑事技术和警用装备合作主要领域

（一）反恐防爆技术

当前的恐怖主义犯罪已由传统型转向技术型，恐怖分子不仅利用枪支、弹药、爆炸物实施暴恐活动，而且还利用网络、基因工程、免疫学等高科技手段进行犯罪，严重威胁各国的社会稳定与发展。基于日益严峻的反恐形势，不断提升反恐技术手段，完善警务技术保障，也一直是上合组织区域警务合作的重要内容。但在上合组织区域内，各国科技的发展水平差异较大，尤其是一些中亚国家在技术手段和武器装备方面，与中国、俄罗斯国力对比较为悬殊，需要技术援助。为此，中国长期致力于向中亚国家提供执法人员的技术支持和物资器械援助，并在技术合作中相互学习和交流，取长补短，使区域内的侦查合作能长期稳定地发展下去。

（二）信息通信和网络侦查技术

打击跨国网络犯罪，在很大程度上有赖于上合组织成员国计算机网络技术水平以及相关技术人员的能力。特别是当前跨国网络犯罪的集团化、全球化和智能化，给各成员国执法机关的调查与侦破工作带来极大的困难和挑战。而上合组织内一些科技水平较为落后的中亚国家，在应对跨国网络犯罪方面，其相关专业技术力量薄弱，需要上合组织予以专业技术上的合作和支持。在此方面，上合组织根据地区反恐怖机构理事会有关决议，积极建立网络反恐协作机制，自2015年

---

① 李媛媛：《上海合作组织框架下区域警务合作研究》，新疆大学2010年硕士学位论文。

以来已进行三届网络反恐联合演习，统一协调各成员国对网上恐怖线索进行落地调查，对恐怖组织成员进行定位，对相关电子设备进行勘验取证，以查明恐怖组织架构、招募成员资金渠道、成员身份和藏匿地点。网络反恐联合演习也成为检验上合组织成员国行动协调和技术互利机制的良好机会。

此外，随着高科技产业的迅速发展，在全球范围内诞生了一批网络安全技术公司，他们拥有强大的技术力量，在预防和控制网络犯罪中发挥了重要作用。上合组织可加大与这些网络安全技术公司的开发培训合作力度，提升本区域内成员国执法人员网络技术水平。在这方面，国际刑警组织的做法值得借鉴。早在2000年，国际刑警组织就与美国的 Atom Tangerine 公司合作，建成了反计算机犯罪情报网络，帮助各国应对跨国网络犯罪。国际刑警组织还与美国微软公司展开合作，建立与儿童色情图像有关的犯罪数据库，培训专门侦办网络犯罪的警察。为进一步增强打击跨国网络犯罪的能力，国际刑警组织与具有全球领先的信息安全技术、云计算能力的日本 NEC 公司合作，在国际刑警组织的数字犯罪中心，设立数字取证实验室兼网络聚合中心，为全球各国执法机构提供针对网络犯罪的技术支持。为打击跨国网络犯罪，具有全球服务器安全、虚拟化及云计算安全等领先技术的趋势科技，也与国际刑警组织合作，为国际刑警组织及多个成员国的政府、警政机关，提供对抗网络威胁专业技术培训，并传授相关专业知识及实战经验，应对网络犯罪问题。[1]

（三）安防技术

为共同提升预防和打击犯罪的能力，对重点场所的安全防范措施技术，上合组织各成员国进行了广泛合作与交流。例如，为预防劫机、走私、贩运枪支、毒品、抢劫、盗窃等案件的发生，上合组织成员国在机场、海关、银行、博物馆等重要部门，大量采用自动报警装置。各类防伪技术，如伪钞识别技术、伪护照、伪身份证识别技术等，在各成员国间得以共享利用。[2]

---

[1]　薛忠杰：《国际刑警组织——打击跨国网络犯罪之戟》，载《中国公共安全·学术版》2014 年第 4 期。

[2]　李媛媛：《上海合作组织框架下区域警务合作研究》，新疆大学 2010 年硕士学位论文。

（四）禁毒技术

由于走私运输毒品的行为越来越隐蔽，毒品犯罪分子往往雇佣老人、小孩和孕妇来贩运毒品；或利用人体的特殊部位，如腹中甚至敏感部位；或利用动物、食物如罐头、鱼肚和冻肉、交通工具、集装箱等隐匿毒品；抑或利用化学方法如把海洛因配制成溶剂或做成瓷器等。① 因此，对毒品犯罪的查缉，更需要采用各种先进的技术手段，上合组织各国警务部门应搭建预防和打击毒品犯罪的交流平台，专门针对毒品的鉴定和搜索等技术问题进行交流合作。

2016 年 9 月，中国刑事警察学院就曾组织了"国际刑警论坛"暨"2016 毒品治理战略与技术国际论坛"，来自法国、俄罗斯、澳大利亚、新加坡、泰国、哈萨克斯坦、吉尔吉斯斯坦和中国及联合国毒品和犯罪问题办公室、国际刑警组织的 40 余名境外专家学者和境内部分公安机关、科研院所、高等院校、企业等专业人员共同以"毒品治理战略与技术"为主题，围绕全球禁毒经验、毒品犯罪对策研究、禁毒工作社会化、禁毒技术研究、禁毒工作策略等技术问题进行了深入研讨交流。②

二、上合组织区域警务技术合作发展建议

由于上合组织警务合作时间不长，特别是刑事技术和警用装备交流尚处于起步阶段，笔者在此提出三方面的建议，以期有利于上合组织技术交流的整体良性发展。

一是注重警务技术合作整体规划的一致性。从中国近些年警务技术及装备配备情况来看，其刑事技术、行动技术、网络侦查技术、反恐、禁毒装备发展迅猛，在实战中也已发挥较好的效果。但在警务合作中，应考虑各国的实际国情，由于各国经济发展和警务资源状况差异巨大，如何做好这些技术交流的长期规划，使诸如信息系统建设、基础设施建设、平台建设等循序渐进、有序进行，使各成员国有限的技术装备经费得到最大限度的利用，是当前上合组织警务技术交

---

① 卢超超：《国际侦查合作的基本问题研究》，西南政法大学 2013 年硕士学位论文。

② 《中外学者齐聚一堂 助推国际交流合作——聚焦学院首届"国际刑警论坛"暨"2016 毒品治理战略与技术国际论坛"》，载中国刑事警察学院官网，http://www.npuc.edu.cn/info/2255/23088.htm，访问日期：2017 年 9 月 10 日。

流中应当首要考虑的问题。上合组织成员国警务合作中，应当进行技术和装备的共同研发，以实现资源的最大化利用。除上述提到的几个专业技术合作领域外，合作各方还可以在常规刑事技术领域如在照相和录像技术、痕迹检验技术、文书笔迹检验技术、刑事理化检验技术、法医鉴定、DNA 检验、声纹鉴别技术、气味鉴别技术、犯罪心理测试技术、人体外貌识别技术、侦查通信技术、刑事模拟画像等方面，展开技术成果交流或共同研发、共享科技成果，为区域犯罪侦破提供最精良的武器，提高犯罪的预防与侦破效率。

二是注重建立统一的技术标准。许多警务技术的应用开发需要和企业如网络安全技术公司进行合作，如果没有建立统一的市场准入机制和企业标准，技术标准和产品质量不能得到保证。①

三是搭建区域警务信息网络平台，增进区域警务情报交流。网络平台是区域警务合作得以实现的技术保证。合作各方都需要通过网络平台全天候、迅速及时地交换犯罪情报。便捷可靠且迅速秘密的信息交换，使成员国警察能够及时掌握犯罪情报，为预防和控制犯罪赢得先机。为此，上合组织各国应建立自己的区域警务情报交流网络，装备自动信息查询系统，利用电子邮件、密码无线电、电传和传真系统，通过整体转换网络、电话或电报进行信息传递，将各国有关犯罪活动的情报、有关犯罪对象的情况、保护性措施的情况、有关刑事强制措施的情况等，及时纳入网络。当某国对已经发生的跨国犯罪进行侦查时，可以请求其他有关国家警方提供所掌握的与该犯罪有关的信息、资料和证据，以确保预防和打击犯罪能够及时进行。国际刑警组织和欧盟刑警组织的经验告诉我们，犯罪调查所运用的复杂技术手段的可靠性，是警务合作常设机构获得自主地位最为集中的体现。②

---

① 李海昕：《在新的起点上加快推进警用技术装备的规范化建设》，载《警察技术》2010 年第 1 期。

② ［美］马修·戴弗雷姆：《国际反恐警务合作——国际刑警组织和欧洲刑警组织的比较（上）》，胡人斌译，载《公安学刊》2008 年第 6 期。

第十三章　上合组织区域警务合作的优势与障碍

上合组织区域警务合作，有利于推动各成员国之间的警务协作交流，各方优势互补，共同打击本地区存在的跨国犯罪，保护国家与公民的各项合法权益。国际性犯罪侦查，单靠一个国家的警察力量，难以及时获取证据或侦查线索，进行犯罪侦查。且遏制具有跨国因素的犯罪，也往往受到时空不同、语言文化和法律制度差异等诸多因素的制约。上合组织成员国之间开展警务合作，可以充分利用最有利于侦破案件的手段和对策、交流与协作，进而最大程度排除或克服上述制约因素，充分发挥警务合作的整体优势，不断提升各国警察机关打击国际性犯罪效能，更好地震慑国际犯罪人员。

第一节　上合组织区域警务合作的优势与机遇

上海合作组织开展区域警务和司法内务等安全领域的合作，存在着以下几方面有利的因素。

一、上合组织区域警务合作优势

（一）共同的安全需要

尽管在未来较长时期内，中亚地区不会有大规模的军事战争发生，但新型安全威胁却日益突显。对恐怖主义与毒品犯罪的打击，对各国边境安全和政局稳定的维护，构成了中亚有关各方的共同需要。当前，极端主义为达到特殊政治目的，通过极端的理论、手段危害国家及社会的稳定，已成为这些区域面临的主要安全威胁之一。极端势力特别是"东突"恐怖势力，在吉尔吉斯斯坦、塔吉克斯坦和乌兹别克斯坦三国交界地带的费尔干纳盆地，频繁进行武装骚乱活动。① 且随着上合组织各成员国加大对"东突"恐怖势力的打击力度，该势力逐渐与中东地区的"宗教激进主义"合流，各成员国境内的恐怖主义组织也互相勾结，并且与阿富汗境内的"基地"组织联系密切。不仅如此，中亚地区的贩毒、走私、边境偷渡等跨国犯罪活动增多，严重威胁该区域范围内的安全与稳定。面对严峻的犯罪形势，加强区域警务和内务司法合作，共同应对不同以往的安全领域新挑战，实现和维护地区安全和稳定，成为上合组织开展合作的首要任务，也是其持续发展和良性运行的利益基础。

（二）认知上的一致性

安全合作机制的开展，必须以合作各方具备共同利益和价值取向为前提。即各方能对所面临问题及解决方式方法基本达成一致。在此方面，上合组织成员国早已达成共识，即保持国内改革发展和稳定的前提，是整合地区资源，共同维护周边环境和国内局势的安全稳定。目前，上合组织各成员国均将打击恐怖主义和民族分裂主义，特别是"东突"恐怖势力，作为维护地区安全与稳定的重要问题。且各成员国都意识到：打击"东突"等极端势力，不能单靠传统军事手段抑或某一国的力量，必须通过警务及司法合作，充分发挥各国优势和特长，才能持续深入地解决本地区的犯罪问题。也就是说，各成员国只有在合作中，才能相互理解、谅解，增进彼此的安全利益，实现"双赢"或"多赢"。各成员国的国家安全其实就是"合作安全"。

（三）地缘上优势明显

中国与俄罗斯、吉尔吉斯斯坦、塔吉克斯坦和哈萨克斯坦，有长达约3200千米的共同边境线。早在1992年年初，中国就快速承认刚刚独立的中亚各国，并与他们共同致力于发展睦邻友好关系。② 为解决边界历史遗留问题，及时消除

---

① 郭军涛：《中亚区域警务合作研究》，新疆大学2010年硕士学位论文。
② 高永久、秦伟江：《对上海合作组织发展的制约性因素的研究》，载《新疆社会科学》2006年第2期。

地区安全的最大隐患，中国国家领导人于 1996 年 4 月，与吉尔吉斯斯坦、塔吉克斯坦、哈萨克斯坦、俄罗斯等国领导人，正式启动"上海五国"会晤机制，签署关于加强边境地区军事信任措施的协定。此后，中国与这些国家通过和平谈判的方式，签订了一系列协定、条约，以解决各方的边界问题。协定条约的签署，使原本存在于各国之间的"安全隐患"变成了"安全优势"，相互信任的机制日渐发展并得以稳固。毋庸置疑，上合组织各成员国间相互毗邻的地缘优势，将为地区警务方面的安全合作提供更多便利条件。

（四）大国的强力推动

尽管打击以"东突"为代表的"三股势力"，实现和维护地区安全与稳定，是上海合作组织各成员国追求的共同目标。但各成员国对这一共同目标的需求程度并不相同，"东突"恐怖势力企图分裂中国领土，因而打击"东突"恐怖势力与中国关系密切。"车臣"恐怖势力对俄罗斯同样造成巨大威胁，且近些年"车臣"恐怖势力和"东突"恐怖势力开始互相支援，共同制造恐怖事件。其他上海合作组织成员国虽也受"三股势力"威胁，但与中国和俄罗斯相比，其受侵害程度相对较小，甚至一些成员国加入上海合作组织更强烈的动机是为解决本国经济方面的问题。因此，对待反恐问题，上海合作组织成员国中，中国和俄罗斯的反恐需求最为强烈。但也应该看到，上海合作组织机制内的中国和俄罗斯，都是联合国安理会常任理事国，具有较大世界影响力，而且两国也是本地区的强国，其综合国力在成员国中具有绝对优势。为积极推动上海合作组织的发展，维护地区安全稳定，两个最大的成员国，在打击本地区"三股势力"、毒品犯罪、跨国有组织犯罪过程中，主动承担更大的责任，也符合中国和俄罗斯及上海合作组织的根本利益。

二、上合组织区域警务合作的机遇

（一）上合组织扩员

上合组织成立以来不断发展壮大，2017 年 6 月 9 日举行的上合组织阿斯塔纳峰会正式给予印度、巴基斯坦上合组织成员国地位，其成员国从 6 国扩大至 8

国，实现上合组织首次扩员。印巴两国加入后，上合组织内外部环境都发生巨大变化，将给上合组织发展带来前所未有的机遇：

一是，人口比例增加，中国和印度是世界人口最多的两个国家，印度和巴基斯坦的加入，将使上海合作组织人口占世界人口的 50% 以上，石油储量占世界储量 20%，天然气储量占世界储量 50%。①

二是，地域扩展，从中亚拓展到印度洋。扩员后，上合组织区域内将具有五大世界文明中心，即中华文明、斯拉夫文明、佛教文明、伊斯兰文明、波斯文明。各种文明互鉴、互动、交流，各国之间不将自己的价值观强加于别国，将形成新型文明的典范。

三是，经济实力上，从占世界 GDP 的 15% 扩大到占 25%。

四是，安全合作从维护中亚及其周边稳定扩大到欧亚大陆区域安全稳定；扩员后，印度、巴基斯坦在上海合作组织将从观察员国升格为成员国，白俄罗斯将从对话伙伴国升格为观察员国，现有观察员国包括阿富汗、蒙古国、伊朗，阿塞拜疆、亚美尼亚、柬埔寨、尼泊尔将成为上海合作组织对话伙伴国。这样的布局预示着未来上合组织的成员国将包括欧亚大陆的绝大多数国家。上合组织将成为多极化世界中重要的地区性国际组织之一。

五是，从推动地区和谐到构建更加公平合理的世界政治经济新秩序。印度和巴基斯坦加入上合组织，使上合组织具有中国、俄罗斯、印度、巴基斯坦四个核国家，对于推动核不扩散计划，维护世界稳定与和平将起到更重要的作用。不仅如此，两国加入上合组织也将改变世界的地缘政治格局，即上合组织扩员后形成的经济空间和范围，不比美国和欧盟小，② 这将在一定程度上有助于推进世界多极化进程，有利于上合组织在国际事务中发挥更大的建设性作用，为建立公平、合理的世界政治经济新秩序作出更大贡献。

可见，当前上合组织发展具备了打造"升级版"的条件。从资源条件看，上合组织已具有相关的法律制度，储备了政策资源；成员国具有天然气、石油等丰富自然资源；成员国与联合国、独联体、东盟等国际和地区组织建立了密切联系

---

① 李进峰、吴宏伟主编：《上海合作组织发展报告 2015》，社会科学文献出版社 2015 年版。

② 李进峰：《上海合作组织扩员：挑战与机遇》，载《俄罗斯东欧中亚研究》2015 年第 6 期。

与合作，具备了国际社会的支持资源。从技术支撑看，成员国属于发展中国家、新兴经济体国家，在"一带一路"与欧亚经济联盟和沿线国家战略对接基础上，工业产能和技术装备水平得到提高，科技创新对国家经济的贡献率逐步提升。从合作方式看，成员国从项目合作向发展战略对接转变，从双边向多边合作延伸，区域一体化不断深化。①

事实上，对于上合组织这个成立只有 15 年的新型区域组织来说，首次接纳新成员难免会带来一些现实的问题，也需要及时消除负面因素的消极影响，但更要看到印、巴成为新成员能够给区域合作特别是刑事司法和警务合作领域带来的积极变化：一方面，印度和巴基斯坦的加入有利于上合组织内部决策机制的进一步完善。由于成员国的增多，按照原来的方式就多边合作的重要问题作出决定，可能会增加时间和沟通的成本，从而影响上合组织工作的效率。扩员对上合组织内部建设会提出更高要求，有些机制势必要做出相应调整，包括常设机构的人员构成、经费预算、工作语言等，都会促使上合组织借鉴其他一些成熟国际组织的经验，探索出更适合自己的决策方式。印度和巴基斯坦的加入也将有利于上合组织内部各种力量的平衡。上合组织成立以来发展一直非常稳定，也保持了内部的团结。但不得不承认，该组织是由"上海五国"发展而来的，而"上海五国"最初又是从一个"五国两方"、以解决中国与俄罗斯、中亚国家边境地区军事互信和相互裁军等问题发展而来的。即以中国为一方，其他成员国为另一方，现有格局中也还存在这样的问题。而随着印、巴的加入，上合组织将更加国际化，更容易接受国际合作的通行规则。另一方面，新成员的加入势必有利于上合组织解决本地区面临的紧迫国际犯罪和跨国犯罪问题。"比如在安全领域，印巴在南亚长期被'三股势力'困扰，现在可借助上合平台应对和解决安全挑战。上合防御合作范围从中亚扩展到南亚，安全合作空间加大。"②如果各成员国能够采取共同的行动，不仅能够推动阿富汗和平重建，而且可以增强抵御极端主义、恐怖主

---

① 邵竞：《社科院黄皮书：印巴即将加入，上合组织应善用扩员打造"升级版"》，载新浪网，http：//news.sina.com.cn/c/2017-06-06/doc-ifyfuzym8203298.shtml，访问日期：2022年8月22日。

② 《解析上合组织扩员：绝不仅是"6+2=8"这么简单》，载中国新闻网，http：//news.ifeng.com/a/20170610/51224349_0.shtml，访问日期：2017年3月2日。

义、分裂主义等"三股势力",打击走私贩毒和其他跨国犯罪活动的能力。①

当然,扩员后如何提高组织效率将是上合组织战略目标的核心问题。② 上合组织各国制度不同,意识形态不同,各国间的文化、社会、经济和政治差距远大于欧盟成员国。因此,上合组织关键任务是促进成员国相互尊重、团结协作、凝聚共识,遵守和履行"上海精神"。扩员后的新老成员国将通过践行"上海精神",共建"上合组织命运共同体",构建"共同价值观",共同打造组织的公共产品为成员国服务,努力实现构建"和谐地区"的目标。

(二)"一带一路"助力上合区域警务合作

2013年9月5日,国家主席习近平在哈萨克斯坦访问时,为了进一步促进欧亚各国增强经济联系、深化相互合作、拓展发展空间,提出欧亚各国可以创新的合作模式,共同建设"丝绸之路经济带",以点带面,从线到片,逐步形成区域大合作。同年10月,习近平出访东盟时,提出中国愿同东盟国家加强海上合作,发展海洋合作伙伴关系,在区域经贸、航运、海洋资源开发等领域加强合作,共同建设21世纪"海上丝绸之路"。"丝绸之路经济带"和"21世纪海上丝绸之路"相辅相成,共同构成了"丝绸之路经济带"即"一带一路"倡议。③ 在战略部署上,"丝绸之路经济带"包括3个重点发展方向,包括中国经中亚、俄罗斯至欧洲(波罗的海)沿线;中国经中亚、西亚至波斯湾、地中海沿线和中国至东南亚、南亚、印度洋沿线。"21世纪海上丝绸之路"建设的重点方向是从中国沿海港口过南海到印度洋,延伸至欧洲一线和从中国沿海港口过南海到南太平洋一线。④

经过近两年的丰富和完善,2015年3月中国政府正式对外发布《推动共建

---

① 《上合组织扩大"朋友圈"为何偏偏相中这》,载中国网·东海资讯,http://jiangsu.china.com.cn/html/2016/kuaixun_0624/6129795.html,访问日期:2016年12月30日。

② 李进峰:《上海合作组织扩员:挑战与机遇》,载《俄罗斯东欧中亚研究》2015年第6期。

③ 安选选、朱玫:《"一带一路"战略下的国际警务执法合作实践及其创新》,载《广西警官高等专科学校学报》2015年第3期。

④ 曹雪飞:《反恐警务国际合作的原则与步骤——从新安全观角度推进"一带一路"建设》,载《公安学刊——浙江警察学院学报》2015年第6期。

丝绸之路经济带和 21 世纪海上丝绸之路的愿景与行动》，系统阐述了"一带一路"倡议提出的背景、实施的愿景与中国的行动。根据该文件，"一带一路"是在继承传统"丝绸之路精神"的基础上，致力于促进沿线各国经济繁荣与合作，加强文明交流和促进世界和平发展的一项系统工程，需要有关各方在秉持"共商、共建、共享"原则的基础上，协同努力，共同推进以"政策沟通、设施联通、贸易畅通、资金融通和民心相通"为主要内容的一系列相关项目建设。"一带一路"建设的核心是经济合作与发展，重点是文化沟通与交流。①

　　由此可见，无论从发展的地域空间上看，还是从合作的内容和原则上看，上海合作组织成员国与"一带一路"沿线建设国家高度契合关联。上合组织秉持"互信、互利、平等、协商、尊重多样文明、谋求共同发展"的"上海精神"，与拥有千年悠久历史的"和平合作、开放包容、互学互鉴、互利共赢"的丝路精神相契合，与"一带一路"沿线国家和地区东西方文化交汇、多宗教汇聚、多元文化并存与交融的特点契合，通过上合组织平台加强人文合作，将促进"一带一路"区域的相互理解、友好合作与包容性发展。②

　　新加入上合组织的两个成员国中，印度是重要新兴经济体国家，也是金砖成员国，"一带一路"倡议有望得到印度支持，使沿线国家的战略对接更全面、更广泛，形成一个整体，有利于推动欧亚地区的经济一体化进程。巴基斯坦是参与"一带一路"建设重要国家，上合组织扩员有助于"一带一路"倡议加速对接区域发展战略，互联互通将扩大上合组织经贸合作施展空间。上合组织成员国中，中俄印三个大国更加有机协调和良性互动，形成更大经济发展空间，更广阔区域大市场，并以"一带一路"倡议的重大机遇推动经贸合作取得新进展，在国际舞台上继续维护上合组织成员国核心利益，扩大合作的社会基础。可以说，"丝绸之路经济带"发展得越快，上合组织成员国特别是中亚各国受益就越多。因此，在建设"丝绸之路经济带"的大背景之下，上合组织各成员国都希望民生得到改善、经济得到发展。但其前提和基础就是有一个安全的环境，可以说这条经济带

---

　　①　国家发展改革委员会、外交部、商务部：《推动共建丝绸之路经济带和 21 世纪海上丝绸之路的愿景与行动》，载中华人民共和国商务部网站，http：//www.mofcom.gov.cn/article/resume/n/201504/20150400929655.shtml，访问日期：2022 年 8 月 10 日。

　　②　王海燕：《"上合"成共建"一带一路"重要平台》，载《文汇报》2016 年 6 月 27 日。

上的国家，在安全与稳定问题上有着高度的共识。即各国不仅利益与共，且安危与共。为此，上合组织各成员国也应加强内部团结，做好内部协调，包括成员国之间的战略互信与协调和中俄、中俄印、印巴的双边和多边的战略互信与协调，还有上合组织与联合国相关机构的协调及与欧美的战略沟通与交流。

第二节　上合组织区域警务合作的障碍及解决

尽管上合组织区域警务合作的发展有上述诸多优势，但冷静分析，该区域组织要深入开展警务合作，无论内部组织还是外部环境都面临着一系列困难和障碍。就组织内部发展而言，上合组织在机制体制建设上还存在不足；成员国之间的边界争议及水资源矛盾等因素，影响着合作的效率；国家间的政治矛盾也无疑会削弱合作的凝聚力，这些都使上合组织存在决策机制不完善、不健全，对组织达成的共识执行力不足等问题。就上合组织面临的外部发展环境而言，一方面，"伊斯兰国"极端势力、阿富汗问题及当前愈演愈烈的乌克兰危机等不稳定因素一直存在；另一方面，西方国家基于意识形态等原因，对上海合作组织的形成和发展一直予以警惕和质疑。这些都使得上合组织在前十多年的警务合作里，虽交流互动频繁，但并未形成稳定的机制，仍存在合作协议签署多、执法合作行动少、情报交流层次不够深入、个案合作不够具体、战术战略布局不均等诸多问题。①

一、上合组织区域警务合作障碍

（一）政治因素的困扰

1. 成员国内部国家权力更迭

苏联解体后，上合组织的各中亚成员国的建国历史都相对短暂。在有限的国家历程中，以本土化政治结构为基础不断强化的"总统制"政权几乎成为中亚各国选择的共同模式。不可否认，在苏联解体后的特殊历史时期，权力相对集中的

---

① 贾立峰：《根除电信网络诈骗犯罪源头的法律问题探讨》，天津师范大学 2018 年硕士学位论文。

"总统制"政权体系为捍卫新获得独立的主权和保障社会系统的重建发挥了至关重要的作用。但与此同时，各国精英集团基本掌控了本国的主要资源，从而大大加剧了他们的继任力量发育和成熟的困难。① 而中亚历史上曾经出现过的民族国家雏形，不论是曾经称雄一时的帖木儿帝国，还是曾经在沙皇俄国和中国清朝政府之间搞平衡外交的哈萨克汗国，不论是最后被征服的浩罕汗国，还是持续存在到十月革命的布哈拉汗国，由于它们均未曾经历完备意义上的主权国家政权建设，世袭汗王制度延续的经验，并不能有效解决现代民族国家政权建立过程中产生的棘手问题。② 加之18—19世纪俄罗斯政治文化的浸入，更加阻碍了中亚民族国家独立发展的进程。在沙俄统治时期和苏联时期，中亚各主体民族精英集团的形成就不可避免地带有外族强权干预的痕迹。沙俄在征服和治理中亚的历史中，曾人为地、有选择地在中亚民族的不同部族中制造明显的亲疏关系，由此造成中亚各国在政治和经济资源分配上，不同部族和不同地区之间差异极大。这种现实正左右着中亚各国进入政权更迭阶段的政治格局发展。2005年3月，在吉尔吉斯斯坦发生的事变就是典型的例证。③ 另一个不容忽视的因素，就是中亚各国政体还不得不应对那些试图按照自身需要"改造"他们的西方大国势力。这些西方大国不满于苏联地方领导人建立的"后苏联政治体制"，试图以监督选举、民主培训、非政府组织等民主程序和方式，帮助中亚各国完成国家政权更迭。但是它们忽略了两个最根本的要素：一是转型时期中亚地区政治平衡的脆弱性；二是中亚民族自身的深厚政治文化传统。上述内部因素和外部因素，共同导致中亚地区国家的政治更迭不断，并引发持续的矛盾冲突和民族问题。④

2. 成员国间领土资源之争

中亚国家间的边境利益争端依然存在，相互之间仍存在爆发冲突的可能。自

---

① 祝辉：《非经济因素是制约中亚区域经济合作的软障碍》，载《新疆社会科学》2008年第4期。

② 祝辉：《制约中亚区域经济合作的非经济因素》，载《实事求是》2010年第4期。

③ 许涛：《上合组织建立预防地区冲突机制的实践意义》，载《现代国际关系》2006年第12期。

④ 许涛：《构建区域合作安全的尝试——兼论上海合作组织安全合作的新问题》，载《俄罗斯中亚东欧研究》2007年第1期。

2008 年下半年金融、经济危机开始波及中亚国家以来，由于历史遗留问题、水资源分配、贸易纠纷、非法务工和债务等因素介入，中亚国家之间的矛盾不断被激化。特别是围绕水资源分配及电力供应问题，由于这些问题源于苏联时期遗留下来的争端，一时难以解决，导致乌兹别克斯坦与吉尔吉斯斯坦、塔吉克斯坦、哈萨克斯坦的关系，变得更加紧张。① 2010 年，针对水资源分配及电力供应问题，处于下游的乌兹别克斯坦与处于上游的塔吉克斯坦矛盾不断激化，乌兹别克斯坦甚至借此扣留过境的塔吉克斯坦物资。这些矛盾和争端，都直接威胁了上海合作组织成员国之间的团结与合作。② 此外，中亚国家之间在跨界民族问题、领土边界问题上都还存有分歧，民族主义的膨胀更易诱发这些跨界民族冲突，比如 2010 年 6 月发生在乌兹别克斯坦族与吉尔吉斯族之间的恶性冲突。上合组织区域内不同国家间的矛盾持续上升，使国家间难以相互信任与合作，无法对关乎各国利益的经济和安全争端形成最基本的共识，也就更难以有效解决跨国犯罪、极端主义、恐怖主义等犯罪问题。③

3. 上合组织决策机制不完善

在决策机制不健全、组织的系统管理机制不完善的情况下，上合组织的扩员无疑面临巨大挑战。东盟和欧盟扩员的经验教训表明，决策机制的不完善，易使新老成员国产生矛盾，各国根据自身利益需要在组织内部形成小团体，进而降低组织决策效率，对事关成员国利益的国际和地区热点的问题，无法形成一致的解决方案，使得上合组织无法快速作出一致的决策。④

从该组织发展的历史阶段看，上合组织国际合作事务外延的增大，对增强成员国安全感及本组织对外的影响力尚需检验。以上合组织地区反恐为例，其地区反恐机构更似一个信息交换机构或会议机构，而非真正的协调机构，与一个发挥中坚力量的机构相差甚远。这和该组织的理想曾不清晰有关，任何无理想的机体

---

① 上海社科院世界经济与政治研究院编：《后冷战时代欧亚国际关系的演进》，时事出版社 2011 年版。

② 李颖：《走出金融危机的中亚与走进第二个十年的上合组织——第十届中亚与上海合作组织国际学术研讨会综述》，载《新疆师范大学学报（哲学社会科学版）》2011 年第 5 期。

③ 曾向红、李孝天：《中亚成员国对上海合作组织发展的影响：基于国家主义的小国分析路径》，载《新疆师范大学学报（哲学社会科学版）》2017 年第 2 期。

④ 李进峰、吴宏伟、李少捷：《上海合作组织发展报告（2016）》，社会科学文献出版社 2016 年版。

都会使自身的吸引力损耗。土耳其驻沪副总领事就曾认为上合组织远不如欧盟在处理国际事务中的地位，由于受综合国力的限制，协调国际事务的影响力是有限的。一个地区组织在安全领域合作效率的高低，一定程度上影响着成员国的信心与观念。

4. 组织外部不稳定因素增加

美国从阿富汗撤军使该国动荡加剧，加之中东动荡的扩散效应，使中亚地区的安全形势十分严峻。尽管美国中央司令部已于 2021 年 8 月 30 日宣布已完成从阿富汗撤军，美军在该国长达近 20 年的战争正式结束，但其并未放弃在阿富汗的影响力。本·拉登死后，阿富汗和巴基斯坦的恐怖攻击急剧升级，美国和北约也加强反恐力度，这一地区的恐怖分子出现了向中亚回流的趋势。中亚国家与阿富汗的边界长，且边境地区防务较弱，易使三股势力回流和渗透。

此外，中东社会剧变所产生的扩散效应持续发酵，也使中亚国家的稳定面临严峻考验。有学者把中亚和中东进行比较，认为中亚的情况和中东动荡地区的情况有些相似，不同程度上存在专权、腐败、贫困、通胀、失业等现象。中亚国家内部不安定因素主要有：领导人在位时间较长；精英、宗派和部落矛盾错综复杂；物价暴涨；失业率居高不下。中东的极端主义思潮蔓延到中亚是最令人不安的。伊斯兰极端思潮在受苏联世俗文化影响数十年的中亚地区本不盛行，但受到阿富汗冲突和中东动乱的影响，宗教极端思潮在中亚地区出现回潮，对世俗文化形成冲击。极端组织在鼓动和推介下，中亚地区的人们开始戴面纱，留长胡子，改名字，这些变化不免让人担心中亚地区会沦为第二个动荡不安的中东。① 但我们也应当相信，如果中亚国家切实进行改革，发展经济文化，提高就业率，实现不同民族和宗教之间的和谐相处，特别是充分发挥上海合作组织等国际组织的作用，宗教极端思想就不可能对中亚国家造成更大威胁。

5. 西方大国对上合组织的干扰和介入

中亚是上合组织的中心区域，毗邻俄罗斯、欧洲国家、中东国家、南亚国家及中国，作为"核心区域"，中亚地区安全对整个欧亚大陆的稳定而言，意义重大。维护中亚地区安全与稳定也是上合组织工作的重要内容。且与美国等

---

① 李颖：《第十届中亚与上海合作组织国际学术研讨会》，载《新疆师范大学学报》（哲学社会科学版）2011 年第 5 期。

西方国家坚持传统冷战思维、在中亚地区推行所谓的"民主改造"计划不同，上合组织支持中亚国家的独立自主、主张建立新型国际关系。① 对此，美国等西方国家担心不断发展壮大的上合组织，会损害其在中亚地区的既得利益，削弱其在中亚地区的影响和地位，进而将上合组织视为"反西方联盟"，并讥讽上合组织是无所作为的"纸老虎"。此外，由于乌克兰危机持续发酵，导致俄罗斯与西方国家关系陷入僵局，西方国家主观上制裁俄罗斯，但由于中亚国家与俄罗斯关系紧密，针对俄罗斯的制裁客观上也影响了上合组织多数成员国经济的发展。

在1999—2012年13年间，乌兹别克斯坦三次反复加入和退出组织，它最先在1999年退出集体安全条约组织，后于2006年再次加入，2012年又再次申请退出该组织。② 对待俄罗斯和美国，中亚国家的态度是不愿丢掉任何一方。中亚正在从与大国的博弈中获得最大的收益，且期待更大的收益。这牵制了各类联合体目标效率的发挥，加剧了他们之间不必要的竞争性和合作的盲目性。中亚国家多具有善变的民族特性、尚不完备和不健全的国家制度和运行机制，使人的权力远大于机制和制度本身所起的作用。在与中亚国家警务合作实践过程中，相比依赖正式的合作制度，与其官员建立良好的关系往往更奏效。③ 尤其中亚国家高层人事频繁变动，更使警务外交与合作充满不确定性。可见，大国在中亚一带实力角逐以及中亚成员国对待外国势力的介入态度，也影响着上合组织警务合作的效果。

（二）经济发展不平衡

近些年，上合组织成员国多面临经济下滑、市场萎缩等困境。特别是自2020年新型冠状病毒肺炎疫情全球大爆发，导致全国供应链崩溃，企业纷纷倒闭，失业率创新高。欧美制裁和国际能源价格的持续影响，更使俄罗斯与中亚国家就业

① 李进峰、吴宏伟、李少捷：《上海合作组织发展报告（2016）》，社会科学文献出版社2016年版。

② 朱永彪、沈晓晨：《美国从阿富汗撤军对中亚的影响》，载《新疆师范大学学报（哲学社会科学版）》2014年第6期。

③ 刘黎明、刘杰：《"一带一路"背景下中国与吉尔吉斯斯坦警务合作》，载《云南警官学院学报》2021年第2期。

机会减少，经济增长缓慢。各国虽有合作意愿，但合作能力不足。各国经贸联系的不均衡性以及国内经济发展状况，对上合组织警务合作产生的影响具体表现在以下方面。

1. 经济实力影响合作的态度、深度及决心

一方面，上合组织部分国内经济相对落后的国家，不得将精力集中在国内经济建设和改善民生方面，难以顾及警务合作。另一方面，尽管经济和社会交往越紧密，相互依赖性越强，就越会有警务合作的需要，但各国在经济合作利益的分配上，往往都希望本国得到更多的资源。且经济实力增长较快的部分国家，希望在上海合作组织中获得更高的地位和更大的话语权。中亚国家间日益复杂的利益纠葛，给中亚区域警务合作埋下了浓重的隐忧——任何一种利益关系协调不好，必将发展成为包括警务合作在内的诸多合作之羁绊。

2. 经济发展水平影响打击犯罪的内容和重点

上合组织成员国间经济发展水平不同，其对重点打击的犯罪内容认识也就不同。比如经济相对落后的国家更关注贩毒、贩卖人口等传统犯罪，因为一国经济落后，国内有大量的贫困人口，就易出现拐卖人口的犯罪；经济的落后也使毒品泛滥的国家很难开展毒品的替代措施。而经济发达的国家，会优先考虑洗钱、网络犯罪、诈骗犯罪等。

（三）民族宗教文化差异

1. 跨境民族、宗教问题复杂

中亚国家间仍存在一些难以解决的跨境民族问题。比如，中国边境地区跨境聚集居住着大量少数民族。这些少数民族，有些是在殖民者入侵中国及周边国家的过程中形成的，更加剧了中国边境地区民族问题的复杂性。以哈萨克族为例，其既属于中国新疆地区的一支少数民族，又是哈萨克斯坦共和国的主体民族。哈萨克斯坦共和国独立后，其极力宣传吸引其他国家的哈萨克族人到哈萨克斯坦定居，并称"世界哈萨克人是一家，哈萨克人皆兄弟"。这些宣传给中国边疆地区的民族团结与政局安全带来不稳定因素———些希望到哈萨克斯坦去的哈萨克族人，会冒险采取非法方式进入哈萨克，进而扰乱国家正常的边境管理秩序。[1] 加

---

① 郭军涛：《中亚区域警务合作研究》，新疆大学 2010 年硕士学位论文。

之境外反华势力和敌对分子多以民族、宗教和发展差距问题为切口，在边境地区制造事端，伺机干涉中国内政。①

2. 文化差异导致区域警务合作观念存在较大隔阂

上合组织中的其他几个中亚国家，虽然在地域上大部分是我国邻国，但出于历史原因，其无论在民族构成、宗教信仰还是风俗习惯、法律文化等方面均存在很大差异，这种自然状态下生成的文化差异，往往导致警务合作缺乏必要的观念认同。几千年来，"以汉儒文化为代表的东亚文明、以佛教文化为代表的南亚文明、以伊斯兰教文化为代表的阿拉伯文明、以东正教文化为代表的斯拉夫文明以及以草原游牧文化为代表的中亚文明，在上合组织覆盖的地区演绎了无数次的碰撞、冲突、交织和融合。尤其在中亚，世界历史上的各大文明板块在这里交汇、挤压，形成了长期动荡不安的'文化破碎地带'。"② 不同宗教文明相互交织与撞击的情形，不仅存在于上合组织成员国之间，其在一国内部不同地区也同样存在。宗教派别的差异和利益纠葛经常成为社会矛盾的导火索，此时不同国家在宗教问题上的立场很可能与他国发生冲突，进而直接导致区域警务合作观念基础薄弱。

3. "伊斯兰国"与"三股势力"带来的安全威胁

近些年，"伊斯兰国"占据伊拉克和叙利亚部分领土，且影响力不断扩大，也愈加威胁阿富汗、中东及非洲部分地区的安全，在欧洲、美洲等地发动的暴恐袭击也不断升级，并企图在中亚开辟"第二战场"。③ "伊斯兰国"恐怖势力持续从哈萨克斯坦等中亚国家招募宗教极端分子，参加在伊拉克和叙利亚进行的"圣战"。"伊斯兰国"极端势力，还在中亚各国通过秘密组织进行极端思想渗透，制造暴恐活动，以吸引其他恐怖组织成员加入。2015 年 8 月，"乌兹别克斯坦伊斯兰运动"作为中亚地区威胁最大的恐怖组织之一，在公开表示支持"伊斯兰国"后，又宣布效忠"伊斯兰国"，企图借此获得资金、武器以及培训支持，

---

① 孟立君：《论影响中国边境安全的非传统因素》，载《边疆经济与文化》2009 年第 2 期。

② 许涛：《构建区域合作安全的尝试——兼论上海合作组织安全合作的新问题》，载《俄罗斯中亚东欧研究》2007 年第 1 期。

③ 张恒龙主编：《"一带一路"与中亚的繁荣稳定："一带一路"与中亚国际论坛论文集》，上海大学出版社 2017 年版。

这无疑加大了中亚地区的安全风险。① 而回流在叙利亚和伊拉克参加"伊斯兰国"军事行动的中亚籍人员，除少部分可能正常回归社会外，大部分将存在制造暴恐活动的风险。② 此外，自2014年美国宣布从阿富汗撤军以来，阿富汗经济和安全形势越来越糟糕。2015年阿富汗政府与反政府武装冲突明显增多，社会动荡和高失业率使大量难民冒死逃往欧洲。"伊斯兰国"分子及其追随者在阿富汗活动也日益猖獗，国内极端势力、暴恐活动等犯罪问题，都对上海合作组织成员国安全构成严重威胁。这些都使得中亚地区的安全形势更加难以控制。

（四）法制化差异

上合组织成员国间法律制度起源、法律文化传统差异较大，且各国法制发展水平也不均衡，这些因素都必将制约成员国间的警务合作。

1. 成员国之间侦查权限、司法程序与法律认定存在很大差异③

中国与上合组织其他成员国都是主权国家，各自都有本国独立的政治与法律制度，制度差异是客观存在的。上述政治制度的巨大差异使各国的国家权力体系（立法、行政、司法）运作机制殊为不同，给区域警务合作设置了一道巨大的体制障碍。由于上合组织各成员国在法律制度上存在较大差异，警察在不同国家执法权的内涵和外延不同，再加上大陆法系与英美法系在司法程序上的客观差异，使得合作各方在立案管辖范围、犯罪构成、逮捕羁押条件、犯罪嫌疑人和被告人权利保障、执行程序以及引渡规则等方面，至今仍存在较大分歧，这些都成为区域警务合作的现实技术障碍。

此外，法律文化的差异可能导致同样的行为在不同国家会受到不一致的评价，如买卖妇女儿童、重婚、吸毒等行为，在一些国家可能构成犯罪，而在另一些国家可能只是轻微违法甚至是合法行为，这些差异无疑给国际警务合作带来困扰。文化差异还体现在意识形态领域，虽然冷战已经结束，但是冷战思维惯性仍

---

① 廖成梅、杨航：《中亚地区面临"伊斯兰国"影响的内外环境分析》，载《亚太安全与海洋研究》2016年第1期。

② 李进峰、吴宏伟、李少捷：《上海合作组织发展报告（2016）》，社会科学文献出版社2016年版。

③ 张杰：《反恐国际警务合作——以上海合作组织地区合作为视角》，中国政法大学出版社2013年版。

在，中国的大国身份也让上合组织其他成员国存有"中国威胁论"的疑虑，这种观念下要想将区域警务合作往纵深推进无疑是十分困难的。

2. 司法执法合作方式单一

上合组织区域警务合作尚属起步阶段，缺乏区域性的联合决策机制、信息沟通机制以及法律救济机制等体系化合作模式。其警务合作仍是一种问题驱动型的合作模式，出现问题后都要先通过政治或外交对话，再让相关部门进行反复磋商，导致警务合作效率不高、执行力差。① 从战略合作角度讲，随着上合组织国际合作事务的扩大，能否增强成员国安全感及本组织对外的影响力尚需时间检验，这也导致上合组织地区警务合作自身定位与认识尚不甚明晰。以上合组织地区反恐机构为例，该机构虽作为上合组织警务合作的常设机构，但其发挥的作用更似一个信息交换机构，一个上传下达的平台，而不是真正意义上的协调机构，与一个发挥中坚力量的执行机构还有很大差距。② 此外，上合组织地区警务合作中的结构性失衡也是亟待克服的障碍，这种失衡表现在两个方面：一是本组织成员国力量对比结构的失衡；二是不同领域警务合作的关联度与联合性被忽视。③ 如对恐怖主义犯罪与走私贩毒间共生关系认识不足，反恐合作未能有效地与禁毒合作及惩处其他跨国犯罪合作关联，实现信息实时共享，形成打击犯罪的合力。

二、推进上合组织区域警务合作的几点建议

（一）培育区域共识为警务合作奠定观念基础

上述经贸与政治方面的合作，有利于互利互信、开放包容、合作共赢等区域合作理念的形成，有利于推进上合组织区域警务合作关系向纵深方向发展。尽管各成员国还存在着文化、制度、局部利益冲突等问题，但在全球化背景下，合作共赢终究是大势所趋。为适应这种形势，上合组织各成员国都应转变观念，以大局为重，克制不良主权意识冲动。尤其是中国要以实际行动消弭中亚国家在意识

---

① 翟悦：《境外追逃追赃国际警务合作机制研究》，东南大学出版社 2016 年版。
② 张杰：《反恐国际警务合作——以上海合作组织地区合作为视角》，中国政法大学出版社 2013 年版。
③ 张杰：《反恐国际警务合作——以上海合作组织地区合作为视角》，中国政法大学出版社 2013 年版。

形态观念上的误解，以雄厚的实力破除美国等西方国家在中亚地区的霸权企图，寻求多元政治格局框架下的诚信合作，强化本区域合作组织的存在感和认同感，在思想层面上达成区域共识，为区域警务合作奠定一个坚实的观念基础。

（二）完善警务合作框架

要改变问题驱动型警务合作模式，必须构建经常性、体系化的警务合作机制。上合组织可考虑以现有的常设反恐机构为基础，成立上合组织警务合作秘书处，秘书处成员由各国警务部门负责人组成，定期召开区域警务合作会议；秘书长由各国轮流担任，任期1年，负责统一各国警务合作共识，制订长期合作规划，在具体警务合作领域作出决策；秘书处决议对合作各方应当具有约束力，并赋予其必要的执行权和制裁权，以避免机构设置流于形式。秘书处还可以下设多个办事机构，专门负责情报信息交流、联合执法、警务人员培训等各项专门工作，办公室负责人可由各国警务部门负责人推荐，经秘书处讨论后任命。同时，可在单个警务合作领域设置经常性工作机构，它可以尽量避免上合组织成员国间政治分歧、利益纷争等干扰因素对单一机构的影响，更专注于从技术层面联络各国警务合作，防止单一机构一旦停摆就造成区域合作瘫痪的情形出现。此外，可以优先考虑建立非政府层面的合作机制，例如强化"上合刑警组织"等非官方领域的合作机制或先考虑国与国之间通过双边协议进行合作机制试点，自下而上地在禁毒、反恐、非法越境等某种类型的国际犯罪领域展开区域警务合作，设立常设性的专业机构，组织、协调该领域的警务合作，待时机成熟后，由政府出面整合各种资源，吸收、合并上述机构，从而完成国家层面的区域警务合作。

结　　语

2021 年是上合组织成立二十周年华诞。二十载风雨磨砺，上合组织秉持互信、互利、平等、协商、尊重多样文明、谋求共同发展的"上海精神"，不仅促进了地区安全治理，发展成为欧亚地区的"稳定器"，而且建立了相对完整规范的安全合作法律体系，践行了反恐演习、联合执法、情报交流、警务培训等长效合作项目，为全球安全治理提供了可借鉴的制度范本，贡献了"上合智慧"和"上合方案"。《上海合作组织成员国元首关于国际信息安全的声明》以及随后出台的共同行动计划、政府间合作文件和共同措施、定期开展的网络联合反恐演习，也都表明国际信息安全正成为上合组织成员国间新的重要合作方向。正如上合组织前秘书长弗拉基米尔·诺罗夫所言，上合组织已成为"在联合国发挥关键作用的前提下制定信息领域各国负责任行为规则、规范和原则的国际努力的火车头"。[1]

上合组织过去的发展经验证明组织有着自身的发展动力，也反映出成员国社会经济演变和政治转型的复杂性，以及各种复杂的双边和多边关系。特别是印度和巴基斯坦两国加入，一方面使上合组织"朋友圈"扩大，成为全球最大的区域性国际组织，其在国际事务中的整体实力和影响力也显著提升，并形成构建人类命运共同体的共同理念。但另一方面，上合组织扩员使打击"三股势力"犯罪的防御合作范围从中亚扩展到南亚，安全合作空间加大的同时，也间接导致上合组织警务合作的组织效率和执行能力的降低。成员国间文化、社会、经济和政治差距甚远，其相似度和紧密性远不比欧盟成员国。因此，就未来上合组织的司法执法合作发展而言，尽管该组织无法也不适宜形成类似于欧盟的警务与司法合作共

---

[1]　弗拉基米尔·诺罗夫：《上海合作组织：发展的 20 年》，载《俄罗斯研究》2021 年第 4 期。

同体，但上合组织仍需要强化本区域合作组织的认同感，在思想层面达成区域共识，为区域警务合作奠定一个坚实的政治基础。

在全球化大背景下，安全的含义已演变为一个综合概念，安全的跨国性、综合性和联动性日益突出。对此，上合组织各成员国只有加强警务合作，有力消除"三股势力"、毒品贸易等非传统安全威胁，才能为丝绸之路经济带的发展建设保驾护航，共建"和平、稳定与合作的新亚洲"。也正基于此，本书认为，为了确保上合组织和"一带一路"合作建设项目能在相对安全的环境中及时启动，上合组织框架下的区域警务合作，理应以情报信息合作为基础，建立和夯实警务合作现代化模式；以侦查取证合作为重点，突出警务合作打击犯罪的特点；以犯罪预防为目标，这既是应对"三股势力"犯罪的核心要务，也是建设"一带一路"合作项目安全周边环境的长久之策；以警务培训和技术交流为保障，循序渐进，由简就繁，逐步深入和拓展区域警务合作的内容，才能最终建立符合上合组织安全需要的、稳定的区域警务合作模式。

参 考 文 献

一、著作类

[1] 向党：《国际警务合作概论》，中国人民公安大学出版社 2005 年版。

[2] 朱恩涛：《国际刑警与红色通缉令》，中国人民公安大学出版社 2006 年版。

[3] 陈耀武：《三股势力与国家安全》，军事科学出版社 2004 年版。

[4] 公安部政治部编：《国际警务执法合作》，中国人民公安大学出版社 2007 年版。

[5] 何家弘：《刑事司法大趋势——以欧盟刑事司法一体化为视角》，中国检察出版社 2005 年版。

[6] 邢广程、孙壮志：《上海合作组织研究》，长春出版社 2007 年版。

[7] 赵秉志：《欧盟刑事司法研究暨相关文献中英文本》，中国人民公安大学出版社 2003 年版。

[8] 许涛、季志业：《上海合作组织——新安全观与新机制》，时事出版社 2002 年版。

[9] 赵永琛：《涉外刑事司法解析》，吉林人民出版社 2001 年版。

[10] 赵永琛：《跨国犯罪对策》，吉林人民出版社 2000 年版。

[11] 赵秉志：《国际恐怖主义犯罪及其防治对策研究》，中国人民公安大学出版社 2005 年版。

[12] 乔云霞：《区域国际竞争力——理论研究与实证分析》，经济科学出版社 2005 年版。

[13] 张杰：《反恐国际警务合作——以上海合作组织地区合作为视角》，中国政法大学出版社 2013 年版。

［14］李进峰、吴宏伟主编：《上海合作组织发展报告 2015》，社会科学文献出版社 2015 年版。

［15］荆长岭、易志华、吴兴民：《全球化时代的国际刑事警务合作》，中国人民公安大学出版社 2014 年版。

［16］魏永忠：《跨区域警务合作论——环首都地区社会安全防控警务合作体系研究》，中国人民公安大学出版社 2009 年版。

［17］马耀权、张强主编：《区域警务合作的实践与探索》，中国人民公安大学出版社 2016 年版。

［18］王莉、赵宇主编：《国际警务合作理论研究综述》，中国人民公安大学出版社 2014 年版。

［19］弗里德里克·勒米厄编著：《国际警务合作的理论与实践》，曾范敬译，中国人民公安大学出版社 2016 年版。

［20］王君祥：《中国-东盟区域刑事合作机制研究》，中国人民公安大学出版社 2012 年版。

［21］王利文：《东南亚恐怖主义与反恐合作》，中国人民公安大学出版社 2015 年版。

［22］李进峰、吴宏伟、李伟主编：《上海合作组织发展报告（2014）》，社会科学文献出版社 2014 年版。

［23］李进峰、吴宏伟、李少捷：《上海合作组织发展报告（2016）》，社会科学文献出版社 2016 年版。

［24］格雷戈里·D. 李：《全球缉毒实用侦查技术》，郭颖译，中国人民公安大学出版社 2015 年版。

［25］李葆珍：《上海合作组织与中国的和平发展》，新华出版社 2011 年版。

［26］马蒂厄德弗兰：《反恐警务：组织视角与全球视野》，栗长江译，中国人民公安大学出版社 2015 年版。

［27］乔雄兵：《域外取证的国际合作研究——以〈海牙取证公约〉为视角》，武汉大学出版社 2010 年版。

［28］S Uhlig, W Schomburg, O Lagodny, *IRG Kommentar*, C. H. Beck Verlag, München, 2006.

[29] Christoph Grabenwarter, *European Convention on Human Rights*, 2nd Edition, Beck Hart, 2021.

[30] Manfred Burgstaller, *Das Europäische Auslieferungsübereinkommen*, Nomos Verlagsgesellschaft, 2007.

[31] T Elholm, *Ziegenhabm Domink: Der Schutz der Menschenrecht bei der grenzüberschreitenden Zusammenarbeit in Strafsachen*, Springer Verlag, 2005.

[32] Böhm, Klaus Michael, Auswirkungen des Zusammenwachsens der Völker in der Europäischen Gemeinschaft and die Haftgründe des § 112 II StPO; NStZ 2001.

[33] Martin Böse, Die Immunität von Europol- ein unterschätztes Verfolgungshindernis? NJW 99, 2416.

[34] Theobald Brun, Die Beschlagnahme von Bankdokumenten in der Internationalen Rechtshilfe in Strafsachen, Schulthess Verlag, Zürich, 1996.

[35] Helmut Satzger, *Die Europäisierung des Strafrechts—Eine Untersuchung zum Einfluß des Europäischen Gemeinschaftsrechts auf das deutsche Strafrecht*, Carl Heymanns Verlag, Köln, 2001.

[36] Helmut Satzger, *Internationales und Europäisches Strafrecht*, Nomos Verlagsgesellschaft, 9. Auflage, 2020.

[37] Frederic Lemieux, *International Police Cooperation: Emerging issues, Theory and Practice*, (UK) Devon: Willan Publishing, 2010.

[38] Nicholas Dorn, Tom Vander Beken, "Saidabad, Pretoria, Sarajevo, The Hague, Brussels: Conflicts and Cooperation in Security and Policing", *Crime, Law and Social Change*, Vol. 51, No. 2, 2009.

[39] M. Alain, "Transnational Police Cooperation in Europe and in North America: Revisiting the Traditional Border Between Internal and External Security Matters, or How Policing is Being Globalized", *European Journal of Crime*, Vol. 9, No. 2, 2001.

[40] Charles Elsen, "From Maastricht to The Hague: the Politics of Judicial and Police Cooperation", *ERA Forum*, Vol. 8, No. 1, 2007.

[41] Thomas Markussen, Louis Putterman, Jean-Robert Tyran, "Judicial Error and

Cooperation", *European Economic Review*, Vol. 8, 2016.

二、期刊类

[1] 李进峰：《上海合作组织扩员：挑战与机遇》，载《俄罗斯东欧中亚研究》2015 年第 6 期。

[2] 李颖：《第十届中亚与上海合作组织国际学术研讨会》，载《新疆师范大学学报》（哲学社会科学版）2011 年第 5 期。

[3] 赵永琛：《论区域性警务合作》，载《政法学刊》1999 第 2 期。

[4] 魏永忠：《关于西部跨区域警务协作机制的初步研究》，载《中国人民公安大学学报（社会科学版）》2004 年第 6 期。

[5] 王轩：《区域合作模式创新的地方经验——以粤澳区域警务合作模式为对象的研究》，载《行政法学研究》2017 年第 1 期。

[6] 汪勇：《中国区域警务合作研究》，载《中国人民公安大学学报（社会科学版）》2013 年第 5 期。

[7] 刘为军：《打击犯罪新机制背景下的区域警务合作》，载《中国人民公安大学学报（社会科学版）》2015 年第 6 期。

[8] 付凤：《全球化条件下的国际刑事警务合作》，载《安庆师范学院学报（社会科学版）》2007 年第 3 期。

[9] 李建：《试论国际警务执法合作的构成条件及保障策略》，载《广西警官高等专科学校学报》2016 年第 5 期。

[10] 董国政、韦伟：《背景延伸：上海合作组织的由来》，载《解放军报》2007 年 7 月 13 日第 4 版。

[11] 诺曼·S. 莫勒伯格：《南部非洲地区警官合作组织》，徐丹彤译，载《山西警官高等专科学校学报》2002 年第 4 期。

[12] 续磊、陈志锋：《欧盟执法培训署研究综述》，载《云南警官学院学报》2011 年第 6 期。

[13] 薛忠杰：《国际刑警组织——打击跨国网络犯罪之戟》，载《中国公共安全·学术版》2014 年第 4 期。

[14] 赵嵘：《欧盟司法与内务合作：进展、问题与走向》，载《现代国际关系》

2008 年第 12 期。

［15］何文：《第 30 届东盟国家警察局长会议召开》，载《人民公安报》2010 年 5 月 26 日。

［16］袁源：《东盟共同体年底启航》，载《国际金融报》2015 年 11 月 30 日第 11 版。

［17］张蕴岭：《东盟 50 年的思考》，载《世界知识期刊》2017 年 7 月 25 日。

［18］张渊：《构建维和反恐渗防技战术行动支撑下的警务战术机制刍议》，载《北京警察学院学报》2017 年第 2 期。

［19］韩俊俊、李思其：《上合组织：加强情报交流与网络反恐势在必行》，载《祖国》2015 年第 23 期。

［20］《上合组织举行首次网络反恐演习》，载《中国信息安全》2015 年第 12 期。

［21］许涛：《构建区域合作安全的尝试——兼论上海合作组织安全合作的新问题》，载《俄罗斯中亚东欧研究》2007 年第 1 期。

［22］郭坤泽：《中国与哈萨克斯坦警方开展执法合作相互移交一名犯罪嫌疑人》，载《人民公安报》2013 年 7 月 9 日第 1 版。

［23］姚东：《论大湄公河次区域经济发展与区域刑事司法合作——从湄公河惨案谈起》，载《亚太经济》2012 年第 1 期。

［24］《中国积极参与大湄公河次区域禁毒国际合作》，载《人民日报》2016 年 4 月 19 日。

［25］张青磊：《大湄公河次区域警务合作与中国的角色身份》，载《湖北警官学院学报》2013 年第 12 期。

［26］《第 13 次湄公河联合巡逻执法圆满完成》，载《人民公安报》2013 年 8 月 23 日第 1 版。

［27］周斌：《中老缅泰开辟前所未有区域执法安全合作道路 4 年湄公河联合执法查缉 110 次》，载《法制日报》2015 年 10 月 22 日第 5 版。

［28］徐隽：《互联网法院回应时代需求》，载《人民日报》2017 年 8 月 22 日第 5 版。

［29］吴瑞：《实时远程取证程序研究——基于国际侦查合作的全球视角》，载

《公安学刊——浙江警察学院学报》2013 年第 2 期。

[30] 蒋皓：《加强犯罪资产追回惩治腐败和恐怖活动》，载《法制日报》2014 年 10 月 11 日。

[31] 郭坤泽：《中国与哈萨克斯坦警方开展执法合作相互移交一名犯罪嫌疑人》，载《人民公安报》2013 年 7 月 9 日第 1 版。

[32] 德丽娜尔·塔依甫，张尧：《中国境外追逃工作难点及对策分析——以"猎狐 2014"专项行动为视角》，载《净月学刊》2015 年第 4 期。

[33] 赵阳、蒋皓：《中国公安机关境外追赃 5 条路可走》，载《法制日报》2012 年 11 月 30 日第 5 版。

[34] 孙婧惠：《经济犯罪侦查中境外追赃的难点及对策》，载《湖北警官学院学报》2015 年第 10 期。

[35] 余泽：《论公安机关境外追赃》，载《中国人民公安大学学报》2005 年第 1 期。

[36] 孙婧惠：《经济犯罪侦查中境外追赃的难点及对策》，载《湖北警官学院学报》2015 年第 10 期。

[37] 《航空公司引入国际刑警组织 I-Checkit 系统》，载《劳动报》2014 年 5 月 14 日。

[38] 薛忠杰：《国际刑警组织——打击跨国网络犯罪之戟》，载《中国公共安全·学术版》2014 年第 4 期。

[39] 牛家玮：《欧洲刑警组织历史沿革浅析》，载《江苏警官学院学报》2014 年第 4 期。

[40] 《欧洲国家对情报分享存顾虑 集体反恐效率降低》，载《联合早报》2015 年 1 月 14 日，http://news.nen.com.cn/system/2015/01/14/015258696.shtml。

[41] 《公安部驻外警务联络官遍布 31 国 62 名警务大使建立关系网以发挥特殊作用》，载《重庆法制报》2016 年 1 月 29 日，http://www.pacq.gov.cn/pajss/2016/0129/56882.html。

[42] 田海军：《驻外警务联络官：国际执法合作的"桥头堡"——2015 年驻外警务联络工作回眸》，载《人民公安报》2016 年 1 月 28 日第 3 版。

［43］双春亮：《略论"角色模拟教学模式"在外警培训中的应用》，载《武警学院学报》2016 年第 5 期。

［44］《我院成功举办上海合作组织高级警官研修班》，载《山东警察学院学报》2006 年第 4 期。

［45］王培韧、王立军：《统筹国际国内两个大局 不断提高外警培训工作质量》，载《山东警察学院学报》2007 年第 4 期。

［46］安选选、朱玫：《"一带一路"战略下的国际警务执法合作实践及其创新》，载《广西警官高等专科学校学报》2015 年第 3 期。

［47］《责任共担 合作共赢——中国禁毒国际合作成绩斐然》，载《人民日报》2016 年 4 月 18 日。

［48］寿远景、许韬：《中国外警培训工作开展现状探究》，载《公安教育》2010 年第 11 期。

［49］续磊、陈志锋：《欧盟执法培训署研究综述》，载《云南警官学院学报》2011 年第 6 期。

［50］伍平、蒋敏：《国际警务合作的云南实践》，载《云南日报》2017 年 7 月 15 日，http：//yndaily. yunnan. cn/html/2017-07/15/content _ 1162250. htm？div=-1。

［51］周斌：《中老缅泰开辟前所未有区域执法安全合作道路 4 年湄公河联合执法查缉 110 次》，载《法制日报》2015 年 10 月 22 日第 5 版。

［52］陈华：《中国—东盟区域警务合作的现状、问题与展望》，载《净月学刊》2014 年第 1 期。

［53］李海昕：《在新的起点上加快推进警用技术装备的规范化建设》，载《警察技术》2010 年第 1 期。

［54］曹雪飞：《反恐警务国际合作的原则与步骤——从新安全观角度推进"一带一路"建设》，载《公安学刊——浙江警察学院学报》2015 年第 6 期。

［55］胡江：《合作打击中亚地区毒品犯罪的若干问题分析——基于上海合作组织框架内的考察》，载《江西公安专科学校学报》2010 年第 1 期。

［56］阿地力江·阿布来提：《中亚毒品问题的国际化及其对中国地区稳定的影响》，载《中国人民公安大学学报（社会科学版）》2010 年第 2 期。

[57] 黄丽娟：《大中亚区域禁毒警务合作初探——以"金新月"毒品问题国际化为视角》，载《武警学院学报》2014 年第 7 期。

[58] 文丰：《阿富汗毒品及其对中亚的影响》，载《新疆社会科学》2014 年第 6 期。

[59] 汪金国、王桂香：《中亚地区打击恐怖主义的国际合作》，载《俄罗斯中亚东欧研究》2008 年第 5 期。

[60] 周立民：《中亚独联体国家毒品滥用现状》，载《中国药物滥用防治杂志》2015 年第 1 期。

[61] 张杰：《中亚有组织犯罪发展的潜在危险性分析》，载《新疆大学学报（哲学·人文社会科学版）》2008 年第 3 期。

[62] 汤俊：《国际组织推进中亚地区构建反洗钱与反恐怖融资体系的努力与成效》，载《新疆社会科学》2009 年第 1 期。

三、博硕士论文

[1] 卢超超：《国际侦查合作的基本问题研究》，西南政法大学 2013 年硕士学位论文。

[2] 郭军涛：《中亚区域警务合作研究》，新疆大学 2010 年硕士学位论文。

[3] 李媛媛：《上海合作组织框架下区域警务合作研究》，新疆大学 2010 年硕士学位论文。

[4] 王晓莉：《中亚地区和中国新疆毒品犯罪的文化剖析》，新疆大学 2012 年硕士学位论文。

[5] 李昕韡：《中亚地区的毒品形势与国际禁毒合作》，中国社会科学院 2010 年硕士学位论文。

[6] 杨明华：《中亚跨国有组织犯罪研究》，新疆大学 2006 年硕士学位论文。

[7] 尹琴：《中国东盟刑事司法协助实务问题研究——以湄公河惨案为例》，昆明理工大学 2014 年硕士学位论文。

[8] 丁龙：《中国与东盟国家国际刑事司法警务合作机制研究》，广西师范大学 2011 年硕士学位论文。

[9] 刘俊：《中国地方警务机构参与国际警务合作的实戋与探索》，复旦大学

2009 年硕士学位论文。

四、官方网站

[1] 上海合作组织官网, http：//www. sectsco. org/home. asp。

[2] 上海合作组织反恐机构网, http：//www. ecrats. com/cn/。

[3] http：//asean. org/asean-political-security-community/。

[4] http：//asean. org/resource/fact-sheets/。

[5] 人大公报, http：//www. npc. gov. cn。

[6] 中国-上海合作组织国际司法交流合作培训基地官方网站, http：// cisco. shupl. edu. cn/。